Johannes Leunis

Nomenclator Zoologicus

Eine etymologische Erklärung der vorzüglichsten Gattungs- und

Art-Namen

Johannes Leunis

Nomenclator Zoologicus
Eine etymologische Erklärung der vorzüglichsten Gattungs- und Art-Namen

ISBN/EAN: 9783743469808

Hergestellt in Europa, USA, Kanada, Australien, Japan

Cover: Foto ©berggeist007 / pixelio.de

Weitere Bücher finden Sie auf **www.hansebooks.com**

Nomenclator zoologicus.

Eine

etymologische Erklärung

der

vorzüglichsten Gattungs- und Art-Namen,

welche in der Naturgeschichte des Thierreichs vorkommen.

Von

Dr. Johannes Leunis,

Professor der Naturgeschichte am Josephinum in Hildesheim und mehrer naturhistorischen
Gesellschaften wirklichem, correspondirendem und Ehrenmitgliede.

Ein Anhang

zu den Schulbüchern des Verfassers so wie zu jedem andern Handbuche der

Naturgeschichte des Thierreichs.

Hannover.

Hahn'sche Hofbuchhandlung.

—

1866.

Vorrede.

Nomenclätor, Namennenner, Namenanzeiger, war bei den vornehmen Römern ein Sklav, dessen Hauptthätigkeit darin bestand, seinem Herrn die Namen der Bürger zu nennen, welche ihm beim Ausgehen begegneten oder ihm zu Hause einen Besuch machten. In der Naturgeschichte soll uns der Nomenclator ebenfalls die Namen der Naturkörper nennen, aber auch zugleich die Bedeutung und Ableitung der Namen nach Möglichkeit erklären. Nach dem Grundsatze Linné's, des Urhebers unserer jetzigen Nomenclatur, soll jeder Name stets irgend eine Eigenschaft des damit bezeichneten Naturkörpers ausdrücken; jedes Nomen soll auch ein Omen sein. Weil es aber sehr schwer, oft sogar unmöglich scheint, für jeden der oft äußerlich so ähnlichen Naturkörper einen charakteristischen Namen zu finden, besonders aber, weil viele Dilettanten in dem einen oder andern Zweige der Naturgeschichte, namentlich in der Schmetterlingskunde, die alten Sprachen zu wenig kannten, um einen zweckmäßigen Namen zu wählen oder durch Zusammensetzung zu bilden, so ist es wohl begreiflich, daß nicht nur manche falsch gebildete, sondern ganz unerklärliche Namen sich eingeschlichen haben. Glücklicher Weise hat indeß der Grundsatz des Prof. Fabricius, des berühmtesten Entomologen im vorigen Jahrhunderte, daß die Insekten-Namen die besten seien, die gar keine Bedeutung hätten (optima nomina, quae nihil omnino significant), keinen Beifall gefunden. Die meisten Thiere haben charakteristische Namen, deren Bedeutung jedoch nicht immer leicht aufzufinden ist. Die Erklärung dieser Namen nun ist Hauptaufgabe dieses Werkchens. Es wird wohl Niemand in Abrede stellen wollen, daß sich die Namen der Naturkörper, deren große Zahl schon Manchen von dem Studium der Naturgeschichte abgeschreckt hat, leichter behalten lassen, wenn man deren Bedeutung kennt. Deshalb habe ich denn auch in meiner Synopsis so wie in der Mineralogie meiner Schul-Naturgeschichte die Namen unter dem Texte überall erklärt, konnte aber den Wunsch mehrer Lehrer, welche meine Schulbücher beim Unterrichte benutzen, auch in der Zoologie und Botanik der Schul-Naturgeschichte gleichfalls eine Erklärung der Namen hinzuzufügen, nicht erfüllen, weil dadurch meine Schulbücher um einige Bogen stärker und also auch theurer geworden wären. Ich zog es deshalb vor, die Erklärung der Namen in etwas weiterer Ausdehnung als Anhang meiner Schulbücher in vorliegendem Hefte zu geben, über welches ich noch Folgendes bemerke:

1) Brauchen die Besitzer des ersten Theils meiner Schul-Naturgeschichte nicht nothwendig auch dies Erklärungsheft zu kaufen.

2) Giebt dies Heft außer der Namenerklärung auch nebenbei eine kurze Uebersicht des Thierreichs und kann so zur bequemen Wiederholung auch bei

andern Handbüchern der Naturgeschichte so wie beim Besuche von Museen und zoologischen Gärten benutzt werden.

3) Sind durch besondere Zeichen die d e u t s c h e n Thiere hervorgehoben und auch der G r a d d e r S c h ä d l i c h k e i t und die N ü t z l i c h k e i t der Thiere über= sichtlich gemacht, so daß sich die im Handel und besonders im Großhandel, so wie in der Arzneikunde wichtigen Thiere, und die für die Kenntniß der Gebirgsformationen wichtigsten Versteinerungen schnell übersehen lassen. Zudem zeigen bei jeder Haupt= und Unterabtheilung die eingeklammerten §§. auf die Beschreibungen und Abbildungen in der Schul=Naturgeschichte hin.

4) Um die ähnlichen Thiere zusammenstellen zu können, wurde die systema= tische Form gewählt, weil ich aus Erfahrung weiß, wie sehr die meisten Menschen das wiederholte, zeitraubende Aufschlagen in einem Lexikon scheuen. Für Diejenigen, welche in der Systematik indeß nicht bewandert sind, fügte ich ein alphabetisches Register hinzu, welches die Auffindung jedes Namens dem Unkundigen sichert.

Wir besitzen nun freilich schon einen Nomenclator zoologicus von A g a s s i z, der aber nur für Naturforscher vom Fache geschrieben ist und besonders nach= weisen soll, in welchem Werke der bezügliche Name zuerst vorkommt. Zudem ist genanntes Werk nur in lateinischer und griechischer Sprache geschrieben, kostet 24 Thlr., führt aber alle, bis 1846 bekannt gewordenen Namen des Thierreichs auf, so daß die meisten Besitzer des Werkes nur etwa 60—70 Prozent wirklich benutzen. Das Werk ist aber auch schon deshalb für unsere Zwecke unbrauchbar, weil jeder Name erst in 2 Registern aufgeschlagen werden muß und weil die Erklärung sehr häufig mit dem Ausdrucke „Nomen proprium" abgefertigt wird, abgesehen davon, daß auch manche Namen falsch abgeleitet wurden.

Hildesheim, im März 1866.

Der Verfasser.

Erklärung der Zeichen.

* bezeichnet die zur Fauna Deutschlands gehörenden Thiere.

† „ die schädlichen oder als schädlich verdächtigen Thiere.

‡ bedeutet merklich schädlich.

⚧ „ sehr schädlich oder giftig.

✹ „ fossile oder versteinerte Thiere.

℥ bezeichnet die in der Arzneikunde früher und noch jetzt benutzten Thiere.

℞ „ die Thiere, welche ganz oder von welchen Theile als Handelsartikel wichtig sind.

◡ „ die Kürze einer Sylbe in der Aussprache der Wörter.

— „ die Länge einer Sylbe in der Aussprache der Wörter.

Die eingeklammerten §§. und die angeführten Figuren beziehen sich auf die fünfte Auflage meiner Schul-Naturgeschichte.

Hinter den lateinischen oder wissenschaftlichen Namen der Arten ist der abgekürzte Name des Schriftstellers angegeben, welcher die Art unter diesem Namen zuerst beschrieben hat. Ueber den vollständigen Namen dieser Natur= forscher giebt das folgende Verzeichniß und über die Schriften derselben giebt meine Schul-Naturgeschichte und besonders meine Synopsis die nöthige Auskunft.

Verzeichniß

der

als Auctorität hinter den Namen der Thiere abgekürzt angeführten Schriftsteller.

(Die fette Schrift bezeichnet die Abkürzung.)

Ag**assiz** (Louis), 1807 im Canton Freiburg geboren, seit 1847 Professor der Zoologie und Geologie in Cambridge bei Boston in Nordamerika.

Bech**stein** (J. M.), 1757—1822; **starb** als Director der Forstakademie in Dreißigacker.

Blain**ville** (Heinrich v.), 1778—1850; **starb** als Professor in Paris.

Blas**ius** (J. H.), 1809 geboren und seit 1836 Professor der Zoologie und Botanik in Braunschweig.

Bl**och** (Marcus Eliser), 1723—1799. Israelitischer Arzt, **starb** zu Carlsbad.

Bl**umenbach** (Joh. Fr.), 1752—1840. **Starb** in Göttingen als Professor der Naturgeschichte.

Bona**parte** (Carl Lucian), 1803—1857; **Fürst von Canino, starb zu Paris.**

Bon**elli** (Franz), 1784—1830; **starb** als Professor der Zoologie in Turin.

Briss**on** (Mathurin Jacob), 1723—1806; **starb** in Paris als Professor der Physik.

Brong**niart** (Alexander), 1770—1847; **starb** als Professor der Mineralogie zu Paris.

Bronn (H. G.), 1800—1862; **starb** als Professor der Naturgeschichte in Heidelberg.

Brug**uiere** (Joh. Wilh.), 1750—1798. Arzt in Montpellier; **starb** zu Ancona.

Buff**on**, 1707—1788; **starb** in Paris als Oberaufseher des königl. botanischen Gartens.

Burm**eister** (Hermann), 1806 zu Stralsund geboren, Professor der Zoologie in Halle.

Charp**entier** (Toussaint de), 1780—1847; **starb** als Oberberghauptmann in Brieg.

Chem**nitz** (Joh. Hieronymus), 1730—1800; **starb** in Kopenhagen als Garnisonprediger.

Cuvier (Georg v.), 1769—1832; **starb** in Paris als Staatsrath und Professor der Anatomie.

Daubenton (Ludw. Joh. Marie), 1716—1800; **starb** in Paris als Professor der Naturgeschichte.

De**jean**, Graf und Pair von Frankreich, 1780—1846; **starb** in Paris.

Desh**ayes** (G. P.), Professor der Naturgeschichte in Paris.

Dra**pernaud** (Jac. Philp.), 1772—1805; **starb** als Professor der Naturgeschichte zu Montpellier.

Dujardin (Felix); **starb** 1860 als Professor der Zoologie in Paris.

Duméril, 1774—1860; **starb** als Professor am Pflanzengarten in Paris.

Edwards (Milne), 1800 geboren, Professor der Naturgeschichte zu Paris.

Ehrenberg (Chr. Gottfr.), 1795 geboren, Professor der Zoologie in Berlin.

Erichson (W. Ferd.), 1809—1849; **starb** als Professor der Naturgeschichte in Berlin.

Esper, 1742—1810; **starb** als Professor der Naturgeschichte in Erlangen.

Fabricius (Joh. Christ.), 1748—1808; **starb** in Kiel als Professor der Naturgeschichte.

Ferussac (d'Audebard, Baron de), 1786—1836; **starb** als französischer Oberst.

Forster (Joh. Reinhold), 1729—1798; **starb** als Professor der Naturgeschichte in Halle.

Geoffroy St. Hilaire (Stephan), 1772—1844; **starb** als Professor der Zoologie in Paris.

Gmelin (Joh. Frd.), 1748—1804; **starb** in Göttingen als Prof. der Chemie.

Gravenhorst (Joh. Ludw. Christ.), 1777—1857; **starb** als Professor der Zoologie in Breslau.

Gyllenhall, 1754—1842; **starb** als schwedischer Major.

Hartig (Theodor), in Dillenburg 1801 geboren; Professor und Forstrath in Braunschweig.

Herbst, 1743—1807; **starb** als Garnison-Prediger in Berlin.

Hübner (Jacob); **starb** 1826 in Augsburg als Maler.

Humboldt (Alex. v.), 1769—1859. Der berühmteste, bekannteste und gelehrteste Naturforscher unsers Jahrhunderts; **starb** in Berlin.

Illiger, 1775—1815; **starb** in Berlin als Director des zoologischen Museums.

Kaltenbach (J. H.), Lehrer an der höheren Bürgerschule in Aachen.

Kirby (Will.), 1759—1850; **starb** als Rector zu Barham in der Grafschaft Suffolk.

Klug, 1744—1856; **starb** als Director des königl. Museums in Berlin.

Lacepède (Graf v.), 1756—1825, Professor der Zoologie in Paris; **starb** auf seinem Landgute.

Lamarck, 1744—1829; **starb** als Professor der Zoologie in Paris.

Latreille, 1762—1833; **starb** in Paris als Professor der Entomologie.

Laurenti (Joseph Nicol.); **starb** als Arzt in Wien.

Leach, Arzt und Conservator des britischen Museums; **starb** 1836 zu Genua an der Cholera.

Lichtenstein (Heinrich), 1780—1857; **starb** als Professor der Naturgeschichte in Berlin.

Linné (Carl v.), 1707—1778; **starb** als Professor der Naturgeschichte in Upsala.

Martini (Joseph Nicol.), 1729—1778; **starb** als Arzt in Berlin.

Meigen, 1775—1845; **starb** als Secretair der Handelskammer zu Stollberg bei Aachen.

Merrem, 1761—1824; **starb** in Marburg als Professor der Naturgeschichte.

Meyer u. Wolf. Ersterer (Bernhard Meyer) **starb** als Apotheker in Offenbach, Letzterer als Professor in Nürnberg.

Müller (Otto Friedrich), 1730—1784; **starb** in Kopenhagen als Staatsrath.

v. Münster (Graf), 1776—1844; **starb** in Bayreuth als Finanzdirector.

Naumann (Joh. Ad.), 1744—1826; **starb** in Ziebigk bei Köthen als Forstbeamter.

Nees v. Esenbeck (Christ. Gottf.), 1776—1858; **starb** in Breslau als entlassener Professor der Botanik.

Nitzsch (Chrift. Ludw.), 1782—1837; ſtarb als Prof. der Naturgeſchichte in Halle.

Ochsenheimer, 1765—1822; ſtarb in Wien als Schauſpieler.

Oken (Lorenz), 1779—1851; ſtarb als Profeſſor der Zoologie in Zürich.

Olivier (Ant. Wilh.), 1756—1814; ſtarb als Profeſſor der Zoologie in Alfort.

d'Orbigny (Alcide), 1802—1857; ſtarb zu Paris als Profeſſor der Paläontologie.

Pallas, 1741—1811; ſtarb in Berlin.

Panzer, 1755—1829; ſtarb als Arzt in Hersbruck bei Nürnberg.

Philippi (Rudolph Amandus), 1808 zu Charlottenburg geboren, Director des botaniſchen Gartens zu San Jago in Chili.

Prinz Maximilian von Neuwied, geboren 1782.

Ratzeburg, 1801 in Berlin geboren, Profeſſor an der höhern Forſtlehranſtalt in Neuſtadt-Eberswalde.

Ray, Rajus ob. Wray, 1628—1707; ſtarb als ausgezeichneter Zoolog u. Botaniker.

Reaumur, 1683—1757; zu Rochelle geb.; ſtarb auf ſeinem Landgute Vermondière.

Reichenbach (Ludwig), 1793 in Leipzig geboren; Hofrath und Profeſſor der Naturgeſchichte in Dresden.

Römer (Ad.), 1809 in Hildesheim geboren; Bergrath und Lehrer der Mineralogie an der Berg-Akademie in Clausthal.

Roesel von Roſenhoff, 1705—1759; ſtarb als Miniaturmaler und Kupferſtecher in Nürnberg.

Rossmäsler, früher Profeſſor der Naturgeſchichte an der Forſt-Akademie in Tharand, der beliebteſte und bekannteſte Schriftſteller über populäre Naturgeſchichte.

Rudolphi (Carl Asmund), 1771—1832; ſtarb in Berlin als Prof. der Anatomie.

Rüppel, 1794 in Frankfurt a. M. geboren.

v. Schlotheim (Ernſt Fr.), 1765—1832; ſtarb zu Gotha als ſächſiſch-koburgiſcher Geheimrath.

Schneider (Joh. Gottlob), 1750—1822; ſtarb als Oberbibliothekar in Breslau.

Schoenherr (Ch. Joſ.), 1772—1848; ſtarb als königl. ſchwediſcher Commercienrath in Stockholm.

Schrank (Franz von Paula), 1747—1835; ſtarb als Oberdirector des botaniſchen Gartens in München.

Schreber (Joh. Ch. Daniel v.), 1739—1810; ſtarb als Leibarzt und Profeſſor in Erlangen.

Sowerby (Jacob und Georg, Vater und Sohn), engliſche Maler und Naturforſcher. Jacob Sowerby iſt 1757 zu London geboren und 1822 geſtorben und Georg Sowerby 1788 geboren und 1854 geſtorben.

Spix (Joh. Baptiſt v.), 1781—1826; ſtarb als Akademiker in München.

Sturm (Jacob), 1771—1848; ſtarb in Nürnberg als Kupferſtecher u. Naturforſcher.

Temminck (C. J.), 1778—1858; ſtarb als Director des Muſeums in Leyden.

Thunberg (Peter), 1743—1828; ſtarb auf ſeinem Landſitze Tunaberg bei Upſala.

Treitschke (Joh. Fr.), 1776—1842; ſtarb als Hoftheater-Dekonom in Wien.

Le Vaillant (Franz), 1754—1825; in Paramaribo geboren, ſtarb in Paris.

Wagler (Joh.), 1800—1832; ſtarb in München als Profeſſor der Zoologie.

Walckenaer (Baron v.), 1771—1852; ſtarb als reicher Privatmann auf ſeinem 8 Stunden von Paris entfernten Landgute.

Wilson (Alex.), 1766—1813; ſtarb als Naturforſcher in Amerika.

Zoologie[1]

ober

Naturgeschichte des Thierreichs (§. 10.).

Uebersicht der V Kreise und 15 Klassen des Thierreichs
(§. 23. Fig. 14 — 26.).

I. Osteozōa[2]. Knochenthiere[2].
1. Mammalia[3]. Säugethiere.
2. Aves[4]. Vögel.
3. Reptilia[5]. Reptilien.
4. Pisces[6]. Fische.

II. Entomozōa[7]. Ringelthiere[7].
5. Insecta[8]. Insekten oder Kerbthiere[8].
6. Arachnoidĕa[9]. Spinnenthiere.
7. Crustacĕa[10]. Krebse oder Krustenthiere.
8. Vermes[11]. Würmer.

III. Malacozōa[12]. Weichthiere[12].
9. Mollusca[13]. Weichthiere.

IV. Actinozōa[14]. Strahlthiere.
10. Echinodermăta[15]. Stachelhäuter.
11. Acalēpha[16]. Quallen.
12. Polўpi[17]. Polypen, Korallen.

V. Protozōa[18]. Urthiere[18].
13. Infusorïa[19]. Aufgußthierchen.
14. Rhizopŏda[20]. Wurzelfüßer.
15. Policystina[21]. Gitterthierchen[22].

---

1) Von ζῶον Thier und λόγος Lehre, Kunde; also Thierkunde. **2)** ὀστέον Knochen und ζῶον Thier; also Knochenthiere. **3)** Mamma Brust, Zitze der Thiere; also Zitzenthiere oder Säugethiere. **4)** avis Vogel. **5)** reptile kriechendes Thier, von repĕre kriechen; also Kriecher, weil selbst die 4 beinigen Reptilien (Eidechsen ꝛc.) bei ihrer Fortbewegung den Bauch auf dem Boden herziehen. **6)** piscis Fisch. **7)** ἔντομον eingeschnitten und ζῶον Thier; also Thiere mit in Abschnitte (Ringel) getheiltem Körper, daher Ringelthiere. **8)** insecāre einschneiden, einkerben; also Kerbthiere. **9)** ἀράχνη Spinne, ἀραχνο-ειδής spinnenartig. **10)** crusta Rinde, Schale; also Krustenthiere. **11)** vermis Wurm. **12)** μαλακός weich und ζῶον Thier; also Weichthiere. **13)** mollusca eine Art weicher Nüsse, von mollis weich; neulateinisch mollusca animalia Weichthiere. **14)** ἀκτίς Strahl und ζῶον Thier. **15)** ἐχῖνος Igel, auch Seeigel und δέρμα Haut; die Haut hat Igelstacheln. **16)** ἀκαλήφη Brennnessel, auch eine nesselnde Meerqualle. **17)** πολίπους von πολύς viel und πούς Fuß, heißt der Meerpolyp der Alten, der jetzige Dintenfisch; auch der Kelleresel und Tausendfuß (Julus) hieß so. **18)** πρῶτος der Erste und ζῶον Thier; also die ersten oder Urthiere. **19)** infundĕre aufgießen, weil sie häufig in Aufgüssen auf organische Körper leben. **20)** ῥίζα Wurzel und πούς Fuß, haben wurzelartige Bewegungsorgane. **21)** πολύ viel und κύστις Blase. **22)** haben meist eine netzartig gegitterte Schale.

Erster Kreis.

§. 2. **Osteozōa**[1], **Knochenthiere** oder **Vertebrāta**[2], **Wirbelthiere**[2] (§. 24.).

§. 3. I. Klaffe. **Mammalĭa**[3]. **Säugethiere**[3].

    A. Digitāta[4]. Zehen = oder Nagelfäugethiere (§. 26 a.).
        1. Bimǎna[5]. Zweihänder.
        2. Quadrumǎna[5]. Vierhänder oder Affen (Fig. 29.).
        3. Chiroptĕra[7]. Flebermäufe.
        4. Carnivŏra[8]. Fleifchfreffer (Fig. 30.).
        5. Marsupialĭa[9]. Benteltiere[9].
        6. Glires[10]. Nagethiere (Fig. 31.).
        7. Edentāta[11]. Zahnarme Thiere.

    B. Ungulāta[12]. Huffäugethiere (Fig. 32.).
        8. Multungŭla[13]. Vielhufer.
        9. Solidungŭla[14]. Einhufer.
       10. Bisulca[15]. Wieberfäuer[16] ober Zweihufer.

    C. Pinnipedĭa[17]. Floffenfäugethiere.
       11. Pinnipedĭa[17]. Seehunde.
       12. Cetacĕa[18]. Wallfifche.

A. Digitāta[4]. Zehen = ober Nagelfäugethiere (§. 27.).

§. 4. I. Ordnung. **Bimǎna**[19]. **Zweihänber** (§. 28.).
    Homo[20] sapĭens[21] L. Der Mensch.

§. 5. II. Ord. **Quadrumǎna**[22]. **Vierhänber, Affen** (§. 29.).

    A. Simĭae[23]. Eigentliche Affen (§. 30. Fig. 33. u. 34.).
       1. **Pithēcus**[24] satўrus[25] L. Orang[26]=Utang[27], Jocko[28] (§. 31.).
       P. troglodўtes[29] Blbch. Schimpanfe[30].

---

1) Ὀστέον Knochen und ζῶον Thier; alfo Knochenthiere. 2) vertebra Gelent, Wirbel; alfo Wirbelthiere. 3) mamma Bruft, Zitze zum Säugen; alfo Zitzen= ober Säugethiere. 4) digĭtus Zehe. 5) bis — zwei und manus Hand. 6) quatŭor vier und manus Hand. 7) χείρ Hand und πτερόν Flügel; alfo Handflügler oder Flatter= oder Flebermäufe. 8) caro Fleifch und vorāre freffen. 9) marsupĭum Beutel (unter dem Leibe für die Jungen). 10) glis Sieben= fchläfer, Nagethier. 11) ohne (e) Zahn (dens), alfo zahnlofe, richtiger zahnarme Thiere. 12) ungŭla Huf. 13) multae viele und ungŭlae Hufe, haben über 2 Hufe. 14) solĭdus dicht, ungetheilt und ungŭla Huf. 15) in 2 (bis) Furchen (sulca) getheilt; alfo Zweihufer, Spalthufer. 16) haben einen wieber= fauenden Magen. 17) pes Fuß u. pinna Floffe; alfo Floffenfüßer. 18) cetus großes Seethier, Wallfifch. 19) mit 2 (bis) Händen (manus). 20) Menfch. 21) weife, verftändig. 22) mit vier (quatŭor) Händen (manus). 23) simĭa Affe, auch Schimpfname wie im Deutfchen. 24) πίθηκος Affe. 25) ein bocks= füßiger Dämon. 26) Menfch in malayfcher Sprache. 27) Walb bei ben Malayen; alfo Walbmenfch. 28) vaterländifcher Name. 29) τρωγλοδύτης Höhlenbewohner. 30) vaterländifcher Name.

Pithēcus gorilla[1]. Gorilla[1] = Affe.
2. **Hylobátes**[2] lar[3] Jll. Langarm[4], schwarzer Gibbon[1].
3. **Inúus**[5] silvānus[7] L. Gemeiner türkischer Affe.
  I. cynomōlgus[9] L. Gemeiner Makako[9], Magot[10].
4. **Cercopithēcus**[11] fuliginōsus[12] Geoff. Weißäugige Meer-
  katze[13].
  C. sabaeus[14] L. Grüne Meerkatze[13].
5. **Cynocephālus**[15] mormon[16] L. Pavian[17], Mandrill[15] oder
  Waldteufel.
6. **Stentor**[18] senicūlus[20] L. Brüllaffe[18].
7. **Atéles**[22] Belzebuth[23] L. Weißbäuchiger Klammeraffe[24].
8. **Cebus**[25] capucīnus[26] L. Kapuzineraffe[27], Winselaffe[28].

B. Arctopithēci[29]. Krallenaffen[30], Uistiti[30] (§. 31,10.). §. 6.

9. **Hapäle**[31] Jacchus[32] l. Weißöhriger Pinselaffe[34].
10. **Midas**[35] rosalia[36] L. Maritina[37], Löwenäffchen[38].

C. Prosimii[39]. Halbaffen[39] (§. 31,11.). §. 7.

11. **Lemur**[41] catta[42] L. Katzenmaki[42] (Fig. 35.).
12. **Lichanōtus**[43] Indri[44] L. Indri[44].
13. **Otolicnus**[45] senegalēnsis[46] Geoff. Gemeiner Gallago[47],
  Ohraffe[45].

---

1) In der Beschreibung der Umschiffung Westafrikas vom karthaginensischen Feldherrn Hann (550 v. Chr.) finden sich Andeutungen von dort lebenden wilden Menschen, Gorullae, γορουλλαι genannt, welchen Namen man jetzt auf diesen Affen übertragen hat. 2) ὕλη Wald und βαίνω gehen; also Waldgänger. 3) lar Herr als Titel oder Beiname, auch Hausgott bei den Alten. 4) Die Arme reichen fast bis zum Boden. 5) vaterländischer Name. 6) Ländliche Gottheit der Römer. 7) Silvanus Waldgott der Alten (silva Wald). 8) κύων Hund und μολγός Melker, also Hundemelker, angeblich ein äthiopisches, von Hundemilch lebendes Volk! 9) Name für jeden Affen auf der Küste von Guinea. 10) vaterländischer Name. 11) κέρκος Schwanz und πίθηκος Affe; also Schwanzaffe. 12) rußfarbig. 13) ein geschwänzter, übers Meer zu uns gebrachter Affe. 14) aus Saba in Arabien. 15) κύων Hund und κεφαλή Kopf; also Hundskopf. 16) μορμών Gespenst. 17) mittellateinisch papyo, italienisch babuino. 18) vaterländischer Name. 19) Stentor der Schreier im griechischen Heere vor Troja. 20) senicūlus ein altes Männchen, ein kleiner Greis, senex. 21) wegen seines Geheules. 22) ἀτελής unvollkommen, wegen der daumenlosen Vorderhände. 23) Erzteufel, eigentlich Fliegenfürst. 24) klammern sich leicht mit dem Greifschwanze fest. 25) κῆβος eine uns jetzt unbekannte Affenart der Alten. 26) capucīum Mönchskleid, Mönchskappe, Mütze. 27) wegen der Kaputze. 28) wegen ihres winselnden Tons. 29) ἄρκτος Bär und πίθηκος Affe. 30) haben Krallnägel an den Fingern. 31) schreien uistīti od. quistīti. 32) ἀπαλός weich, wegen ihres weichen Pelzes. 33) mystischer Name des Bacchus. 34) haben große Haarpinsel an den Ohren. 35) Midas, Sohn des Gordius, Königs von Phrygien, welchem Apollo Eselsohren wachsen ließ. 36) Rosenaffe, von rosa Rose, wegen der Färbung des Pelzes. 37) brasilianischer Name dieses Affen. 38) wegen der langen Kopfmähne. 39) pro für, an der Stelle von simiae, als Stellvertreter der Affen (auf Madagascar nämlich). 40) wegen des Fuchskopfes. 41) lemur Gespenst, wegen ihres nächtlichen Lebens. 42) einer Katze (catta) ähnlich. 43) λιχανός Zeigefinger, welcher allein an hintern Händen einen Krallnagel hat. 44) Name des Thiers auf Madagascar. 45) οὖς, ὠτος Ohr und λίχνον Futterschwinge, wegen der großen Ohren. 46) am Senegal lebend. 47) afrikanischer Name.

4

§. 8. III. Ord. **Chiroptĕra**[1]. **Handflügler**[1] ob. **Fleder-
mäuse.** (2 Famil. §. 32. Fig. 36.).

A. Dermoptĕra[1]. **Pelzflatterer**[1] (§. 34.).
   1. **Galeopithēcus**[1] rufus[5] Geoff. Fliegender Maki[1] (§. 34.).

§. 9. **B. Vespertilionĕa**[1]. **Fledermäuse** (§. 34,2.).
   2. **Pterópus**[1] vulgāris[1] Geoff. Fliegender Hund[10], Rusette[11].
   * 3. **Vesperūgo**[1] noctùla[1] Daub. Frühfliegender Abendflatterer,
       Specmaus[1].
   * V. serotīnus[1] Daub. Spätfliegender Abendflatterer.
   * 4. **Vespertilĭo**[1] murīnus[1] L. Gemeine Fledermaus.
   * 5. **Plecōtus**[1] aurītus[1] L. Gemeines Großohr[1].
   * 6. **Synōtus**[1] barbastēllus[20] Daub. Gemeines Kurzmaul[1].
   7. **Phyllostōma**[1] spēctrum[1] L. Blattnase[1], Vampyr[1] oder
       Blutsauger[1].
   * 8. **Rhinolŏphus**[1] ferrum equinum[1] Buff. Große Hufeisen-
       nase[1] (Fig. 36.).

§. 10. IV. Ord. **Carnivŏra**[1]. **Fleischfresser**[1] ob. **Raub-
thiere** (8 Famil. §. 35. Fig. 37 — 38.).

A. Insectivŏra[1]. **Insektenfresser**[1] (§. 36.).
   I. Fam. **Erinacēi**[1]. **Igel**[1] (§. 37,1.)
   * 1. **Erinacēus**[1] europaeus[1] L. Europäischer oder gemeiner
       Igel, Schweinigel.
   2. **Centētes**[1] ecaudātus[1] L. Schwanzloser[1] Borstenigel oder
       Tanrek[1].

1) Χείρ Hand und πτερόν Flügel; also Handflügler. 2) δέρμα Haut und
πτερόν Flügel; also Hautflügler. 3) wegen der beiderseits behaarten Flughäute.
4) γαλῆ Wieselchen und πίθηκος Affe. 5) roth. 6) vaterländischer Name.
7) vespertilĭo Fledermaus. 8) πτερόν Flügel und πούς Fuß; also Flügelfuß.
9) gemein. 10) wegen entfernter Aehnlichkeit des Kopfes mit einem Hunde-
kopfe. 11) russus rothbraun. 12) Name einer unbekannten Fledermaus der
Alten, auch Abendstern. 13) nox Nacht. 14) weil Unerfahrne noch jetzt
glauben, sie fräße Speck. 15) serotīnus spät. 16) einer Maus (mus) ähnlich.
17) πλέκω verbinden und οὖς Ohr, wegen der über dem Scheitel zusammen-
hängenden Ohren. 18) aurītus langöhrig (auris Ohr) oder Großohr, wegen
der großen Ohren. 19) σύν mit, zusammen und οὖς Ohr; weil die Ohren
auf dem Scheitel zusammenstoßen. 20) la barbastelle der Franzosen, vielleicht
wegen der lang behaarten Seite des Gesichts von L. J. M. Daubenton so benannt.
21) wegen der besonders kurzen Schnauze. 22) φύλλον Blatt und στόμα
Maul; hat häutige Blätter auf der Nase. 23) Gespenst. 24) Vampyre,
Gespenster, welche nach dem Volksglauben Nachts aus den Gräbern steigen und
schlafenden Menschen Blut aussaugen. 25) saugen im tropischen Amerika
Nachts den Thieren Blut aus. 26) ῥίς Nase und λόφος Kamm, Erhöhung.
27) ferrum Eisen und equus Pferd; daher Pferdehufeisen, mit welchem die
Blätter auf der Nase Aehnlichkeit haben. 28) Caro Fleisch und voráre fressen.
29) Insectum Kerbthier, Insekt und voráre fressen. 30) erinacēus Igel.
31) europäisch. 32) κεντητής der Stachler (Borstenigel). 33) ohne Schwanz
(cauda). 34) vaterländischer Name.

II. Fam. **Soricīna**[9]. Spitzmäuse[1] (§. 37,3.).
   3. **Myogále**[2] moschata[3] L.. Bisamratte oder Bisam=Rüssel=maus[4], Desman[5].
* 4. **Sorex**[1] fodiens[6] Gm. Wasser=Spitzmaus[7].
* S. aranēus[8] L. Acker=Spitzmaus[9].
* S. pygmaeus[10] Pall. Zwerg=Spitzmaus[11].
III. Fam. **Talpīna**[12]. Maulwürfe (§. 37,5.).
†* 5. **Talpa**[12] europaea[13] L.. Gemeiner oder europäischer Maulwurf[50].
   6. **Chrysochlōris**[14] capensis[15]) C. Cap'scher[16] Goldmaulwurf[17].

B. Ferae[17]. Raubthiere[17].
IV. Fam. **Ursīna**[17]. Bären[17] (§. 37,7.). §. 11.

†† 7. **Ursus**[17] maritīmus[18] L. Eisbär[19].
†* U. arctos[20] L. Landbär[21] oder brauner[22] Bär.
†† U. americānus[23] Pall. Amerikanischer[23] Bär oder Baribal[24].
   U. spelaeus[25] Blbch. Höhlenbär[26].
† 8. **Procyon**[27] lotor[28] L. Gemeiner Waschbär[28], Schupp[29].
   9. **Nasua**[30] socialis[31] Pr. M. Geselliger Cuati[32].

V. Fam. **Mustelīna**[33]. Marder[33] (§. 37,10.). §. 12.
†5*10. **Meles**[34] taxus[35] Schb. Gemeiner Dachs.
   11. **Mephitis**[36] putorīus[37] Gm. Gemeines Stinkthier[38].
†‡ 12. **Gulo**[39] borealis[40]. Gemeiner Vielfraß[41].
   G. mellivŏrus[42] Thnb. Honigdachs[43].
††*13. **Mustēla**[44] martes[44] L. Edel- oder Baummarder[45].
††* M. foina[46] L. Haus= oder Steinmarder[47].
††* M. erminēa[48] L. Hermelin[48], Harmelen[49].

1) Sorex Spitzmaus. **2)** μυογαλῆ Spitzmaus. **3)** μόσχος Moschus, Bisam; wegen des Geruchs. **4)** wegen des langen Rüssels. **5)** schwedischer Name für Bisam. **6)** grabend. **7)** lebt an Gewässern. **8)** mus aranēus Spitzmaus. **9)** lebt auf Aeckern. **10)** πυγμαῖος Zwerg. **11)** wegen der Kleinheit. **12)** talpa Maulwurf. **13)** europäisch. **14)** χρυσός Gold und χλωρός grün. **15)** am Cap lebend. **16)** ferus wild, räuberisch, fera das wilde Thier. **17)** ursus Bär. **18)** im Meere (mare) lebend. **19)** im Eismeere lebend. **20)** ἄρκτος Bär. **21)** lebt auf dem Lande. **22)** hat braunen Pelz. **23)** amerikanisch. **24)** amerikanischer Name, vom engl. bear, Bär. **25)** σπήλαιον Höhle. **26)** seine Knochenüberreste finden sich in Höhlen. **27)** προκύων Vorhund, ein Gestirn, welches vor dem des Hundes aufgeht. **28)** lotor Wäscher, weil er gern im Wasser plätschert. **29)** Schupp oder Sjupp, Name des Pelzes im Pelzhandel. **30)** nasus Nase; wegen des langen Rüssels. **31)** lebt gesellig (sociālis). **32)** vaterländischer (südamerikanischer) Name. **33)** mustēla Marder, Wiesel. **34)** Dachs. **35)** taxus im Neulateinischen Dachs. **36)** Göttin des Gestankes, welche mephitische und pestartige Gerüche abwehrte. **37)** putor Gestank. **38)** wegen des unerträglichen Gestankes. **39)** gulo Feinschmecker, Schlemmer; wegen seiner Gefräßigkeit. **40)** nördlich, weil es im Norden lebt. **41)** richtiger Fjälfras, im Finnländischen ein Höhlenbewohner. **42)** Honig (mel) fressend (voráre fressen). **43)** plündert des Honigs wegen die Bienennester in Südafrika. **44)** martes Marder. **45)** Hat den schönsten Pelz und lebt in Wäldern. **46)** franz. la fouine Hausmarder, auch Hengabel (foin, foenum Heu). **47)** lebt in Städten und Dörfern. **48)** franz. l'Hermine Hermelin, ital. armellino, lat. pelles herminēae armenische Felle oder Thiere (die Pelze kamen bei den Alten aus Armenien in Handel). **49)** Name des Thiers bei unsern Landleuten, vom althochdeutschen Harmo oder Harmin. **50)** Maulwurf, eigentlich Molt=wurf (Molt oder zermalmte, gemahlene Erde, welche er aufwirft), im niedersächsischen Multworm.

♀ † Mustēla ⁱ⁾ furo ²⁾ L. Frettchen ³⁾.
♀ † # M. vulgāris ⁴⁾ L. Wiesel ⁵⁾.
♀ † * M. putorius ⁶⁾ L. Iltis, Ilt ⁷⁾.
♀ M. zibellīna ⁸⁾ L. Zobel ⁹⁾.
♀ † * 14. **Lutra** ¹⁰⁾ vulgaris ¹¹⁾ Erxl. Flußotter, gemeine Fischotter ¹¹⁾ (Fig. 38.).
♀ 15. **Enhȳdris** ¹²⁾ lutris ¹⁰⁾ L. Meerotter ¹³⁾.

§. 13. VI. Fam. **Canīna** ¹⁴⁾. Hunde (§. 37, 16.).
♀ † * 16. **Canis** ¹⁴⁾ vulpes ¹⁵⁾ L. Fuchs.
C. aurēus ¹⁶⁾ L. Goldwolf ¹⁷⁾, Schakal ¹⁸⁾.
C. lagōpus ¹⁹⁾ L. Polar=, Eis=²⁰⁾ oder Blaufuchs ²¹⁾.
♀ † * C. lupus ²²⁾ L. Wolf.
♀ * C. familiāris ²³⁾ L. Haushund ²³⁾.
♀ 17. **Hyaena** ²⁴⁾ striāta ²⁵⁾ Briss. Gestreifte Hyäne.
H. maculata ²⁶⁾ Thunb. Gefleckte Hyäne.

VII. Fam. **Viverrīna** ¹⁴⁾. Biverren (§. 37, 18.).
♀ ⚥ 18. **Viverra** ²⁷⁾ zibētha ²⁸⁾ L. Asiatische Zibethkatze ²⁹⁾.
♀ ⚥ V. civētta ³⁰⁾ Buff. Afrikanische Zibethkatze ²⁹⁾.
♀ V. genētta ³¹⁾ L. Genettkatze.
19. **Herpēstes** ³²⁾ ichneumon ³³⁾ L. Ichneumon ³³⁾, Pharaons=
ratte ³⁴⁾.
♀ H. mungos ³⁵⁾ Jll. Manguste ³⁵⁾.

§. 14. VIII. Fam. **Felīna** ³⁶⁾. Katzen (§. 37, 19.).
♀ ⚥ 20. **Felis** ³⁷⁾ leo ³⁷⁾ L. Gemeiner Löwe.
† F. concŏlor ³⁸⁾ L. Amerikanischer Löwe, Puma ³⁹⁾, Cuguar ⁴⁰⁾.
♀ ⚥ F. tigris ⁴¹⁾ L. Asiatischer Tiger.
♀ † * F. catus ⁴²⁾ L. Wilde Katze.
* F. domestīca ⁴³⁾ Briss. Hauskatze.
F. maniculāta ⁴⁴⁾ Rüppel. Nubische oder lybische Katze.

1) Mustēla Marder, Wiesel. **2)** fur oder neulateinisch furo, furetus Dieb;
also ein Raubthier. **3)** le furet das Frett oder Frettchen. **4)** gemein. **5)** Wiesel,
visela, englisch weasel, bei uns auch Wäselchen; verkriecht sich gern unter Wasen!
6) putor Gestank. **7)** Iltis, Illing, niedersächsisch Uelk, Ilt, althochdeutsch elo,
gelb; wegen der gelben Farbe der Grundhaare. **8)** zibellīna der Italiener, sab-
ballinus neulateinisch. **9)** im Russischen sóbolis. **10)** Fischotter. **11)** lebt an
Flüssen von Fischen. **12)** ἔνυδρις Fischotter, im Wasser ὕδωρ, lebend. **13)** lebt
an Meeresküsten. **14)** canis Hund. **15)** Fuchs. **16)** goldgelb. **17)** wegen der
Farbe des Pelzes. **18)** Schakal oder Jakal, aus dem Persischen schigal oder schagal,
dem Namen dieses Thieres im Oriente, entstanden. **19)** λαγώς Hase und πούς Fuß;
also Hasenfuß, Rauhfuß. **20)** lebt im Norden. **21)** Name des Pelzes im Pelzhandel.
22) Wolf. **23)** zum Hause, zu der Familie (familĭa) gehörend. **24)** ὕαινα
eigentlich Sau, dann auch Hyäne. **25)** mit gestreiftem (striatus) Pelze. **26)** mit
geflecktem (maculatus) Pelze. **27)** viverra das Frettchen bei den Alten. **28)**
entstanden aus zebad Schaum, Zibeth, dem arabischen Namen des Thieres. **29)**
wegen einiger Aehnlichkeit mit der Katze. **30)** civetta im Neulateinischen
Zibeth(katze). **31)** neulateinisch genētta, Ginsterkatze. Die Pelze heißen im
Handel Genottenfelle oder Janott. **32)** ἑρπηστής Kriecher. **33)** ἰχνεύειν
aufspüren; also Spürwiesel. **34)** Pharao, ägyptischer Königsname. **35)** mungo
der portugiesische Name für Ichneumon, woraus wieder Manguste gebildet ist.
36) felis Katze. **37)** Löwe. **38)** gleichfarbig. **39)** peruanischer Name dieses
Thiers. **40)** aus dem vaterländischen Namen Kuguakuara zusammengezogen.
41) τίγρις Tigerfluß und Tigerkatze. **42)** Kater. **43)** zum Hause (domus)
gehörend. **44)** maniculá Verkleinerungswort von manĭca, eine kleine Bekleidung
der Hand (manus), Handschuh, vielleicht wegen der schwarzen Füße.

Felis¹⁾ pardàlis¹⁾ L. Parbelkatze³⁾, Dzelot⁴⁾.
F. pardus²⁾ C. Parder², Panther⁵⁾, afrikanischer Tiger.
F. leopàrdus¹⁾ L. Leopard⁴⁾.
F. onça¹⁾ L. Unze⁵⁾, Jaguar⁵⁾, amerikanischer Tiger.
F. lynx¹⁾ L. Gemeiner Luchs⁶⁾.
F. jubàta⁷⁾ Schb. Gepard oder Gueparb⁸⁾, Jagbleopard⁹⁾.

V. Ord. **Marsupialĭa**¹⁰⁾. **Beutelthiere**¹¹⁾ (2 Fam. §. 38.). §. 15.

I. Fam. **Carnivŏra**¹²⁾. Raubthierähnliche Beutelthiere (§. 39.).

1. **Dasyūrus**¹³⁾ macroūrus¹⁴⁾ Schb. Langschwänziger Rauh-schwanz (§. 40.).
2. **Didèlphys**¹⁵⁾ opōssum¹⁶⁾ Schb. Beutelratte, Opossum¹⁶⁾, Vierauge¹⁷⁾.
D. dorsigéra¹⁸⁾ L. Surinam'scher Aeneas¹⁸⁾.

II. Fam. **Frugivŏra**¹⁹⁾. Fruchtfressende Beutelthiere (§. 40,3.). §. 16.

3. **Phascolārctos**²⁰⁾ cineréus²¹⁾ Blainv. Aschgrauer²¹⁾ Koàla²²⁾.
4. **Halmatūrus**²³⁾ gigantēus²⁴⁾ Gm. Känguruh²⁴⁾.

VI. Ord. **Glires**²⁵⁾. Nager oder Nagethiere, Pfo- §. 17. tenthiere¹⁶⁾ (8 Fam. §. 41. Fig. 39 — 40.).

I. Fam. **Sciurīna**²⁷⁾. Eichhörnchen²⁷⁾ (§. 43.).

1. **Sciūrus**²⁷⁾ vulgaris²⁷⁾ L. Gemeines Eichhörnchen.
S. cineréus²⁷⁾ L. Aschgraues Eichhörnchen.
2. **Myōxus**²⁹⁾ glis²⁹⁾ L. Siebenschläfer³⁰⁾, Rellmaus³¹⁾.
M. avellanarĭus³³⁾ L. Haselschläfer³³⁾, Haselmaus³⁴⁾.
M. nitēla³⁵⁾ Schb. Gartenschläfer³⁵⁾.

1) Felis Katze. 2) πάρδαλις und πάνθηρ und πάρδος ist der Name für große Katzen, für welche aber, ist noch nicht genau ermittelt. 3) amerikanischer Name des Thiers. 4) λεόπαρδος Leopard. 5) von Portugiesen onça, latinisirt uncĭa, von Brasilianern Jaguar (jagoăra) genannt, aus der Guarani-Sprache in Paraguay entlehnt. 6) λύγξ Luchs; soll unser felis carácal, der persische Luchs sein. 7) mit einer Mähne (juba). 8) vaterländischer Name. 9) wird zur Jagd benutzt. 10) marsupĭum Beutel. 11) haben einen sackartigen Beutel am Bauche für die Jungen. 12) caro Fleisch und voràre fressen; also Fleischfresser. 13) δασύς rauh und ουρά Schwanz, Rauhschwanz. 14) μακρός lang und ουρά Schwanz. 15) δίς zweimal, doppelt und δελφύς Gebärmutter; tragen die geworfenen Jungen in einem Beutel bis zur völligen Ausbildung. 16) Name des Thiers in den vereinigten Staaten. 17) wegen des weißen Fleckes über jedem Auge. 18) dorsum Rücken und geràre tragen; trägt bei Gefahr seine Jungen auf dem Rücken davon, wie Aeneas seinen Vater Anchises auf dem Rücken aus Troja's Flammen rettete. 19) fruges Früchte und voràre fressen; also Fruchtfresser. 20) φάσκωλον Beutel und άρκτος Bär. 21) asch-grau (cinis Asche). 22) neuholländischer Name des Thiers. 23) άλμα Sprung und ουρά Schwanz; also Springschwanz. 24) γιγάντειος riesenhaft. 25) glis Siebenschläfer, Nagethier. 26) haben Pfoten d. h. Füße mit nicht entgegen-setzbarem Daumen. 27) sciūrus von σκιά Schatten und ουρά Schwanz; also Schattenschwanz, Eichhörnchen, Eckerchen, Eilerchen; lebt gern in Eichenwäldern von Eicheln. 28) gemein. 29) μυωξός Haselmaus, Billich. 30) Hasel-maus, Rellmaus. 31) hält langen Winterschlaf. 32) d. h. sich schnell be-wegende Maus. 33) frißt gern Haselnüsse (avellāna) und hält gern unter Haselbüschen Winterschlaf. 34) Haselmaus. 35) lebt nicht nur in Wäldern, sondern auch in Gärten.

3. **Pterŏmys**[1] volans[2] L.   Fliegendes Eichhörnchen.
   P. petaurista[3] Pall.   Taguan[4].

† 4. **Tamĭas**[5] striatus[6] L..   Geſtreiftes Backenhörnchen[7].

5. **Arctŏmys**[8] marmŏtta[9] L.   Alpen = Murmelthier[10].
   A. Ludovicianus[11].   Prairie = Hund[12].

6. **Chirŏmys**[13] madagascariēnsis[14] L.   Das Aye = Aye[15].

§. 18.   II. Fam. **Murīna**[16].   Mäuſe (§. 43, 7.).

†* 7. **Hypudaeus**[17] amphibĭus[18] L.   Waſſerratte.
†*   H. terrēstris[19] L..   Scheermaus[20], Hamaus[21], Reitmaus[22].
‡*   H. arvālis[23] Pall.   Feldmaus.
†* 8. **Lemmus**[24] norwegĭcus[25] Worm.   Norwegiſcher Lemming[26].
‡* 9. **Mus**[16] decumanus[27] Pall.   Wanderratte[27].
†*   M. rattus[28] L.   Hausratte.
‡*   M. muscŭlus[29] L.   Hausmaus.
†*   M. silvatĭcus[30] L.   Waldmaus.
†*   M. agrarĭus[31] Pall.   Brandmaus[32].
‡* 10. **Cricētus**[33] frumentarĭus[34] Pall.   Hamſter[35], Kornferkel (Fig. 39.).

§. 19.   III. Fam. **Cunicularĭa**[36].   Maulwurfsmäuſe (§. 43, 11.).

11. **Spalax**[37] typhlus[38] Pall.   Blindmaulwurf, Blindmaus, Sle= peß[39].

12. **Aspălax**[40] zokor[41].   Der Zokor[41].

§. 20.   IV. Fam. **Subungulāta**[42].   Halbhufer[42] (§. 43, 13.).

† 13. **Cavĭa**[43] cobāÿa[43] Pall.   Meerſchweinchen[44].

---

1) Πτερόν Flügel und μῦς Maus; alſo geflügelte Maus.   **2)** fliegend. **3)** πεταυριστής Seiltänzer.   **4)** oſtindiſcher Name des Thiers.   **5)** ταμίας Vor= ſchneider, Wirthſchafter.   **6)** geſtreift.   **7)** hat Backentaſchen.   **8)** ἀρκτός Bär und μῦς Maus; alſo Bärenmaus; wegen des plumpen Anſehens.   **9)** im Ita= lieniſchen Marmotto oder marmontana, d. h. mus montānus, Bergmaus; lebt auf Alpen.   **10)** nicht von murmeln, ſondern aus dem italieniſchen mure mon= tano, Bergmaus, nachgebildet.   **11)** am Miſſuri in St. Louis (Ludoviciānus) lebend.   **12)** leben in den großen Gras = oder Wieſenflächen, Prairien (pratum Wieſe) Nordamerikas und haben einem Hundegebelle ähnliche Stimme.   **13)** χείρ Hand und μῦς Maus.   **14)** auf Madagascar einheimiſch.   **15)** Von Sonnerat ſo genannt nach aye - aye, Verwunderungsausrufe der Bewohner Madagascars bei erſten Erbliden des Thieres.   **16)** mus Maus.   **17)** ὑπουδαῖος unterirdiſch; lebt in Erdlöchern.   **18)** ἀμφίβιος beidlebig, im Waſſer und auf der Erde lebend.   **19)** auf dem Lande (terra) lebend.   **20)** Scharr = oder Scheermaus, weil ſie die Erde auffurcht.   **21)** Hamaus oder Hamſtermaus von hammen d. h. ausfreſſen, Wurzeln zerſtören.   **22)** richtiger Reutmaus, weil ſie auswurzelt (reuten, ausgraben).   **23)** auf dem Felde (arvum) lebend.   **24)** Leming in Nor= wegen, latiniſirt Lemmus.   **25)** norwegiſch.   **26)** decumānus oder decinānus (decĭma pars) zum zehnten Theil (Zehnten) gehörig, groß.   **27)** iſt bei uns von Oſten her eingewandert.   **28)** neulateiniſch rattus, Ratte.   **29)** Verkleinerungswort von mus; alſo Mäuschen.   **30)** im Walde (silva) lebend.   **31)** auf Aeckern (ager Acker) lebend.   **32)** hat roſtbraune Färbung.   **33)** cricētus im Neu= lateiniſchen der Hamſter.   **34)** frumentum Getreide.   **35)** däniſch hamster, von hammen d. h. hauen, ſchroten. Der Kornwurm hieß deshalb auch bei den Alten Hamſter.   **36)** cunicŭlus unterirdiſcher Gang, Kaninchen.   **37)** σπάλαξ Maulwurf.   **38)** τυφλός blind.   **39)** der ruſſiſche Name dieſes Thieres; be= deutet blind.   **40)** ἀσπάλαξ Maulwurf.   **41)** ſibiriſcher Name des Thieres. **42)** sub etwas, halb, und ungŭla Huf; alſo Halbhufer.   **43)** indiſcher Name des Thieres.   **44)** grunzt wie ein Schwein und kam übers Meer her zu uns.

♈ 14. **Hydrochoerus**[1] capybara[2] L. Flußſchwein[3].

V. Fam. **Palmipedia**[4]. Schwimmfüßer[4] (§. 43,15.). §. 21.

♅ 15. **Castor**[5] fiber[5] L. Gemeiner Biber (Fig. 40.).
♈ 16. **Fiber**[6] zibethicus[6] L. Canadiſche Biſamratte[7].
♈   Myopotāmus[8] coÿpus[9] Geoff. Südamerikaniſche Bibermaus,
      Racunda[9].

VI. Fam. **Leporina**[10]. Haſen (§. 43,17.) §. 22.

♈ *17. **Lepus**[10] timĩdus[9] L. Gemeiner Haſe.
♈ †*   L. cuniculus[12] L. Kaninchen[12].
    18. **Lagōmys**[13] alpinus[14] Pall. Schoberthier[15], Pfeifhaſe[16].

VII. Fam. **Lagostōmi**[17]. Haſenmäuſe oder Wollhaſen[17] §. 23.
      (§. 43,19.).

♈ 19. **Eriōmys**[18] laniger[19] D'Orb. Wollmaus[19], Cinchilla[20].
♈ 20. **Dipus**[22] sagitta[23] Gm. Jerboa[24], Springhaſe.

VIII. Fam. **Aculeāta**[25]. Stachelſchweine (§. 43,21.). §. 24.

    21. **Hystrix**[26] cristata[27] L. Gemeines Stachelſchwein.
    22. **Lonchēres**[28] cristatus[29]. Geoff. Kamm = Stachelratte.

VII. Ord. **Edentāta**[29]. **Zahnarme** od. **zahnlückige** §. 25.
Säugethiere (4 Fam. §. 44. Fig. 41—43.).

I. Fam. **Bradypóda**[30]. Faulthiere[31] (§. 45,1.).
    1. **Bradypus**[30] tridactÿlus[32] L. Aï[33].
    2. **Cholōpus**[9] didactÿlus[35] L. Unau[36].

II. Fam. **Cingulāta**[37]. Gürtelthiere[38] (§. 45,3.).
    3. **Dasÿpus**[9] tricinctus[40] L. Apar[9], Tatu[9] oder dreigür- §. 26.
teliges Armadill[41].

---

1) Ύδωρ Waſſer und χοῖρος Schwein; alſo Waſſer = oder Flußſchwein.
2) lebt an Flußufern. **3)** palma flache Hand, Ruder, und pes Fuß; alſo
Ruder = oder Schwimmfüßer. **4)** Biber. **5)** Biber. **6)** Eigenſchaftswort von
Zibeth, im Arabiſchen zebad Schaum, Zibeth. **7)** Biſam aus dem hebräiſchen
beſem Wohlgeruch; althochdeutſch biſam, biſem, mittellateiniſch biſāmum.
8) μῦς Maus und ποταμός Fluß. **9)** vaterländiſcher (ſüdamerikaniſcher) Name.
10) Lepus Haſe. **11)** furchtſam. **12)** unterirdiſcher Gang, Kaninchen.
13) λαγώς Haſe und μῦς Maus. **14)** auf den Alpen (alpes) lebend.
15) trägt Schober (große Heuhaufen) für den Winter zuſammen. **16)** wegen
der pfeifenden Stimme. **17)** λαγώς Haſe und στόμα Maul. **18)** wegen
des wolligen Pelzes. **19)** ἔριον Wolle und μῦς Maus; alſo Wollmaus.
20) Wolle (lana) tragend (gerere). **21)** ſpaniſcher Name des Thieres, wird
Tſchintſchillja geſprochen. **22)** δίπους zweifüßig. **23)** Pfeil, wegen ihrer
Schnelligkeit im Hüpfen. **24)** Jerbóa, arabiſcher Name des Thieres. **25)** acu-
leus Stachel. **26)** hystrix Stachelſchwein. **27)** mit einem Kamme (crista)
d. h. mit langer Borſtenmähne. **28)** λογχήρης Lanzenträger, wegen der
Stacheln. **29)** ohne (e) und Zähne (dentes), alſo zahnloſe, hier richtiger zahn-
lückige Thiere. **30)** βραδύς langſam und πούς Fuß. **31)** wegen ihrer plumpen
und langſamen Bewegungen. **32)** τριδάκτυλος dreifingerig, dreizehig. **33)** an-
geblich nach der Stimme des Thieres. **34)** χωλός lahm, hinkend und πούς Fuß.
35) διδάκτυλος zweizehig. **36)** braſilianiſcher Name. **37)** cingulum Gürtel.
38) ſind mit Gürteln gepanzert, daher Gürtelthiere. **39)** δασύπους Rauhfuß.
40) dreigürtelig. **41)** armadillo ſpaniſcher Name des Thieres.

    4. **Chlamydophŏrus**[1] truncātus[2] Harlan. Küraßthier[9].

♀   Megatherīum[3] Cuvieri[9]. Vorweltliches Riesenfaulthier[9].

§. 27.   III. Fam. **Vermilinguïa**[9]. Wurmzüngler[9] (§. 45,5.).

    5. **Myrmecophăga**[9] jubāta[9] L. Ameisenbär[9], großer Ameisen=
freſſer[9].

    6. **Manis**[9] brachyūra[10] (pentadactȳla[19] L.). Phatagin[19].

    M. macroūra[19] (tetradactȳla[19] L.). Pangolin[19].

§. 28.   IV. Fam. **Monotremăta**[9]. Schnabelthiere[19], Kloaken=
thiere[19] (§. 45,7.).

    7. **Ornithorhȳnchus**[16] paradŏxus[19] Blbch. Waſſer
Schnabelthier (Fig. 41 u. 42.).

    8. **Echidna**[19] hystrix[19] Home. Ameisenigel[29], Land=Schnabel=
thier.

§. 29.   ***B. Ungulāta***[29]. Huffäugethiere[29] (§. 46.).

VIII. Ord. **Multungŭla**[29] od. **Pachydermăta**[29].

Vielhufer[29], **Dickhäuter**[29] (3 Fam. §. 48. Fig. 43—46.).

    I. Fam. **Proboscidĕa**[29]. Rüſſelthiere[29] (§. 48,1.).

♀   1. **Elephas**[29] indïcus[29] Blbch. Indiſcher Elephant (Fig. 44.).
♀ ♀   E. primigenïus[29] Blbch. Mammuth[29].
♀   2. **Mastŏdon**[29] gigantēum[29] C. Ohiothier[29] (Fig. 44 D.).

§. 30.   II. Fam. **Pachydermăta**[29]. Eigentliche Dickhäuter[29]
(§. 48,3.).

♀ †   3. **Tapïrus**[29] americānus[29] L. Amerikaniſcher Tapir[29] oder
Anta[29].

♀   4. **Rhinocĕros**[29] indïcus[29] C. Indiſches Nashorn[29] (Fig. 45 A.).

---

1) Χλαμύς Oberkleid und φορέω ich trage; trägt einen Panzer oder Küraß.
2) mit abgeſtutztem (truncatus) Panzer. **3)** μέγας groß und θηρίον Thier; iſt
12 Fuß lang. **4)** nach Georg v. Cuvier benannt. **5)** vermis Wurm und
lingua Zunge; hat eine wurmförmige Zunge. **6)** μύρμηξ Ameiſe und φαγεῖν
freſſen; alſo Ameiſenfreſſer. **7)** mit einer Mähne (juba). **8)** hat plumpes Anſehen
und grobes Haar. **9)** manes unterirdiſche Götter, Schreckbilder; wegen des
unheimlichen Ansſehens. **10)** βραχύς kurz und οὐρά Schwanz. **11)** fünfzehig.
12) φαττάγης, Name des Thieres bei den Griechen (bei Aelian). **13)** μακρός
lang und οὐρά Schwanz. **14)** vierzehig. **15)** Pangguling bei den Javanern.
16) μόνος einzig, allein, und τρῆμα Oeffnung; haben nur eine Oeffnung für
Koth und Urin. **17)** wegen der ſchnabelförmigen Kiefern. **18)** ὄρνις Vogel und
ῥύγχος Schnabel. **19)** παράδοξος ſonderbar, wegen der Bildung. **20)** ἔχιδνα
Viper, auch ein ſabelhaftes Ungeheuer der Alten, halb Schlange und halb Jung-
frau. **21)** Stachelſchwein. **22)** lebt von Ameiſen und hat Stacheln wie ein
Igel. **23)** mit Huſen (ungulae) verſehen. **24)** mit vielen (multae) Huſen
(ungulae); daher Vielhufer. **25)** παχύς dick und δέρμα Haut; alſo Dickhäuter.
26) proboscis Rüſſel. **27)** wegen des verlängerten Rüſſels. **28)** Elephant.
29) indiſch, oſtindiſch. **30)** erſtgeborner, vorweltlicher (Elephant). **31)** Mamant
oder Mamont der Ruſſen. **32)** μαστός Bruſt, Zitze und ὀδούς Zahn; alſo
Zitzenzahn, wegen der Form der Backenzähne. **33)** γιγάντειος rieſenhaft.
34) findet ſich am Ohio oft foſſil. **35)** braſilianiſcher Name. **36)** amerikaniſch.
37) ῥίς Naſe und κέρας Horn; alſo Nashorn. **38)** oſtindiſch.

† 5a. **Hippopotamus**[1] amphibius[2] L. Fluß[1]= oder Nilpferd[1] (Fig. 45 B.).

5b. **Hyrax**[4] capensis[5] Gm. Klippendachs[6], capscher[5] Klippschliefer[7] oder Daman[8].

III. Fam. **Setigera**[9]. Schweine od. Borstenthiere[9] (§.48,6.). §. 31.

† * 6. **Sus**[10] scrofa[14] L. Eber[17]), Sau[11], Wildschwein, Schwarzwild[14].

† * S. sc. domesticus[15]. Hausschwein.

† 7. **Porcus**[12] babirussa[17] L. Hirscheber[17] (Fig. 46.).

† † 8. **Dicotyles**[18] labiatus[19] C. Nabelschwein[18], Pekari[20] oder weißschnanziges Bisamschwein[21].

† † 9. **Phacochoerus**[22] africanus[23] Gm. Emgalo[30], Warzen=[22] oder Larvenschwein[25].

IX. Ord. **Solidungula**[26]. Einhufer[27] (§. 49. Fig. 47.). §. 32.

† * **Equus**[27] caballus[28] L. Pferd, Roß (§. 50.).
† * E. asinus[29] L. Esel.
E. zebra[1] L. Zebra[1].
E. quagga[1] Gm. Quagga[1].

X. Ord. **Ruminantia**[31] oder **Bisulca**[32]. Wieder= §. 33.
käuer[31], Spalt= od. Zweihufer[32] (4 Fam. §. 51. Fig. 48—62.).

1. Fam. **Tylopoda**[33]. Kameele oder Schwielensohler[33] (§. 53,1.).

† 1. **Camelus**[34] bactrianus[35]. Kameel[34], Trampelthier[36].
† † C. dromedarius[37] L. Gemeines Kameel, Dromedar[37].
† † 5 2. **Auchenia**[38] lama[39] L. Lama[39] oder Schafkameel[40].
† A. vicunna[41] L. Vicognethier[41].

---

1) Ἵππος Pferd und ποταμός Fluß; also Flußpferd. 2) ἀμφίβιος beidlebig d. h. auf dem Lande und Wasser lebend. 3) lebt vorzüglich im Nile (jetzt nur im Obernile). 4) ὕραξ Spitzmaus, auf dies Thier übertragen. 5) am Cap d. g. Hoffnung lebend. 6) lebt in Felsenklüften und hat entfernte Aehnlichkeitmit dem Dachse. 7) schliefen oder hineinkriechen. 8) afrikanischer Name. 9) Borsten (seta) tragend (gerēre tragen). 10) Schwein. 11) Sau, Mutterschwein. 12) männliches Schwein. 13) weibliches Schwein. 14) wegen der schwarzbraunen Borsten. 15) zum Hause (domus) in Beziehung stehend, gezähmt, domesticirt. 16) πορκός Schwein. 17) baba, bei den Malayen das Schwein und russa der Hirsch; also Hirscheber. 18) mit zwei (δίς) Höhlungen, Nabeln (κοτύλη); hat auf dem Rücken noch eine nabelförmige Drüse. 19) mit weißer Schnauze (labrum). 20) südamerikanischer Name. 21) riecht nach Bisam oder Moschus ☞ S. 12. N. 13. 22) φακός Linse, Warze und χοῖρος Schwein; also Warzenschwein. 23) afrikanisch. 24) äthiopischer Name des Thieres. 25) wegen der schwieligen Hautlappen der Wangen. 26) solidus dicht, ungetheilt und ungula Huf, mit ungetheiltem Hufe; also Einhufer. 27) Pferd. 28) Gaul, Klepper. 29) Esel. 30) vaterländischer (afrikanischer) Name. 31) wieder in den Schlund (rumen) bringen, ruminari wiederkäuen. 32) in zwei (bis) Furchen (sulcae) getheilt; daher Spalt= oder Zweihufer. 33) τύλος Wulst, Schwiele und πούς Fuß; also Schwielenfüßer. 34) κάμηλος Kameel, hebräisch Gamal. 35) baktrisch, von Bactra (jetzt Balf), Hauptstadt Bactriens. 36) ungeschickter Gänger, Trampler. 37) δρομάς laufend, dromedarius, Dromedar, Schnellläufer. 38) αὐχήν Hals; haben einen langen Hals. 39) richtiger Llama, Name des Thieres bei den Peruanern. 40) wegen der Aehnlichkeit mit einem Schafe und Kameele. 41) vicunna, sprich Wikunja, vaterländischer Name; französisch vicogne, daher Vicognethier.

II. Fam. **Devēxa**[1]. Abſchüſſige Wiederkäuer[2] (§. 53,₃.).
3. **Camelopardális**[3] giraffa[4] L. Giraffe[4] (Fig. 49.).

§. 34. III. **Cervīna**[5]. Hirſche (§. 53,₄.).

* 4. **Cervus**[5] capreŏlus[6] L. Reh (Fig. 50.).
C. elăphus[7] L. Edelhirſch, Rothhirſch, Rothwild (Fig. 51.).
* C. dama[8] L. Damhirſch (Fig. 52.).
C. tarandus[9] L. Rennthier (Fig. 53 A.).
C. alces[10] L. Elch, Elenthier[10] (Fig. 54.).
C. virginianus[11] L. Virginiſcher Hirſch[11].
C. gigantēus[12] L. Rieſenhirſch[12] (Fig. 55.).
5. **Moschus**[13] moschiférus[14] L. Moſchusthier (Fig. 53 B.).
M. pygmaeus[15] L. Zwerghirſch.

§. 35. IV. Fam. **Cavicornia**[16]. Hornthiere oder Hohlhörner[16] (§. 53,₆.).
6. **Antilŏpe**[17] leucŏryx[18] Pall. (A. gazēlla[19] L.). Milchweiſe Antilope.
A. beïsa[19] Rüpp. Beïsa-Antilope.
A. monocĕros[20]. Einhorn[20].
A. dorcas[21] L. Gemeine Gazelle[19].
7. **Catoblĕpas**[22] gnu[23] Gm. Das Gnu[23] (Fig. 56.).
* 8. **Capélla**[24] rupicăpra[25] L. Gemſe[26] (Fig. 57.).
* 9. **Bos**[27] taurus[28] L. Ochs, Stier.
B. bubălus[22] L. Büffel.
B. caffer[29] B. Kafferochs (Fig. 58.).
B. urus[31] L. Auerochs[31], Wieſent, Biſon[33] der alten Deutſchen, Zubr der Polen.
B. americanus[33] (bison[33] L.). Biſon oder amerikaniſcher Büffel.
B. moschatus[34] Penn. Biſamſtier (Fig. 59.).
*10. **Capra**[35] hircus[36] L. Hausziege (Fig. 60 A.).

1) Devexus abwärts geneigt, abſchüſſig. 2) ſind vorn höher, alſo abſchüſſig. 3) καμηλοπάρδαλις Kameel (camēlus) und Parder (pardălis); alſo Kameel-parder; wegen der Zeichnung. 4) verdorben aus dem arabiſchen Zoraféh, ägyptiſch sor-aphé d. h. Langhals. 5) Cervus Hirſch. 6) caprea Reh. 7) ἔλαφος Hirſch. 8) Damhirſch, Taunhirſch. 9) tarandus, τάρανδος Renn-thier. 10) alces, ἀλκή Stärke, altdeutſch Elent oder Elen d. h. ſtark, nicht von Elend oder Fallſucht, womit man das Thier fälſchlich behaftet glaubte. 11) in Virginien lebend. 12) γιγάντειος rieſenhaft. 13) μόσχος, moschus, moscus, muscus, im Arabiſchen musk, junger Sprößling (von Pflanzen und Thieren), auch Räucherwerk aus dem Thierreiche, Moſchus, Biſam (S. 9. N. 7.). 14) Mo-ſchus (moschus) tragend (ferens). 15) πυγμαῖος Zwerg. 16) cavus hohl und cornua Hörner; alſo Hohlhörner. 17) ἀνθόλωψ, antholops, verſtümmelt aus ἄνθος Blume und ὄψ Auge; alſo Blumenauge. 18) λευκός weiß und ὄρυξ Gazelle. 19) Gazelle oder mit dem arabiſchen Artikel Algazelle, eine jede An-tilope; Beisa vaterländiſcher Name. 20) mit einem (μόνος) Horne (κέρας Horn). 21) δορκάς eine Gazelle, von δέρκομαι blicken, wegen der ſchönen Augen. 22) Catoblepas, ſchon von Aelian κατώβλεπων der Niederſchauende genannt. 23) vaterländiſcher Name. 24) eine kleine Ziege (capra). 25) Felſenziege (rupes Fels und capra Ziege). 26) Gems, althochdeutſch gamz. 27) Rind, Kuh, Ochs. 28) ταῦρος, taurus Stier. 29) βούβαλος, bubalus Büffel, bei den Alten die Kuhantilope (Antilŏpe bubalus). 30) caffer ein Kaffer; lebt in den Wäldern des Kaffernlandes. 31) urus, Ur, ein keltiſches Wort, der Auer-ochs. 32) amerikaniſch. 33) βίσων, ein nach den Biſoniern, einer thraziſchen Völkerſchaft benannter wilder Ochs, Auerochs, Biſon, Biſont, Wieſent, Wieſant (alt hochdeutſch); auch auf den amerikaniſchen Büffel fälſchlich übertragen. 34) μόσχος, Moſchus, Biſam, Rauchwerk aus dem Thierreiche. 35) Ziege. 36) Ziegenbock.

† 5   Capra⁹ aegägrus⁹ Gm. Wilde oder Bezoarziege³, Pafeng⁹.
C.. ibex⁵ L. Alpen-Steinbock (Fig. 60 B.).
† *11. **Ovis**⁹ **aries**⁷ L.. Hausschaf, Widder⁷. (Heidschnucke³⁶) in der Lüneburger Heide).
† O. musimon⁹ Pall. Muflon⁹.

C. *Pinnipedia*¹⁰. Flossensäugethiere¹⁰ (§. 54.).   §. 36.

XI. Ord. **Pinnipedia**¹⁰. Robben, Ruderfüßer¹⁰
(2 Fam. §. 55. Fig. 63.).

I. Fam. **Trichechoidea**¹¹. Walrosse¹² (§. 56.)
† 1. **Trichechus**¹¹ rosmarus¹³ L.. Walroß¹³ (Fig. 63.).

II. Fam. **Phocina**¹⁴. Robben, Seehunde.   §. 37.
† 2. **Phoca**¹⁴ vitulina¹⁵ L. Gemeiner Seehund.
† Ph. groenlandica¹⁶ Müll. Grönländischer Seehund.
3. **Otaria**¹⁷ jubata¹⁸ L. Seelöwe¹⁸.

XII. Ord. **Cetacea**¹⁹. Fischsäugethiere od. Wale²⁰   §. 38.
(3 Fam. §. 57. Fig. 64 u. 65.).

I. Fam. **Sirena**²¹. Seekühe (§. 59,1.).
† 1. **Manatus**²² australis²³ (Trichechus¹¹ manatus²² L.). Seekuh, Seeweibchen, Lamantin²⁴.
2. **Rhytina**²⁵ Stelleri²⁶ C. Steller's Seekuh²⁶, Borkenthier²⁷.

II. Fam. **Delphinodea**²⁸. Delphine²⁸ (§. 59,3.).   §. 39.
† 3. **Delphinus**²⁸ delphis²⁸ L. Gemeiner Delphin²⁸, Tümmler (Fig. 65 A.).
† * D. phocaena²⁹ L. Meerschwein, Braunfisch²⁹.
† 5 4. **Physeter**³⁰ macrocephalus³¹ L. Gemeiner Pottfisch, Pottwal, Cachelot³².
† 5. **Monodon**³³ monoceros³³ L.. See-Einhorn³⁴, Narwal³⁵.

---

1) Capra Ziege. 2) αἴξ Ziege und ἄγριος wild; also αἴγαγρος wilde Ziege. 3) hat den früher als Heilmittel berühmten Bezoar in ihren Eingeweiden. 4) vaterländischer Name. 5) Steinbock, Gemse. 6) Schaf. 7) Widder. 8) μούσμων. musimo, Name des sardinischen Muflon bei Plinius. 9) le muflon das Muffelthier, vielleicht von dem dumpfen Tone bei dem Kauen dieser Thiere. 10) pinna Floße und pedes Füße; also Flossenfüßer oder Ruderfüßer. 11) θρίξ, τριχός Kopfhaar und ἔχω ich habe, weil Haare bei einem Meerthiere auffielen. 12) Wall, Damm, Küste; also Küstenthiere. 13) schwedischer Name für Walroß. 14) Meerkalb, Robbe. 15) vitulus Kalb. 16) an Grönlands Küste lebend. 17) ὠτάριον Öhrchen (οὖς, ὠτός Ohr). 18) mit einer Mähne (juba), einem Löwen ähnlich. 19) Cetus, κῆτος, jedes große Meerthier, Walfisch. 20) Wal, hual, althochdeutsch, balaena Walfisch. 21) sirenes, σειρῆνες, Sirenen, nach der Mythe Vögel mit einem Weibskopfe; lockten durch lieblichen Gesang die Vorüberschiffenden an und tödteten sie darauf. 22) spanischer Name, von manus Hand, weil ihnen die Vorderglieder mit Nägeln statt Hände dienten. 23) in südlichen Meeren lebend. 24) Name des Thieres auf den Antillen. 25) ῥυτίς Runzel, Falte. 26) vom Seefahrer Steller 1741 entdeckt. 27) ihre Haut ähnelt einer rissigen Borke. 28) delphinus, δελφίν, Delphin. 29) φώκαινα Braunfisch. 30) φυσητήρ Blaser. 31) μακρός groß und κεφαλή Kopf; also Großkopf. 32) französisch cachalot Pottfisch. 33) μόνος allein, einzeln und ὀδούς Zahn. 34) μόνος einzeln und κέρας Horn; also Einhorn. 35) schwedisch Narhvall von nar Nase (nares) und Val oder Walfisch. 36) Schafe, welche auf der Heide fressen (niederdt. snoejen).

14

§. 40.　III. Fam. **Balaenodẽa**⁹. Walfiſche⁹ (§. 59,₆.).

♀♂ 6. **Balaenoptẽra**⁹ boops⁹ L. Finnfiſch⁹, Schnabelwalfiſch, Inbarte⁹.

♀♂ 7. **Balaena**⁹ mysticẽtus⁹ L. Grönländiſcher Walfiſch, Barten-wal⁹ (Fig. 64.).

♀♂ B. australis⁹ Desmoulins. Südſee-Walfiſch.

♌ Zeuglõdon⁹ macrospondÿlus¹⁰ Müller. Jochzahn⁹.

II. Klaſſe. **Aves**¹². Vögel (§. 60. Fig. 66—113B.).

§. 41.　Ueberſicht der VIII Ordnungen der Vögel (§. 63a.).

I. Aves¹² aërẽae¹². Luftvögel.
1. Rapaces¹³. Raubvögel (§. 64.).
2. Scansõres¹⁴. Klettervögel (§. 66.).
3. Passẽres¹⁵ oder Oscĩnes¹⁶. Singvögel (§. 68.).
4. Columbae¹⁷. Tauben (§. 70.).

II. Aves¹² terrẽstres¹⁸. Landvögel.
5. Gallinae¹⁹. Hühner (§. 73.).
6. Cursõres²⁰. Laufvögel (§. 75.).

III. Aves¹² aquatĩcae²¹. Waſſervögel.
7. Grallae²². Sumpfvögel (§. 78.).
8. Palmipẽdes²³. Schwimmvögel (§. 80.).

§. 42.　*I. Aves*¹² aërẽae*¹². Luftvögel (4 Ordnungen. §. 64.).

1. Ord. **Rapaces**¹³. Raubvögel (3 Fam. §. 64.).

I. Fam. **Vulturĩnae**²⁴. Geier²⁵ (§. 65,₁.).

1. **Cathãrtes**²⁶ percnopterus²⁷ L. Aegyptiſcher Geier²⁶.

♂ 2. **Vultur**²⁴ cinerẽus²⁸ Tem. Grauer Geier, Mönchsgeier²⁹) (Fig. 79.).

♂ V. fulvus³⁰ Gm. (leucocephãlus³¹ Meyer). Weißköpfiger³¹) Geier.

---

1) Balaena, φάλαινα Walfiſch. **2)** althochdeutſch Wal, hual, lat. balaena. **3)** balaena Walfiſch und πτερόν Floſſe, Finne. **4)** βοῦς Ochs und ὄψ Auge; alſo Ochſenauge. **5)** la jubarte der Franzoſen. **6)** aus einer falſchen Leſeart bei Ariſtoteles, wo es heißen muß μῦς τὸ κῆτος d. h. der Wal, den man μῦς (Maus) nennt. **7)** hat ſtatt der Zähne Barten. **8)** ſüdlich d. h. im Südmeere. **9)** ζεύγλη Joch und ὀδούς, ὄντος Zahn; alſo Jochzahn. **10)** μαχρός groß und σπόνδυλος Wirbelknochen; wegen der großen Rückenwirbel. **11)** avis Vogel. **12)** aërius ob. aëreus in der Luft (aër) lebend. **13)** rapax räuberiſch. **14)** Kletterer, von scandẽre klettern. **15)** passer Sperling, der bekannteſte Vogel dieſer Ordnung. **16)** Singvögel. **17)** Tauben. **18)** auf der Erde (terra) lebend. **19)** Hühner. **20)** Läufer (currẽre laufen). **21)** auf oder in der Nähe des Waſſers (aqua) lebend. **22)** grallae Stelzen, wegen der langen Beine. **23)** palma flache Hand, Ruder und pes Fuß; alſo Ruderfüßer. **24)** vultur Geier. **25)** weil ihr Mahl mit großer Gier verzehrt wird. **26)** καθαρτής Reiniger. **27)** Schwarzflügel von περχνός ſchwarzblau und πτερόν Flügel. **28)** aſchgrau (cinis Aſche). **29)** wegen des Halskragens. **30)** rothbraun. **31)** λευκός weiß und κεφαλή Kopf.

3. **Sarcorhamphus**⁹ gryphus' Tem. Kondor³, Vogel Greif²).

†* 4. **Gypaëtus**⁵⁾ barbatus⁶ L. Lämmergeier⁶), Bartgeier⁵, Geieradler⁴).

II. Fam. **Accipitrinae**⁷). Falken (§. 65,5.). §. 43.

꜔ †* 5. **Aquila**⁸⁾ chrysaetus⁹⁾ L. Gemeiner Adler, Goldadler⁹⁾, Steinadler.

A. imperialis¹⁰⁾ Bech. Königsadler¹⁰⁾, Kaiseradler¹⁰⁾.

꜔ A. naevia¹¹⁾ Gm. Schreiadler.

†* 6. **Haliaëtus**¹²⁾ leucocephalus¹³⁾ Briss. Weißköpfiger¹³⁾ See- oder Fischadler (Fig. 80A.).

†* H. albicilla¹⁴⁾ L. Groß- oder weißschwänziger Meer- oder Fisch adler.

†* 7. **Pandion**¹⁵⁾ haliaëtus¹²⁾ L. Fischaar, Entenstößer, Blaufuß.

* 8. **Falco**¹⁶⁾ vespertinus¹⁷⁾ L. Rothfüßiger Falke (Fig. 80B.).

꜔ * F. subbuteo¹⁸⁾ L. Baum-, Lerchen-, Stoß- oder Blaufalke.

* F. tinnunculus¹⁹⁾ L. Thurmfalke²⁰⁾, Rüttelfalke²¹⁾.

꜔ * F. islandicus²²⁾ Briss. Jagdfalke²².

† * 9. **Milvus**²³⁾ regalis²³⁾ (Falco¹⁶⁾ milvus²³⁾ L.). Gemeine od. Gabel weihe²⁴⁾.

* 10. **Astur**²⁵⁾ nisus²⁶ L. Sperber²⁶), Finkenhabicht.

* 11. **Buteo**²⁷⁾ vulgaris²⁸ Bech. (Falco¹⁶⁾ buteo²⁷⁾ L.). Gemeiner oder Mäusebussard²⁸.

* B. lagopus³⁰⁾ L. Rauhfuß³⁰⁾.

12. **Serpentarius**³¹⁾ secretarius³²⁾ Gm. Sekretär³³⁾, Stelzen geier³³⁾.

III. Fam. **Strigidae**³⁴⁾. Eulen³⁴⁾ (§. 65,13.). §. 44.

†* 13. **Strix**³⁴⁾ bubo³⁵ L. Großer Uhu³⁵⁾, Schuhu³⁶⁾ (Fig. 81.).

1) σάρξ Fleisch und ῥάμφος der krumme Schnabel der Raubvögel. 2) γρύψ Greif, ein fabelhafter, vierfüßiger Vogel. 3) Condor der spanische Name des Vogels, aus der Inca-Sprache von Contuni abgeleitet, welches einen guten Geruch haben bedeutet. 4) γύψ Geier und ἀετός Adler; also Geieradler. 5) wegen des Federbarts unter dem Schnabel (barbatus bärtig). 6) raubt häufig Lämmer. 7) accipiter Raubvogel. 8) Adler. 9) χρυσός Gold und ἀετός Adler; also Goldadler. 10) kaiserlich; als kaiserliches Wappenbild in Rußland, Oesterreich, Frankreich ꝛc. dienend. 11) naevius Fleckchen, naevius gefleckt. 12) ἁλίαετος Meeradler. 13) λευκός weiß und κεφαλή Kopf; also Weißkopf. 14) Verkleinerungswort von albus weiß; wegen des weißen Schwanzes. 15) Pandion, König von Athen, dessen Tochter Procne in eine Schwalbe und Philomela in eine Nachtigall verwandelt wurde. 16) Falke. 17) abendlich, zur Abendzeit fliegend. 18) beinahe, fast (sub) einem buteo oder Mäusebussard ähnlich. 19) eine Falkenart der Alten, vielleicht unser Thurmfalke. 20) lebt gern in alten Thürmen. 21) schwebt erst lange über seiner Beute (rüttelt), bis er sich darauf stürzt. 22) lebt häufig auf Island und wird vorzüglich zur Falkenjagd als Beizfalke abgerichtet. 23) Weihe, ein Raubvogel, auch ein Raubfisch der Alten (Meerweihe). 24) hat einen gegabelten Schwanz wie die Schwalben. 25) eine unbestimmte Habichtart der Alten. 26) Nisus, König von Megara, wurde in einen Sperber verwandelt, daher Sperber. 27) eine Falkenart der Alten, Bußaar, Busßard, Busart, nach seinen Pusten (busen, busten, pusten) benannt. 28) gemein. 29) lebt vorzüglich von Mäusen. 30) λαγόπους hasenfüßig, rauhfüßig, wegen der bis auf die Zehen befiederten Beine. 31) frißt gern Schlangen (serpentes). 32) Schreiber; wegen des Federbusches am Hinterhaupte. 33) wegen der sehr langen Beine. 34) Strix, στρίγξ, στριγγός Nachtvogel, Eule, Hexe. 35) bubo Uhu. 36) auch Huhu, Buhu, Buhuule, Schubut, nach ihrem Geschreie benannt. 37) königlich.

* Strix⁹ otus⁹ L. Mittlere Ohreule.
* St. brachyotus⁹ L. Sumpf-Ohreule.
* 14. **Syrnium**⁵ aluco⁹ L. Gemeiner Kauz⁹, Brandeule⁹.
* S. flammea⁹ L. Perleule⁹, Schleiereule¹⁹.
* S. noctua¹¹ (passerina¹²) Bech.). Steinkauz, Leichhuhn¹³, Minerva-Eule¹⁴.

§. 45. II. Ord. **Scansōres**¹⁵. **Kletterwögel** (8 Fam. §. 66.).

A. Paarzeher. Mit Kletterfüßen (1 Paar Zehen nach vorn und 1 nach hinten).

I. Fam. **Picīdae**¹⁷. Spechte¹⁶ (§. 67.).
* 1. **Picus**¹⁶ martīus¹⁸ L. Schwarzspecht (Fig. 83A.).
* P. virīdis¹⁹ L. Grünspecht¹⁹.
* P. major²⁰ L. Großer Buntspecht.
* P. medīus²¹ L. Mittlerer Buntspecht²².
* P. minor²² L. Kleiner Buntspecht.
* P. tridactȳlus²³ L. Dreizehiger²³ Buntspecht.
* 2. **Jynx**²⁴ torquilla²⁵ L. Wendehals²⁴.

§. 46. II. Fam. **Cuculīdae**²⁶. Kuckuke²⁷ (§. 67,3.).
* 3. **Cucūlus**²⁶ canōrus²⁷ L. Gemeiner Kuckuck²⁷ (Fig. 83B.).
4. **Indicātor**²⁹ minor³⁰ L. Honigkuckuck²⁹.
5. **Crotophāga**³¹ ani³² L. Madenfresser³³.

§. 47. III. Fam. **Psittacīnae**³⁴. Papageien¹⁹ (§. 67,6.).
6. **Ara**³⁶ ararauna³⁷ L. Blauer Ara³⁸.
7. **Psittacūla**³⁹ passerina³⁹ und pullaria⁴¹. Unzertrennliche⁴².

---

1) Strix, στρίγξ, στριγγός Nachtvogel, Eule, Hexe. 2) Ohreule (ὠτός von οὖς Ohr). 3) βραχύς kurz und οὖς Ohr; also Kurzohr. 4) ein von Dumeril für langschwänzige Eulen gemachter Name. 5) alücus Eule, von a und lux Licht, weil sie das Licht fliehet. 6) Kauz- oder Katz-Eule, wegen des runden Katzenkopfes. 7) wegen des rothbraunen Gefieders. 8) wegen der Flammen (flamma) ähnlichen Flecken. 9) wegen der Perlflecken. 10) wegen des Federschleiers um die Augen. 11) Nachteule (nox Nacht); auch eine Schmetterlingsgattung. 12) sperlingsartig (passer Sperling). 13) gilt durch ihr Geschrei als Vorbote des Todes bei einfältigen Landleuten. 14) war bei den Alten der Minerva geweihet, der Göttin der Weisheit. 15) Kletterer (scandere klettern). 16) picus Specht. 17) vielleicht von spiken d. h. picken, daher Baumpicker. 18) kriegerisch, muthig (Mars Gott des Krieges). 19) grün. 20) der größere unter den Buntspechten. 21) der mittlere unter den Buntspechten. 22) der kleinere unter den Buntspechten. 23) dreizehig; hat unter allen übrigen nur drei Zehen. 24) jynx Drehhals. 25) dehnen und drehen den Hals sehr geschickt (torqueo ich drehe). 26) cuculus Kuckuck. 27) nach seinem Rufe benannt. 28) stark tönend. 29) Anzeiger, Verräther; verräth in Afrika die Nester der Waldbienen, von deren Honig er lebt. 30) kleiner. 31) κρότων Holzbock (Maden?) und φαγεῖν fressen. 32) schreit ani. 33) lebt von Maden, welche er aus der Haut des Weideviehes hervorsucht. 34) psittacus Pappagei. 35) entweder von Pappeln, also Pappelgeier, wegen ihrer Geschwätzigkeit, oder vom italienischen Papagallo, Pfaffenhahn. 36) eigentlich arāra, nach ihrem Geschreie. 37) brasilianischer Name des Thieres. 38) kleiner Papagei (psittācus). 39) sperlings(groß), von passer Sperling. 40) pullus junges (kleines) Thier; sind die kleinsten Arten. 41) werden meist paarweise in Käfigen gehalten. 42) mit weißen, rothen und schwarzen Federn.

8. **Psittăcus** erithăcus L.. Grauer Papagei (Fig. 82A.).
9. **Cacătus** cristătus L. Weißer Cacadu.

IV. Fam. **Bucconĭdae**. Bartvögel (§. 67,10.). §. 48.
10. **Bucco** grandis. Großer Bartvogel.

V. Fam. **Musophăgae**. Pisangfresser (§. 67,11.).
11. **Corythăïx** persa L. Helmkuckuck.
12. **Musophăga** violacea. Violetter Pisangfresser.

VI. Fam. **Rhamphastĭdae**. Großschnäbler, Pfeffer-fresser, Tukane (§. 67,13.).
13. **Rhamphăstus** toco Vaill. Gemeiner Pfefferfraß.

B. Heftzeher. Schreitfüße mit verwachsenen Zehen. §. 49.

VII. Fam. **Buccerĭdae**. Nashornvögel (§. 67,14.).
14. **Buceros** rhinoceros L. Großer Nashornvogel (Fig. 82B.).

VIII. Fam. **Halcyonĭdae**. Eisvögel (§. 67,15.).
* 15. **Alcēdo** ispĭda L. Gemeiner Eisvogel.
* 16. **Coracias** garrŭla L. Blauracke, Mandelkrähe.

III. Ord. **Passēres** od. **Oscĭnes**. Singvögel. §. 50.
(6 Fam. §. 68.)
I. Fam. **Dentirōstres**. Zahnschnäbler (§. 69,1.).
* 1. **Lanius** excubĭtor L. Großer Würger, Kritzelster (Fig. 85.).
* L. minor L. Kleiner Würger.
* L. collurio L. Rothrückiger Würger.
* L. ruficeps Bechst. Rothköpfiger Würger.

---

1) Psittăcus Papagei. **2)** Name eines unbekannten Vogels bei Plinius, auf diesen Vogel übertragen. **3)** entweder von Pappeln, also Pappelgeier, wegen ihrer Geschwätzigkeit oder vom italienischen Papagallo. Pfaffenhahn. **4)** neulateinisch, nach seinem Geschrei: Cacadu. **5)** mit einer Federhaube (crista). **6)** wegen der am Grunde aufgetriebenen Unterkinnlade, von bucco, einer mit aufgeblasenen Backen (buccae). **7)** hat Bündel Borstenfedern am Schnabelgrunde. **8)** groß. **9)** musa Pisang oder Banane und φαγεῖν fressen. **10)** κορυθάιξ den Helm (κόρυς) schüttelnd; hat eine Federhaube. **11)** Perser, welche auf dem Turban einen Federbusch tragen. **12)** hat violettes (violaceus) Gefieder. **13)** ῥάμφος krummer (großer) Schnabel. **14)** fressen Piment oder Nelkenpfeffer. **15)** heißt in Brasilien tuca und toco. **16)** buceros Ochsenhorn. **17)** Schnabel mit großem Horne. **18)** Nashorn (ῥίς Nase und κέρας Horn). **19)** Halcyon (ἀλκυών) oder alcēdo Eisvogel. **20)** hispidus, ital. ispido, spießig, wegen des Schnabels (∽ Oliva ispidŭla). **21)** leben an Gewässern, Winters gern in der Nähe der Eislöcher. **22)** κοραξίας rabenartig (corax, κόραξ Rabe). **23)** geschwätzig. **24)** hat bläuliches Gefieder und schreiet rak rak rak. **25)** vielleicht, weil er gern auf Getreidestiegen (Mandeln) sitzt, daher auch Garbenkrähe genannt. **26)** passer Sperling, der häufigste Vogel dieser Ordnung. **27)** oscen. Inis Singvogel, von os Mund, Schnabel und canĕre singen. **28)** dens Zahn und rostrum Schnabel, also Zahnschnäbler. **29)** Fleischer (lanio ich zerfleische), weil er vom Raube lebender Thiere sich nährt; daher Würger. **30)** Wächter: neckt selbst Raubvögel und macht andere Vögel dadurch auf ihre Annäherung aufmerksam. **31)** oder Krieg-Elster; wegen seiner räuberischen Lebensweise. **32)** kleiner. **33)** κολλυρίων Raubvogel. **34)** mit rothem (rufus) Kopfe (caput).

* 2. **Muscicäpa**¹⁾ grisöla²⁾ L. Grauer Fliegenſchnäpper¹⁾ (Fig. 86.).
* M. atricapilla³⁾ L. Schwarzrückiger Fl.

§. 51. II. Fam. **Subuliröstres**⁴⁾. Pfriemenſchnäbler⁴⁾ (§. 69,₃.).

* 3. **Motacilla**⁵⁾ alba⁶⁾ L. Weiße Bachſtelze⁵⁾, Ackermännchen⁶⁾.
* 4. **Anthus**⁷⁾ arboréus¹⁰⁾ Bechst. Heidelerche¹⁰⁾, Baumpieper¹⁰⁾.
* 5. **Oriölus**¹²⁾ galbüla¹³⁾ L. Goldamſel¹²⁾, Pirol¹⁴⁾, Kirſchvogel¹⁵⁾.
†* 6. **Turdus**¹⁶⁾ torquatus¹⁷⁾ L. Ring = oder Schildamſel¹⁷⁾.
†*   T. merüla¹⁸⁾ L. Merle¹⁸⁾ oder Schwarzdroſſel¹⁸⁾.
†*   T. viscivörus²⁰⁾ L. Miſteldroſſel²⁰⁾ oder Schnarre²¹⁾, Schacker²¹⁾, Krammetsvogel²²⁾.
*   T. piláris²²⁾ L. Krammetsvogel²²⁾ (Fig. 87.).
†*   T. iliäcus²⁴⁾ L. Weinvogel²⁵⁾, Rothdroſſel²⁵⁾.
†*   T. musicus²⁶⁾ L. Granddroſſel²⁷⁾, Singdroſſel²⁶⁾, Zippe.
* 7. **Cinclus**²⁸⁾ aquaticus²⁹⁾ Briss. Waſſerſtaar³⁰⁾ ob. Waſſeramſel³⁰⁾.
* 8. **Accentor**³¹⁾ alpinus³²⁾ L. Alpen = Flüevogel³³⁾ (Fig. 88.).
*   A. modularis³⁴⁾ L. Grankehlchen, Braunelle.
* 9. **Saxicöla**³⁵⁾ oenänthe³⁶⁾ L. Weißkehlchen, Weißſchwanz, grau= rückiger Steinſchmätzer.
*   S. rubetra³⁷⁾ L. Braunkehlchen.
*   S. rubicöla³⁸⁾ L. Schwarzkehlchen.
†* 10. **Silvia**³⁹⁾ luscinia⁴⁰⁾ L. Nachtigall⁴¹⁾.
†   S. philomela⁴²⁾ L. Sproſſer.

---

1) Fliegenfänger, von musca Fliege und capére fangen. 2) aſchgrau, griseus. 3) mit ſchwarzem (ater) Haupthaar, Kopffedern (capilli). 4) subüla Pfriemen und rostrum Schnabel. 5) weiße Bachſtelze. 6) weiß. 7) leben an Bächen und haben verhältnißmäßig lange Beine (Stelzen). 8) folgen gern dem pflügenden Ackermanne, der Inſekten wegen. 9) άνθος Blüte, etwa Blütenſänger. 10) auf Bäumen (arbores) lebend; daher auch Baumpieper. 11) lebt gern auf waldbewachſenen Flächen und hat, wie die Lerchen, einen langen Sporn an der Hinterzehe. 12) vom italieniſchen oriolo, vielleicht von aurum Gold, wegen des hochgelben Gefiederes. 13) galbüla Name des Vogels bei Plinius. 14) Pirol, Bülow ꝛc. nach ſeinem Tone. 15) lebt gern in Kirſchgärten. 16) turdus, Droſſel, wohl von torquéo ich drehe, erdroſſele; daher Droſſel, weil ſich die meiſten in Schlingen erdroſſeln. 17) mit einer Hals(Bruſt)binde (torques) oder einem Bruſtſchilde. 18) merüla Merle, Amſel. 19) wegen des ſchwarzen Gefieders. 20) Miſtein (viscum) gierig freſſend (voráre). 21) wegen ſeines Tones: ſchäck, ſchäck. 22) frißt gern Krammets= oder Wachholderbeeren. 23) wird in Schlingen von Haaren (pilus) der Pferde gefangen. 24) ἱλιάς, von ἱλω drehen, ſo wie Droſſel, ſchon bei Ariſtoteles Name der Rothdroſſel. 25) hat weingelbe oder röth= liche untere Flügeldeckfedern. 26) muſikaliſch, melodiſch, daher Singdroſſel. 27) iſt auf der Oberſeite grau gefärbt. 28) κίγχλος Name eines unbeſtimmten Waſſer= vogels der Alten, von Linné auf dieſen Vogel übertragen. 29) lebt am Waſſer und taucht gut. 30) wegen entfernter Aehnlichkeit mit einer Amſel oder einem Staare. 31) Sänger, von accíno dazu (ad) und ſingen (canére). 32) auf Alpen (alpes) lebend. 33) Flue oder Flüe, Fels; alſo Felſenfänger. 34) mo= dulätor ein Abmeſſer (der Töne), ein Sänger. 35) saxa Felſen, coiére be= wohnen; alſo Felſenbewohner. 36) οἰνάνθη von οἶνος Wein und ἄνθη Blüte, erſte Tragknoſpe der Weinrebe, auch das erſte Barthaar des Jünglings, daher ein Bild der anmuthigen Jugendzeit, vielleicht wegen der anmuthigen Geſtalt des Vogels von Linné ſo genannt, oder wegen der röthlichweißen Unterſeite. 37) ruber roth, vielleicht wegen der braunrothen Unterſeite. 38) rubus Brombeere und coiére bewohnen. 39) silvia, von silva Wald; alſo Waldſänger. 40) Nachtigall. 41) gellt oder ſingt Nachts. 42) die in eine Nachtigall verwandelte Tochter des Königs Pandíon von Athen.

* Silvĭa rubecŭla¹⁾ L. Rothfehlchen.
* S. suecĭca²⁾ L. Blaukehlchen⁷⁾.
* S. phoenicūrus³⁾ L. Garten=Rothschwänzchen⁴⁾.
* S. tithys⁵⁾ L. Haus=Rothschwänzchen.
* S. currūca⁶⁾ (garrūla⁷⁾ Bechst.). Weißkehlchen, Müllerchen, Haus=Grasmücke.
🜨* S. atricapīlla⁸⁾ L. Mönch⁹⁾ ober Schwarzköppel⁷⁾.
* S. cinerēa¹⁰⁾ Briss. Graue Grasmücke.
* S. sibilātrix¹¹⁾ Bechst. Weidenzeisig, grüner Laubvogel.
* S. salicarĭa¹²⁾ Bechst. Rohrsperling, Binsensänger (Fig. 89.).
  S. sutorĭa¹³⁾ L. Schneidervogel¹³⁾.
* 11. **Troglodytes**¹⁴⁾ parvŭlus¹⁵⁾ Koch. Zaunkönig¹⁵⁾.
  12. **Maenūra**¹⁶⁾ supĕrba¹⁷⁾ Shw. Schönes Schweifhuhn¹⁸⁾.

III. Fam. **Conirōstres**¹⁹⁾. Kegelschnäbler¹⁹⁾ ob. Hopser¹⁹⁾ §. 52. (§. 69, 13.).

* 13. **Parus**²⁰⁾ cristātus²¹⁾ L. Haubenmeise.
* P. caudātus²²⁾ L. Schwanzmeise²²⁾.
🜨* P. major²⁰⁾ L. Speck= ober Kohlmeise.
* P. caerulēus²³⁾ L. Blaumeise²³⁾.
* P. biarmĭcus²⁶⁾ L. Bartmeise²⁷⁾ (Fig. 90.).
* 14. **Regūlus**²⁷⁾ cristātus²² Koch. Goldhähnchen, europ. Kolibri¹⁾.
* 15. **Alauda**²⁹⁾ calandra³⁰⁾ L. Kalanderlerche³⁰⁾ (Fig. 91.).
* A. cristāta³⁰⁾ L. Haubenlerche.
🜨* A. arvēnsis³¹⁾ L. Feldlerche¹⁾.
* 16. **Emberiza**³²⁾ citrinēlla³³⁾ L. Goldammer.
* E. schoenĭclus³⁴⁾ L. Rohrammer, Rohr= ober Schilfsperling.
* E. hortulāna³⁵⁾ L. Ortolan³⁶⁾, Gartenammer³⁶⁾.
  17. **Fringilla**³⁷⁾ L. Finke.
* Coccothraustes³⁸⁾ vulgāris³⁹⁾ Pall. Kirschfink⁴⁾.

1) Rothschwänzchen, Verkleinerungswort von ruber roth. 2) schwedisch; kommt aus Schweden zu uns. 3) wegen der smalteblauen Oberbrust. 4) φοινικός; dunkelroth und οὐρά Schwanz. 5) τιτις ober τιτιώ Piepvogel, ein kleiner, piepender Vogel. 6) Grasmücke. 7) geschwätzig. 8) mit schwarzem (ater) Haupthaar, Kopffedern (capilli). 9) wegen der dunkler gefärbten Kopfplatte. 10) asch=grau. 11) Nachahmung des zischenden Gesanges: sisisisisirrrr. 12) salix Weide; leben gern an Gewässern, in der Nähe von Weiden, Schilf und Rohr. 13) sutor Schuster, von suēre zusammennähen; weil er sich ein beutelförmiges Nest zusammennähet. 14) τρωγλο-δύτης Höhlenbewohner; schlüpft gern in Höhlen und durch Zäune, daher Zaunkönig. 15) klein; nächst Goldhähnchen der kleinste Europäer. 16) μήνη Mond und οὐρά Schwanz; wegen des mond= und leierförmigen Schwanzes. 17) stolz, schön. 18) wegen des schönen Schweifes oder Schwanzes. 19) conus Kegel und rostrum Schnabel. 20) hüpfen oder hopsen. 21) Meise. 22) mit einer Federhaube (crista). 23) mit langem Schwanze (cauda). 24) größer unserer Meisen. 25) himmelblau (caelum Himmel). 26) aus beardmanácus entstanden, d. h. Bartmännchen (engl. beard Bart). 27) kleiner König, rex; Name eines kleinen, unbekannten Vogels bei den Römern, auf dies Thier übertragen. 28) kleinster Europäer. 29) Lerche. 30) καλάνδρα Name einer Lerchenart, auf diese übertragen, eigentlich Haubenlerche, mittellateinisch calandrus, ital. colándra, Galander, Kalander ober Haubenlerche, von galea Helm, daher auch galerita avis Haubenlerche. 31) auf Ackerfeldern (arva) lebend. 32) emberiza, neulat., Ammer, Emmerling, Hämmerling. 33) citrongelb (citrus Citrone). 34) schoenus Binse und cinclus Wasserstaar. 35) in kleinen Gärten (hortulus) lebend. 36) vom ital. ortolano (von hortus Garten; daher Gartenammer). 37) fringilla der Römer ist unser Rothkehlchen oder Buchfink. 38) κόκκος Kern und θραύω ich zerbreche; also Kernbeißer. 39) gemein. 40) liebt Kirschkerne als Nahrung.

20

* Pyrrhŭla¹⁾ rubricilla¹⁾ Pall. Dompfaff (Fig. 92.).
†* Passer²⁾ domestĭcus²⁾ L. Hausſperling.
†* P. montānus²⁾ L. Feldſperling.
* P. petronĭus²⁾ L. Steinſperling²⁾, Graufinf (Fig. 93.).
* Fringilla²⁾ spinus⁸⁾ L. Zeiſig.
* F. carduēlis²⁾ L. Stieglitz, Diſtelfinf⁹⁾.
T * Linŏta¹⁰⁾ cannabῑna¹¹⁾ L. Artſche, Grauartſche, Bluthänfling¹²⁾.
* L. chlŏris¹³⁾ L. Gelbartſche, Grünfinf¹³⁾.
* L. coelebs¹⁴⁾ L. Blutfinf¹⁵⁾, Buchfinf¹⁴⁾.
* L. montifringilla¹⁷⁾ L. Bergfinf¹⁷⁾, Bergnachtigall.
T L. canarĭa¹⁸⁾ L. Kanarienvogel¹⁸⁾.
T‡ Fringilla²⁾ oryzivŏra¹⁹⁾ L. Reisvogel¹⁹⁾.
Vidŭa²⁰⁾ paradisēa²¹⁾ C. Paradies-Wittwe²⁰⁾.
Ploceūs²²⁾ socῑus²³⁾. Republifaner²³⁾.
P. textor²⁴⁾ Gm. Gelber Webervogel.
‡ Gracŭla²⁵⁾ quiscăla²⁶⁾ L. Maisdieb²⁷⁾.
*18. Loxĭa²⁸⁾ curviröstra²⁹⁾ L. Kreuzſchnabel²⁹⁾, Tannenpapagei³⁰⁾.
19. Tanāgra³¹⁾ rubra³²⁾ L. Prachtmeiſe³³⁾, canadiſche Merle.
20. Euphōne³⁴⁾ musĭca³⁵⁾ Licht. Organiſt³⁶⁾.
21. Rupicŏla³⁷⁾ aurantĭa³⁸⁾ L. Orangegelbes Felſenhuhn³⁷⁾.
*22. Bombycilla³⁹⁾ garrula⁴⁰⁾ L. Seidenſchwanz³⁹⁾.

§. 53. IV. Fam. Corvῑnae⁴¹⁾. Raben (§. 69,23.).

*23. Sturnus⁴²⁾ vulgāris⁴³⁾ L. Sprehe⁴⁴⁾, gemeiner Staar.
24. Pastor⁴⁵⁾ roseus⁴⁶⁾ L. Roſendroſſel⁴⁶⁾.

1) πυῤῥός feuerroth. 2) von Farbe der rubrica oder des Röthel, der Rothfreide. 3) ☞ S. 17, Note 26. 4) in Nähe der Häuſer (domus) lebend. 5) auf Bergen (montes) lebend, doch lieber auf Feldern. 6) felſig (πέτρα Fels); liebt Felſen und ſteinige Gegenden. 7) fringilla der Römer iſt unſer Rothfehlchen oder Buch= finf. 8) Zeiſig. 9) liebt den Samen von Diſteln (carduus); daher Diſtelfinf. 10) Leinfinf (linum Lein). 11) liebt Hanfſamen (cannăbis Hanf). 12) das Männchen iſt Sommers auf Bruſt und Scheitel farmiuroth. 13) hat grüngelbes Gefieder (χλωρός grüngelb) und heißt deshalb auch Grünfinf. 14) ohne Weib, ehelos; weil Männchen und Weibchen allein fortziehen und allein wiederfommen. 15) Unterſeite des Männchens blutroth. 16) liebt Buchenwälder. 17) mons Berg und fringilla Finf. 18) auf den fanariſchen Inſeln einheimiſch. 19) oryza Reis und vorare freſſen; plündert die Reisfelder. 20) nicht von vidŭa Wittwe, ſondern vom Königreiche Whydah in Afrifa benannt. 21) hat wie die Para= diesvögel verlängerte Federn. 22) πλοκεύς Flechter, Weber; webt ein Beutelneſt. 23) leben und bauen geſellig (socῐus) unter einem gemeinſchaftlichen Dache und bilden ſo eine Vogel=Republif. 24) Weber. 25) gracŭlus Dohle. 26) Name von Linné aus ältern Werfen auf dies Thier übertragen. 27) ſchadet dem Maisbaue in Amerifa ſehr. 28) λοξός ſeitlich gebogen; wegen der Bildung des Schnabels. 29) mit ſeitlich gefrümmtem (curvus) Schnabel (röstrum). 30) wegen ſeines Aufenthalts in Nadelwäldern, in welchen er nach Art der Papageien mit Hülfe des Schnabels umherflettert und auch den Papageien hin= ſichtlich der plumpen Körperform ähnelt. 31) aus dem braſilianiſchen Namen Tangara entſtanden. 32) roth. 33) wegen des ſchönen Geſieders. 34) εὔφωνος wohltönend. 35) muſifaliſch. 36) ſoll nach Buffon's bezweifelter Angabe alle Töne der Octav durchſingen. 37) Felſenbewohner (rupes Felſen und colĕre bewohnen). 38) von Farbe der Pomeranze (Citrus aurantĭum). 39) wegen des ſeidenartigen Gefieders (bombyx Seidenraupe). 40) ſchwatzhaft. 41) corvus Rabe. 42) Staar. 43) gemein. 44) vom altdeutſchen Sprifan ſprenfeln; wegen des geſprenfelten Gefieders. 45) Hirt (Hirtenvogel). 46) roſenroth.

‡ 25. **Cassicus** ⁹ (Ictĕrus ⁹) phoeniceus ⁹ C. Maisdieb, rothflügliger ⁹ Staar.

   C. (I.) Baltimore ⁹ C. Baltimore - oder Feuervogel ⁹.

† C. (I.) pecŏris ⁹ Tem. Kuhvogel ⁹.

♃ 26. **Paradisēa** ⁷ apŏda ⁹ L. Gemeiner Paradiesvogel ⁹.

27. **Buphăga** ⁹ africana ¹⁰ Briss. Afrikanischer Madenhacker ⁹.

*28. **Corvus** ¹¹ monedŭla ¹⁰ L. Dohle ¹².

* C. cornix ¹³ L. Nebelkrähe, schwedischer Rabe ¹⁴.
* C. corŏne ¹⁵ L. Krähe ¹⁶, Rabenkrähe.

♃†* C. corax ¹⁷ l. Kollrabe, Galgenvogel ¹⁸ (Fig. 94.).

* C. frugilĕgus ¹⁹ L. Saat- oder Feldkrähe ²⁰.

†*29. **Pica** ²⁰ caudata ²¹ Briss. Elster, Hälster.

*30. **Nucifrăga** ²² caryocatactes ²³ l. Nuß ²²- oder Tannenhäher ²⁴.

*31. **Garrŭlus** ²⁵ glandarius ²⁶ L. Holzhäher, Markolf ²⁷.

V. Fam. **Tenuirōstres** ²⁸. Dünnschnäbler ²⁸ (§.69. Fig.95-97.). §. 54.

*32. **Sitta** ²⁸ europaea ²⁹ L. Blauspecht ²⁹, Spechtmeise (Fig. 95.).

*33. **Certhia** ²⁸ familiaris ³² l. Gemeiner Baumläufer ³² (Fig. 96A.).

34. **Tichodröma** ²⁹ muraria ³⁴ L. Mauerspecht ³⁵.

*35. **Upŭpa** ³⁶ epops ³⁶ L. Gemeiner Wiedehopf ³⁶ (Fig. 96 B.).

36. **Melithrēptus** ³⁷ vestiarius ³⁸. Kleidervogel ³⁸.

♃ 37. **Trochilus** ³⁹ colubris ⁴⁰ Wils. Gemeiner Kolibri ⁴⁰ (Fig. 97.).

♃ T. minimus ⁴¹ L. Mückenvogel ⁴¹, Fliegenvogel.

VI. Fam. **Fissirōstres** ⁴² (longimänae ⁴³). Spaltschnäbler ⁴³ §. 55.
   (§. 69. Fig. 98.).

---

1) Der Grund des Oberschnabels bedeckt die Stirn wie einen Helm (cassis). **2)** ἴκτερος Gelbsucht und unser Pirol (S. 18), dessen Anblick nach dem falschen Glauben der Alten die Gelbsucht heilen könne. **3)** purpurroth. **4)** soll nach Lord Baltimore benannt sein. **5)** wegen der Färbung des Gefieders. **6)** pecus Weidevieh; lebt gern in der Nähe von Kuhheerden. **7)** paradisus Paradies, wonach sie ihrer Schönheit wegen benannt wurden, weil man früher ihr Vaterland, Neu-Guinea, nicht kannte. **8)** ohne Beine (apus), weil man sie als kostbaren Damenschmuck mit ausgerissenen Beinen in Handel brachte. **9)** βοο-φάγος Rinder fressend; suchen den Viehheerden die Insektenlarven oder Maden aus der Haut. **10)** in Afrika lebend. **11)** Rabe. **12)** Dohle, vielleicht vom alten Dahlen (schwätzen). **13)** Krähe. **14)** kommt von Norden her Winters zu uns. **15)** κορώνη Krähe. **16)** nach ihrem Geschrei (kräh, kräh) benannt. **17)** Rabe, κόραξ (κόρος schwarz). **18)** frißt gern Aas, selbst vom Hochgerichte oder Galgen. **19)** Früchte (fruges) anlesend (legere). **20)** Elster. **21)** mit langem Schwanze (cauda). **22)** Nüsse (nuces) zerbrechend (frangére zerbrechen). **23)** Nußknacker (κάρυον Nuß und κατ-άρκτης Zerbrecher). **24)** frißt gern die Samen der Zirbelkiefern. **25)** schwatzhaft. **26)** frißt gern Eicheln (glandes). **27)** heißt in der Thierfabel Mark-olf (d. h. Wolf), Markwolf. **28)** mit dünnem (tennis) Schnabel (rostrum). **29)** Blauspecht. **30)** europäisch. **31)** hat bläulichgraues Gefieder. **32)** Baumläufer. **33)** zur Familie (familia) gehörig, befreundet, bekannt. **34)** τεῖχος Mauer und δρομάς laufend; also Mauerläufer. **35)** klettert geschickt an Mauern (murus) umher. **36)** Upupa, ἔποψ, Wiedehopf (vom althochdeutschen Wituhopfo, Holzhüpfer). **37)** μελί-θρεπτος mit Honig genährt. **38)** die Federn werden zu Kleidern (vestes), namentlich zu kostbaren Federmänteln von Sandwich-Insulanern benutzt. **39)** τρόχλος nannten die Alten den ägyptischen Strandläufer (Charadrius aegyptiăcus); jetzt auf die Kolibri übertragen. **40)** indianischer Name Kolubri, latinisirt colubris. **41)** kleinster Vogel; daher Mücken- und Fliegenvogel. **42)** mit gespaltenem (fissus) Schnabel (rostrum). **43)** mit langen (longae) Händen (manus) oder Flügeln.

* 38. **Hirúndo**[1] urbĭca[2] L. Hausschwalbe.
* H. rustĭca[3] L. Rauchschwalbe.
* H. riparĭa[4] L. Uferschwalbe.
♈ H. esculénta[5] L. Salangane[6].
* 39. **Cypsëlus**[7] apus[8] L. Mauer- oder Thurmschwalbe.
* 40. **Caprimúlgus**[9] europaeus[10] L. Nachtschwalbe, Ziegenmelker (Fig. 98.).
41. **Podárgus**[11] cornūtus[12] C. Gehörnter[13] Tagschläfer[13].
♈ 42. **Stentórnis**[14] caripēnsis[15] Humb. Nachtpapagei.

§. 56. IV. Ord. **Columbīnae**[16]. **Tauben** (§. 70. Fig. 99.).

†* **Colúmba**[16] palumbus[17] L. Ringeltaube[18].
* C. oenas[19] Gm. Holztaube (Fig. 99.).
♈ * C. livĭa[20] Briss. Wilde Taube.
♈ * C. risorĭa[21] L. Lachtaube[21].
♈ * C. turtur[22] L. Turteltaube[22].
♈ C. migratorĭa[23] L. Wandertaube[23].

§. 57. **II. Aves**[24] **terrēstres**[25]. **Erdvögel** (2 Ordnungen. §. 72.).

V. Ord. **Gallīnae**[26] (rasōres[27]). **Hühnervögel** (2 Fam. §. 73.).

I. Fam. **Gallinacéae**[26]. **Hühner** (§. 73.).

†* 1. **Tetráo**[28] urogállus[29] L. Auerhahn[29] (§. 74.).
* T. tetrix[30] L. Birk[31]- oder Spielhahn[32].
* T. bonasĭa[33] L. Haselhuhn.
T. cupĭdo[34] Gm. Heidenhuhn[35], Cupidohuhn[34].
♈ * 2. **Perdix**[36] dactylisŏnans[37] M. Wachtel[38].
♈ * P. cinerĕa[39] Briss. Gemeines Rebhuhn[40].
* 3. **Pavo**[41] cristatus[42] L. Gemeiner Pfau[41], Pagelune.

---

1) Schwalbe. 2) in Städten (urbes) und also in Häusern lebend. 3) auf dem Lande (rus) lebend. 4) Ufer (ripae) bewohnend. 5) zur Speise (esca) dienend. 6) nach der Insel Salang bei Malakka benannt. 7) κυψέλη jede Höhlung; nisten in Mauer- und Felslöcher. 8) ohne Füße, d. h. mit kurzen, zum Gehen unbrauchbaren. 9) Ziegenmelker (capra Ziege und mulgëo ich melke). 10) euro=päisch. 11) πόδ=αργος hell- oder weißfüßig. 12) mit einem Horne (cornu). 13) schlafen Tags und fliegen Nachts nach Insekten umher. 14) στέαρ, στέατος stehendes Fett, Talg und ὄρνις Vogel; also Fettvogel; liefert Guachara=Oel. 15) lebt in den Höhlen des Thales Caripe in Südamerika. 16) columba Taube. 17) große Holztaube. 18) hat weiße Halsringel. 19) οἶνάς Wein=stock, wegen der weinrothen Färbung der Brust. 20) blaugrau. 21) risor Lacher, wegen ihres Tones. 22) wegen ihres Tones, den man mit Turteln bezeichnet. 23) migrator Auswanderer; wandern in zahllosen Zügen. 24) avis Vogel. 25) auf der Erde (terra) lebend. 26) gallina Huhn. 27) Scharrer, von radére scharren. 28) Auerhahn. 29) urus Auer oder Ur d. h. wild, und gallus Hahn; also Auerhahn, wie Auerochs. 30) τέτραξ oder τέτριξ kleiner Auer=hahn. 31) lieben Birkenwälder. 32) jedes Männchen wählt sich zur Fort=pflanzungszeit ein Revier (Spielplatz), wo er kein anderes Männchen duldet. 33) bona assa guter Braten. 34) Cupido oder Amor, Gott der Liebe, wird mit 2 Flügeln abgebildet. 35) lebt in baumlosen Ebenen (Heiden). 36) Reb=huhn. 37) dactylus Finger und ein am Finger abgemessener Versfuß mit — ‿ ‿ Sylben, denen der Wachtelschlag ähnlich tönt (sonans). 38) ruft wack di wack (mach dich wach). 39) aschgrau. 40) von seinem Geschrei oder von seiner Farbe (rapp im Schwedischen gelblich). 41) pavo Pfau, vielleicht von seinem pauenden Geschrei: pau. 42) mit einem Federkamme (crista).

4. **Polyplēctron**[1] bicalcarātum[1] L. Zweiſporniger Pfauen=
Faſan.

🐦 * 5. **Phasiānus**[3] colchĭcus[3] L. Gemeiner Faſan[3].
P. pictus[4] L. Goldfaſan[4].
P. nychthemērus[6] L. Silberfaſan[6].

🐦 * 6. **Meleāgris**[7] gallopāvo[8] L. Puter[9], Truthahn oder welſcher[10]
Hahn, calcuttiſcher[11] Hahn.

🐦 * 7. **Numida**[12] meleāgris[12] L. Perlhuhn[12], numidiſche[13] Henne.

🐦 🦃 * 8. **Gallus**[14] domestĭcus[14] L. Haushahn.
G. Bankiva[15]. Bankiva[15]=Hahn.

II. Fam. **Crypturĭdae**[16]. Steißhühner, Halbhühner (§. 73.). §. 58.

Cryptūrus[16] rufēscens[17] Tem. Großes Rebhuhn.
Hemipodius[18] andalusĭcus[19] L. Wachtelhuhn.

VI. Ord. **Cursōres**[20]. Laufvögel[20] (2 Familien. §. 75. §. 59.
Fig. 100 A — C.).

I. Fam. **Struthionĭdae**[21]. Strauße[22] (§. 76, 1.).

🐦 1. **Struthio**[21] camēlus[21] L. Afrikaniſcher Strauß[21] (Fig. 100 A.).
2. **Rhea**[24] americāna[24] L. Amerikaniſcher Strauß, Nandu[26].
3. **Casuarius**[27] indĭcus[27] Briss. Indiſcher Kaſuar[27].

II. Fam. **Inēpti**[28]. Trotten[29] (§. 76, 1.). §. 60.

☠ 4. **Didus**[30] inēptus[30] L. Dronte[31], Dudu[31] (Fig. 100 B.).
5. **Aptēryx**[32] austrālis[33] Tem. Waldſtrauß, Kiwi[34] (Fig. 100 C.).
☠ 6. **Aepyōrnis**[35] maxĭmus[36]. Größter Hochvogel[35].

---

1) Πολύς viel und κλῆκτρον Werkzeug zum Verwunden (Sporn). **2)** mit
zwei (bis) Spornen (calcar). **3)** Faſan, benannt nach ſeinem urſprünglichen
Wohnorte am Phaſis, einem ins ſchwarze Meer mündenden Fluſſe in Colchis
(jetzt Tſcherkeſſien). **4)** bemalt, geſchmückt. **5)** wegen der Färbung des Ge-
fieders. **6)** νύξ Nacht und ἡμέρα Tag, alſo Tag= und Nachtvogel; wegen des
weißen und ſchwarzen Gefieders. **7)** Truthahn, eigentlich Perlhuhn, deſſen perl-
förmigen Thränentropfen auf die Thränen hindeuten, welche die in Perlhühner
verwandelten Schweſtern des Meleager über ihren Bruder vergoſſen. **8)** gallus
Hahn und pavo Pfau. **9)** die Weibchen rufen put und werden deshalb auch
put put gelockt. **10)** welſch heißt a. fremd, b. ausländiſch, c. italieniſch (welſches
Korn, welſche Nüſſe ꝛc.). **11)** fälſchlich indiſcher oder calcuttiſcher Hahn genannt,
weil das Schiff, welches die erſten Truthähne nach Europa brachte, zuerſt von
Amerika, ihrem Vaterlande, nach Oſtindien und zwar nach Calcutta fuhr und
von da nach Europa zurückkehrte. **12)** Perlhühner (aves numidae) ſtammen
aus Numidien. **13)** a. Hahn; b. Gallier, Franzoſe. **14)** zum Hauſe (domus)
gehörig, gezähmt. **15)** javaniſcher Name. **16)** κρύπτος verborgen und οὐρά
Schwanz, Steiß; Schwanz unter den Bürzelfedern verſteckt. **17)** röthlich. **18)** ἡμί-
πους Halb – fuß; wegen der fehlenden Hinterzehe. **19)** lebt in Andaluſien.
20) Läufer, cursor (curēre laufen). **21)** στρουθίων Strauß. **22)** στρουθός
jeder kleine Vogel, Sperling und mit dem Beiſatze ἡ μεγάλη der große Vogel
oder Strauß. **23)** Kameel; wegen ſeines langen Kameelhalſes. **24)** 'Ρέα oder
Cybele, Tochter des Uranus. **25)** amerikaniſch. **26)** Rhandu oder Nandou,
vaterländiſcher Name. **27)** heißt bei den Malayen Kassuwaris. **28)** indiſch.
29) dumm. **30)** nach dem portugieſiſchen doudo oder dodo. **31)** Name des
Vogels in den meiſten europäiſchen Sprachen. **32)** ἀ-πτέρυξ ohne Flügel.
33) in Auſtralien lebend. **34)** ſchreit kiwi, kiwi. **35)** αἰπύς hoch und ὄρνις
Vogel; alſo Hochvogel. **36)** größter.

24

§. 61. **III. *Aves*** [1] ***aquaticae*** [2]. Waſſervögel (2 Ordn. §. 77.).

VII. Ord. **Grallae** [3]. **Sumpfvögel, Watvögel** [3]
(5 Fam. §. 78.).

I. Fam. **Alectorīdes** [3]. Hühnerſtelzen [3] (§. 79. Fig. 101 A. u. B.).
* 1. **Otis** [3] tarda [3] L. Große Trappe [3] (Fig. 101 A.).
 2. **Palamedēa** [3] cornūta [3] L. Kamichi [3], gehörnter Wehrvogel [3].
 3. **Psophīa** [3] crepītans [3] L. Trompetenvogel [3].
† †* 4. **Grus** [3] cinerēa [3] Bechst. Gemeiner Kranich [3] (Fig. 101 B.).

§. 62. II. Fam. **Fulicarīae** [3] oder **Rallīdae** [3]. Waſſer=
hühner (§. 79. Fig. 102 A — C.).
* 5. **Fulica** [3] atra [3] L. Bläſſe [3], Bläßhuhn [3], Duckente [3] (Fig. 102 A.
 und B.).
* 6. **Gallinūla** [3] chlorŏpus [3] L. Grünfüßiges [3] Rohrhuhn.
* 7. **Rallus** [3] aquatīcus [3] L. Waſſerralle [3].
* 8. **Ortygomētra** [3] porzāna [3] L. Punktirtes Sumpfhuhn.
* O. pusilla [3] L. Kleines Sumpfhuhn.
* 9. **Crex** [3] pratēnsis [3] Bech. Wieſenknarrer, Schnarre [3].
 10. **Parra** [3] jaçana [3] L. Chirurg [3], Jaſſana [3] (Fig. 102 C.).

§. 63. III. Fam. **Charadriādae** [3]. Regenpfeifer (§. 79, 11.).
*11. **Charadrius** [3] pluvialis [3] L. Gold=Regenpfeifer [3], Düte [3],
 Goldtüte.
* C. hiaticūla [3] L. Halsband=Regenpfeifer [3].

---

1) Avis Vogel. **2)** auf oder in der Nähe des Waſſers (aqua) lebend; alſo
Waſſervögel. **3)** grallae Stelzen; wegen der langen Beine. **4)** waten im Waſſer.
5) ἀλέκτωρ Hahn und εἶδος Anſehen. **6)** langbeinige Hühner. **7)** ὦτίς bei den
Griechen eine Trappenart mit langen Ohren (οὖς, ὠτός), vielleicht die arabiſche
Trappe mit ſchwarzem Federbuſche. **8)** langſam (im Gange). **9)** trappen, d. h. hart
auftreten. **10)** Παλαμήδης, ein trojaniſcher Held, welcher die Schlachtordnung aus
der Beobachtung der Kraniche hergenommen, weßhalb der Kranich auch Palame-
dīca avis heißt. **11)** mit einem Horne (cornu). **12)** oder Kamiſchn, indiſcher
Name des Vogels. **13)** wegen des Horns auf dem Scheitel und der 2 Sporne
am Flügelbug. **14)** ψόφος Schall, Geräuſch. **15)** ſtark knarrend (crepītus
ventris eine laute Bläßung). **16)** läßt tiefe Baßtöne hören vermittelſt der ſehr
langen Luftröhre. **17)** Kranich. **18)** aſchgrau. **19)** fulīca Waſſerhuhn, von
fulīgo Ruß, wegen des rußfarbigen Gefieders. **20)** rallus Ralle, von Ralein
oder ralen, d. h. laufen oder von ralla, radella ein Schaber (radere kratzen).
21) ſchwarz. **22)** mit weißer (blaſſer) Stirnplatte. **23)** ducken, Vermehrungs=
form zu tauchen; alſo Tauchente. **24)** ein kleines Huhn (gallīna). **25)** χλωρός
grüngelb und πούς Fuß, Bein. **26)** ὀρτυγο-μήτρα Wachtelmutter der Alten, wahr-
ſcheinlich unſer Wachtelkönig. **27)** porcellāna oder porzāna minor der Venetianer,
vielleicht wegen der den Porzellanſchnecken ähnlichen Tropfenflecken. **28)** klein.
29) nach ſeinem Tone benannt: kraerp, kraerp oder raerp, raerp. **30)** auf
Wieſen (prata) lebend. **31)** Name der Schleierenle oder des Kiebitz bei den
Alten, auf dieſen Vogel übertragen. **32)** oder Johana, braſilianiſcher Name der
Waſſerhühner. **33)** im Vergleiche des Flügelſporns mit einer Lanzette der
Chirurgen. **34)** charadrius bei den Alten ein nächtlicher Waſſervogel, vielleicht
unſer Goldregenpfeifer (χαράδρα Uferſpalte, weil ſie am Ufer der Gewäſſer leben).
35) weil er beim Regen (pluvīus) pfeift. **36)** wegen der gelben Färbung
ſeines Gefieders. **37)** Düte von düten oder tüten, d. h. blaſen, pfeifen, wegen
ſeines Tones. **38)** hiatus Spalt, Kluft; verbirgt ſich bei Gefahr gern hinter
Steinen und in Spalten. **39)** mit ſchwarzem und weißem Halsbande.

✝* 12. **Vanellus**[1] cristătus[5] M. et W. Kiebitz[2].

* 13. **Machètes**[5] (Tringa[5]) pugnax[5] L. Kampfhahn.

IV. Fam. **Scolopacidae**[7]. Schnepfen[9] (§. 79,₁₄. Fig. 103 §. 64. A. und B.).

✝* 14. **Scolŏpax**[7] rusticŏla[5] L.. Waldschnepfe[10].

✝* S. major[11] L. Mittel=, Moor= oder Doppelschnepfe[11] (Fig. 103A.).

✝* S. gallinăgo[12] L. Heerschnepfe[11] oder Bekassine[14].

* S. gallinŭla L. Kleine Bekassine[14].

✝* 15. **Numenius**[15] arquātus[5] L. Keilhaken[15], Doppelschnepfe.

* 16. **Totănus**[17] hypoleucos[18] L.. Gemeiner Strandläufer[19] oder Flußuferläufer[19].

* 17. **Recurviröstra**[20] avocetta[21] L.. Gemeiner Säbler (Fig. 103B.).

* 18. **Haematŏpus**[22] ostrealegus[23] L.. Austerndieb[23].

* 19. **Himantŏpus**[24] rufipes[25] Bechst. Schwarzflügliger[26] Strandreuter[27].

V. Fam. **Ardeadĕae**[28]. Reiher[28] (§. 79,₂₀. Fig. 104 — 106.). §. 65.

* 20. **Phoenicoptĕrus**[30] ruber[31] L. Gemeiner Flammingo[32] (Fig. 104.).

21. **Canerŏma**[33] cochlearia[34] L. Gemeiner Kahnschnabel[34](Fig. 105).

22. **Platalĕa**[35] leucorodĭa[36] L.. Weißer Löffelreiher[35] (Fig. 106.).

23. **Tantălus**[37] ibis[38] L. Afrikanischer Nimmersatt[37].

24. **Ibis**[38] religiōsa[39] L. Geheiligter Ibis.

* 25. **Ciconia**[40] alba[41] Bechst. Weißer Storch[42], Heilebart[43].

* C. nigra[44] L.. Schwarzer Storch[42] (Fig. 107.).

1) Kiebitz. 2) mit einem Federbusche (crista). 3) ruft kih-bit oder ki-wit, kivit. 4) μαχητής Kämpfer, weil die streitsüchtigen Männchen förmlich wie Fechter zusammenkommen, um stundenlang zu streiten. 5) τρόγγας bei Aristoteles, ein uns unbekannter Ufervogel, auf diese Gattung angewandt. 6) kampflustig. 7) große Waldschnepfe, von σκόλοψ Pfahl, wegen des geraden Schnabels. 8) niedersächsisch Sneppe. 9) rusticulus auf dem Lande lebend, plump, von rus Land und colére wohnen; vielleicht wegen ihres schwerfälligen Fluges. 10) bleibt Tags im Gehölze versteckt. 11) größere der Schnepfen. 12) gallina Huhn. 13) oder Harrschnepfe, weil sie harret oder sitzen bleibt, bis man fast auf sie tritt, oder Haarschnepfe, wegen ihrer schmalen und feinen Federn. 14) französisch becasse oder verkleinert becassine, vom franz. bec Schnabel. 15) νου-μηνία Neumond, wegen der gebogenen Gestalt des Schnabels. 16) wegen des gebogenen Schnabels (arcus Bogen). 17) nach dem ital. Totano. Strandläufer. 18) ist unten (ὑπό) weiß (λευκός). 19) lebt am Ufer der Gewässer. 20) mit aufwärts gebogenem (recurvus) Schnabel (rostrum). 21) franz. l'avocette. 22) mit blutrothen (αἱμα Blut) Beinen (πούς). 23) Austern (ostrea) auflesend (legere). 24) ἱμαντό-πους Riemenbein, ein lang- und schwachbeiniger Vogel der Alten. 25) mit rothen (rufus) Beinen (pedes). 26) Rücken schwarz. 27) sucht seine Nahrung am Strande. 28) ardea Reiher. 29) reihen oder schreien. 30) mit purpurrothen (φοινίκεος) Flügeln (πτερόν). 31) roth. 32) Flammenreiher (flamma Flamme), wegen der feuerrothen Flügel. 33) cancerŏma oder cancrŏma Krebsgeschwür, wegen seiner Gefräßigkeit und seiner Lieblingsnahrung, der Krebse. 34) der Schnabel ist löffelförmig (cochlear Löffel) oder kahnförmig. 35) Löffelgans, wegen des löffel- oder spatenförmigen Schnabels. 36) ein weißer (λευκός) Reiher (ἐρωδιός). 37) wegen der Gefräßigkeit; denn Tantalus, ein Sohn Jupiters, wurde in der Unterwelt wegen der Ausplauderung der Göttergeheimnisse zur Strafe durch fortwährenden Hunger und Durst geplagt. 38) Ibis, ein den Aegyptern heiliger Vogel, Symbol der Nilfluth. 39) geheiligt. 40) Storch. 41) weiß. 42) Storch von styrkr d. h. stark; also großer Vogel. 43) oder Adebar, Edebar, Klapperer, Klapperstorch, sind deutsche Benennungen in verschiedenen Gegenden. 44) schwarz.

T. Ciconïa⁹⁾ maräbu⁹⁾ Tem. Marabu⁹⁾.
T †*26. **Ardëa**⁹⁾ cinerëa⁹⁾ L. Gemeiner Reiher⁹⁾, Fiſchreiher.
   * A. stelläris⁶⁾ L. Gemeine Rohrdommel⁷⁾, Rohrebum⁷⁾.

§. 66. VIII. Ord. **Palmipĕdes**⁹⁾ (natatōres⁹⁾). **Schwimm=
vögel**⁹⁾ (6 Fam. §. 80.).

  I. Fam. **Anatĭdae**¹⁹⁾. Entenvögel (§. 82, 1. Fig. 108—110A.).
T * 1. **Cygnus**¹¹⁾ musïcus¹²⁾ Bechst. Singſchwan¹³⁾.
T * C. olor¹¹⁾ Jll. Stummer Schwan, Höckerſchwan¹⁴⁾.
T * 2. **Anser**¹⁵⁾ segĕtum¹⁶⁾ L. Saatgans¹⁷⁾.
T * A. cinerëus¹⁷⁾ M. et W. Graugans¹⁷⁾, wilde Gans.
T * A. c. domestïcus¹⁸⁾. Hausgans.
T * 3. **Anas**¹⁹⁾ tadörna¹⁹⁾ L. Brandente²⁰⁾.
T   A. moschäta²¹⁾ L. Biſamente²¹⁾, türkiſche Ente²²⁾.
T * A. clypeata²³⁾ L. Löffelente²³⁾ (Fig. 109 B.).
T * A. boschas²⁴⁾ L. Wilde Ente, Stock= oder Hausente²⁵⁾, Maſchente.
T * A. crecca²⁶⁾ L. Krickente²⁶⁾, Kriechente.
T   4. **Somaterïa**²⁷⁾ mollissïma²⁸⁾ L. Eiderente²⁹⁾, Eidergans²⁹⁾.
  * 5. **Fulĭgŭla**³⁰⁾ ferina³¹⁾ L. Tafelente³²⁾, Rothhals³³⁾.
  * F. clangŭla³⁴⁾ L. Klang³⁴⁾= oder Schellente³⁴⁾.
T †* 6. **Mergus**³⁵⁾ mergänser³⁶⁾ L. Großer Sägetaucher³⁷⁾.
T †* M. serrator³⁷⁾ L. Kleiner Sägetaucher³⁸⁾.
T †* M. albēllus³⁷⁾ L. Weißer Sägetaucher³⁹⁾ (Fig. 110A.).

---

1) Storch. 2) eigentlich Marubet, im Arabiſchen ein Streiter, weil dieſe
Vögel gefährlich mit ihrem Schnabel um ſich ſchlagen. 3) ardëa Reiher.
4) aſchgrau. 5) reihen oder ſchreien. 6) wegen der kleinen, geſprenkelten und
ſternförmigen (stelläris) Flecken. 7) althochdeutſch horo-tumbil, von hor Schmutz,
Schlamm und dumb, weil der Vogel dumm erſcheint und gern im Schlamme
bohrt. Wahrſcheinlich iſt das verſtändlichere Rohr mit Hor verwechſelt, alſo
eigentlich Hordommel ſtatt Rohrdommel. 8) palma flache Hand, Ruder und
pes Fuß. 9) natätor Schwimmer. 10) anas Ente oder Aente, vom latein.
anas, anätis, von nare oder natare ſchwimmen, im Griechiſchen νῆσσα oder
νέττα, von νάειν ſchwimmen; daher werden die Enten auch nett nett gelockt.
11) cygnus, κύκνος und olor Schwan. 12) muſikaliſch, ſingend (hat aus der
Ferne eine angenehme Stimme). 13) daß er kurz vor ſeinem Tode einen ange=
nehmen Geſang (Schwanengeſang) hören laſſe, iſt Fabel. 14) an der Schnabel=
wurzel mit einem Höcker. 15) Gans. 16) geſellig Saatfelder (segĕtes) ver=
heerend. 17) aſchgrau. 18) domeſticirt (domus Haus) oder als Hausgans
gehalten. 19) italieniſch tadorna, zuerſt von Belon eingeführter Name.
20) wegen der roſtrothen Bruſtbinde. 21) nach Moſchus oder Biſam (S. 12,
N. 13) riechend. 22) ſtammt nicht aus der Türkei, ſondern aus Braſilien.
23) wegen des löffel= oder ſchildförmigen Schnabels (clypeus
Schild). 24) βοσκάς eigentlich weidend, genährt, dann auch eine unbeſtimmte
Entenart der Alten. 25) wird als Hausthier gehalten. 26) nach ihrem Ge=
ſchreie: kreck, kreck; heißt in Schweden kraecka, latiniſirt crecca. 27) Körper
(σῶμα) mit wolligen Federn (ἔριον Wolle). 28) die weichſte (mollis weich).
29) in Norwegen Edder oder aedder genannt. 30) wegen der ſchwärzlichen
Rußfarbe (fuligo Ruß). 31) ferina Wildpret (ferus wild). 32) wegen des
wohlſchmeckenden Fleiſches für Gaſttafeln. 33) wegen des rothbraunen Halſes.
34) clango, ĕre, klingen, ſchellen, d. h. ſchallen, wegen ihres krähenartigen
Geſchreies krah. 35) Taucher, Waſſervogel (mergĕre tauchen). 36) mergus
Taucher und anser Gans; alſo Tauchgans. 37) wegen des gezähnten Schnabels.
38) serrätor Säger, wegen des ſägeartig gezähnten Schnabels. 39) wegen
des weißen (albus) Gefieders.

II. Fam. **Pelecanĭdae**¹⁾. Pelekane⁹⁾ oder Ruderfüßer §. 67.
(§. 82,7. Fig. 110B.).

  7. **Tachypĕtes**⁹⁾ aquĭla⁹⁾ L. Fregattenvogel⁹⁾.
†* 8. **Carbo**⁹⁾ cormorānus⁹⁾ M. et W. Scharbe⁹⁾, Seerabe⁹⁾.
 * 9. **Pelecānus**⁹⁾ onocrotālus⁹⁾ L. Gemeiner Pelekan⁹⁾, Kropf-gans⁹⁾ (Fig. 110B.).
  10. **Sula**¹⁰⁾ alba¹¹⁾ M. Baffansgans¹²⁾, weißer Tölpel¹³⁾.
  11. **Phaëton**¹⁴⁾ aetherĕus¹⁵⁾ L. Weißschwänziger Tropikvogel¹⁵⁾.

III. Fam. **Procellarĭae**¹⁶⁾. Sturmvögel¹⁹⁾(Röhrennasen¹⁷⁾) §. 68.
(§. 82,12. Fig. 111.).

  12. **Procellarĭa**¹⁶⁾ pelagĭca¹⁸⁾ L. Sturmschwalbe¹⁹⁾ (Fig. 111.).
  13. **Diomedēa**²⁰⁾ exŭlans²¹⁾ L. Albatroß²², Kapschaf²³⁾.

IV. Fam. **Larĭdae**²⁴⁾. Möven²⁵⁾, Seeschwalben (§. 82,14. §. 69. Fig. 112.).

*14. **Larus**²⁴⁾ ridibŭndus²⁶⁾ L. Lachmöve²⁵⁾.
*15. **Sterna**²⁷⁾ hirŭndo²⁸⁾ L. Gemeine Seeschwalbe.
 16. **Rhynchops**²⁹⁾ nigra³⁰⁾ L. Schwarzer Scheerenschnabel²⁹⁾.

V. Fam. **Colymbĭdae**³¹⁾. Taucher³²⁾ (§. 82,17. Fig. 113A.). §. 70.

*17. **Colymbus**³¹⁾ septentrionalis³³⁾ L. Nordischer Seetaucher³³⁾.
*18. **Podiceps**³⁴⁾ minor³⁵⁾ L. Kleiner Steißfuß³⁴⁾.
 * P. cristatus³⁶⁾ L. Haubentaucher³⁶⁾ (Fig. 113A.).

---

1) Pelecānus Pelekan. **2)** ταχυ-πέτης schnell fliegend (ταχύς schnell und πέτομαι fliegen). **3)** schnell wie ein Adler (aquĭla) fliegend. **4)** im Vergleiche mit einer schnellsegelnden Fregatte, einem leichten Kriegsschiffe. **5)** wegen der schwarzen Kohlenfarbe (carbo Kohle). **6)** aus corvus marinus, Seerabe, gebildet; wegen seiner rabenartigen Stimme (krah, krah). **7)** althochdeutsch scarbo. **8)** ὀνο-κρόταλος Wasserrabe, ὄνος Esel und κρόταλον Klapper, daher Eselsschreier. **9)** wegen des großen Kehlsackes. **10)** Name des Tölpels auf den Faröer-Inseln. **11)** weiß (befiedert). **12)** auf der unbewohnten schottländischen Felseninsel Baß lebend. **13)** soll sich dumm gegen seine Feinde benehmen. **14)** wegen seines hohen und leichten Fluges, nach Phaeton, Sohn des Helios, benannt, der ihm den Sonnenwagen zu lenken gab. **15)** zum Aether (Oberluft, höhere, reinere Luft) gehörig; leben nur in den Tropengegenden. **16)** procellarĭa Sturmvogel (procella Sturm). **17)** die Nasenlöcher öffnen sich in vorstehende Röhren. **18)** auf dem Meere (πέλαγος) lebend. **19)** bieten den Stürmen Trotz und ähneln den Schwalben, vorzüglich hinsichtlich des Schwanzes. **20)** Diomedes-Vogel, nach dem Helden Diomedes benannt, fleischfressende Raubvögel, in welche die um Diomedes trauernden Gefährten verwandelt wurden; Linné übertrug den Namen auf diese Vögel. **21)** ein Auswanderer. **22)** die Portugiesen nennen die Tölpel (Sula) alcatros oder alcatras, woraus das engl. albatros. **23)** ähneln am Strande sitzend einer Schafheerde. **24)** larus ein gefräßiger Seevogel der Alten. **25)** Möve oder Meve, aus dem angelsächsischen Maeve, althochdeutsch Muwo. **26)** wegen ihres Lachen ähnlichen Geschreies, was jedoch eher ein heiseres Gekrächze genannt werden kann. **27)** engl. tern, holländ. stern, latinisirt sterna. **28)** Schwalbe. **29)** ῥύγχος Schnabel und ψάλίς Scheere. **30)** schwarz (befiedert). **31)** colymbus der Schwimmer. **32)** tauchen geschickt. **33)** nordischer (Vogel). **34)** eigentlich podicĭpes, von podex Steiß und pes Fuß, also Steißfuß; weil die Füße hinten am Steiße stehen. **35)** kleiner (Steißfuß). **36)** mit einer Federhaube oder einem Kamme (crista), daher Haubentaucher.

§. 71. VI. Fam. **Alcīdae**[1]. Alken[2] (§. 82,19. Fig. 113B.).
19. **Alca**[2] arctīca[2] L. Papageitaucher[3] (Fig. 113B.).
*20. **Uria**[4] grylle[5] L. Gryll[5]-Lumme[6].
21. **Aptenodytes**[7] patagonīca[7] Gm. Riesen-Pinguin[7] oder Fettgans[9] (Fig. 108.).

§. 72. III. Klasse. **Reptilĭa**[10] (Amphibĭa[11]). **Reptilien**[10] oder **Lurche**[12] (§. 83.).

Uebersicht der IV Ordnungen der Reptilien[10] (§. 84a.).

A. **Squamāta**[13]. Schuppenreptilien[13].
1. Testudināta[14]. Schildkröten[14].
2. Saurīa[15]. Eidechsen[15].
3. Ophidīa[16]. Schlangen[16].
B. **Nuda**[17]. Nackthäuter[17].
4. Batrachīa[18]. Froschreptilien[18] oder Lurche[12].

§. 73. **A. Reptilĭa**[10] **squamāta**[13]. Beschuppte Reptilien[13] (3 Ordnungen. §. 85.).

I. Ord. **Testudināta**[14]. Schildkröten[14] (3 Familien. §. 85. Fig. 114.).

I. Fam. **Chersĭnae**[19]. Landschildkröten[19] (§. 87.)
† 1. **Testudo**[19] graeca[20] L. Griechische Schildkröte.
† T. geometrīca[21] L. Geometrische[21] Schildkröte (Fig. 114).

§. 74. II. Fam. **Emydae**[22]. Süßwasserschildkröten[22] (§. 87,2.).
†* 2. **Emys**[22] europaea[23] Schn. oder orbiculāris[24] L. Europäische Schildkröte.
† E. arrau Humb. (Name dieses Thiers am Orinoko).
3. **Kinosternon**[25] clausum[26] Spix. Dosen-Schildkröte[26] oder Klappbrust[25].

---

1) Alca, latinisirt nach dem nordischen Worte Alken. **2)** arcticus, dem arctos, Bärengestirn, Nordpole angehörend, also nördlich. **3)** wegen der plumpen Papageiform des Körpers. **4)** οὐρία ein Wasservogel (urinator Taucher). **5)** γρύλλη das Grunzen, wegen seines Tones. **6)** oder Lomme, vom dänischen lomme (niedersächsisch hinken, lumpen, wegen des schwerfälligen Ganges). **7)** ἀ-πτήν noch nicht flügge, noch ohne Flügel und ὄδτης Taucher; können nicht fliegen; also flügellose Taucher. **8)** an den Küsten Patagoniens lebend. **9)** Fettgans (pingüis fett). **10)** Kriecher, von reptile (animal) kriechendes Thier. **11)** ἀμφίβιον Amphibie, Beidleber, von ἀμφί auf beiden Seiten (zu Wasser und zu Lande) lebend (βίος Leben). **12)** Lurch, Lurk, Lork, der niedersächsische Name für Kröte. **13)** mit Schuppen (squama) bedeckt. **14)** testudo Schildkröte (testa Schale). **15)** saurus, σαῦρος Eidechse. **16)** ὄφις Schlange, ὀφίδιον kleine Schlange. **17)** mit nackter (nudus) Haut. **18)** βάτραχος Frosch und Froschfisch, βατράχειος zu den Fröschen gehörig. **19)** chersīnus auf dem festen Lande lebend. **20)** griechische. **21)** geometrische, wegen der geometrischen Zeichnung der Schale. **22)** ἐμύς Wasserschildkröte. **23)** europäisch. **24)** kreisförmig (orbis Kreis). **25)** κινέω ich bewege und στέρνον Bruststück; daher Klappbrust. **26)** geschlossen (claudere schließen); die Schale kann gleich einer Dose geschlossen und geöffnet werden.

4. **Chelys** ¹⁾ fimbriäta ¹⁾ Gm. Matamata = Schildkröte ¹⁾.
5. **Trionyx** ¹⁾ aegyptiäca ¹⁾ Geoffr. Weiche Nil = Schildkröte ¹⁾.

III. Fam. **Chelonae** ¹⁾. Seeschildkröten ¹⁾ (§. 87,₆.).

6. **Sphargis** ¹⁾ coriacèa ¹⁾ L. Leder = Schildkröte.
7. **Chelonia** ¹⁾ Midas ¹⁾ l.. Riesen = Schildkröte (größte Sch.).
   C. imbricäta ¹⁰⁾ l.. Echte Carett = Schildkröte ¹¹⁾.
   C. carētta ¹¹⁾ L. Carett = Schildkröte ¹¹⁾.

II. Ord. **Sauria** ¹²⁾. Eidechsen ob. Saurier ¹²⁾ (3 Fam. §. 88.). §. 75.

I. Fam. **Loricäta** ¹³⁾. Krokodile ¹³⁾ oder Panzerschildkröten ¹³⁾ (§. 90.).

† 1. **Crocodilus** ¹³⁾ nilotícus ¹³⁾ L. ob. vulgäris ¹³⁾ C. Nil = Krokodil ¹⁵⁾.
† 2. **Alligätor** ¹⁷⁾ lucíus ¹⁸⁾ C. Hecht = Kaiman ¹⁸⁾.
   A. sclerops ²⁰⁾ Schn. Brillen = Kaiman ¹⁹⁾.
† 3. **Rhamphostöma** ²¹⁾ gangetícum ²²⁾ Gm. Gavial ²¹⁾ oder Ganges ²²⁾ = Krokodil.

II. Fam. **Squamäta** ²³⁾. Eidechsen (§. 90, I.). §. 76.

a. Spaltzüngler (Zunge vorn tief = gespalten).

4. **Monitor** ²⁴⁾ nilotícus ¹³⁾ l.. Nil = Warneidechse ²⁵⁾.
5. **Ameiva** ²⁶⁾ vulgaris ¹¹⁾ C. Gemeine Schienen = oder kleine Warn = eidechse ²⁵⁾.
6. **Podinēma** ²⁷⁾ Teguixin ²⁸⁾ L. Das Teju ²⁸⁾ oder die große Warn = eidechse ²⁵⁾.
* 7. **Lacērta** ²⁹⁾ agilis ³⁰⁾ l.. Gemeine oder flinke Eidechse. L. virídis ³¹⁾ L. und ocellāta ³²⁾ L. Grüne ¹¹⁾ und Perl = Eidechse ³²⁾.

b. Wurmzüngler (mit wurmförmiger, langer, runder Zunge, Fig. 115.).

8. **Chamaeleon** ³³⁾ africänus ³⁴⁾ Gm. Gemeines Chamäleon ³³⁾ (Fig. 115.).

---

1) Χέλυς Schildkröte. **2)** gefranset (limbria Franse). **3)** vaterländischer Name. **4)** τρίς dreimal und ὄνυξ Klaue, Nagel; also Dreiklaue, weil sie nur 3 Innenzehen mit Krallen hat. **5)** in Aegypten lebend. **6)** Chelonia, χελώνη Schildkröte. **7)** vielleicht von σφάραγος jedes Rauschen oder Lärmen, weil der Rückenschild der Lederschildkröte mit Saiten überzogen den Griechen zuerst als Laute gedient haben soll. Die Franzosen nennen sie la luth, d. h. Laute. **8)** leder= artig (corium Leder). **9)** entweder verstümmelt aus ἔμυς Wasserschildkröte oder von μύδος, Meerschildkröte (μυδάω durchnäßt sein). **10)** ziegeldachig. **11)** ca= retta neulateinisch, le caret der Franzosen, Carettschildkröte, auch deren Schild, so wie Schildkröte überhaupt. Das feinste und schönste Schildpad wird nach ihr Caret genannt. **12)** saurus, σαῦρος oder σαύρα Eidechse. **13)** lorica Panzer. **14)** crocodilus, κροκόδειλος (das Meernder, κρόκη, fürchtend) und χαλέπτω. **15)** im Nile lebend. **16)** gemein. **17)** alligare festbinden, also Festhalter; richtiger vielleicht vom portugiesischen Lagarto, d. h. lacérta, Eidechse. **18)** lucius Hecht. **19)** Name des Thieres bei den amerikanischen Negern. **20)** σκληρός hart und ὤψ Auge, mit starren Augen. **21)** ῥάμφος Schnabel und στόμα Maul; also Schnabel = Krokodil. **22)** im Ganges lebend. **23)** ostindischer Name des Thieres. **24)** mit Schuppen (squamae) bedeckt. **25)** Warner (monēre warnen); zischt aus Furcht beim Erblicken eines Krokodils. **26)** brasilianischer Name des Thieres. **27)** ποδ-ἄνεμος schnellfüßig. **28)** dem vaterländischen Namen Te= guixin oder Tejuguazu nachgebildet. **29)** Eidechse. **30)** flink. **31)** grün. **32)** mit Augenflecken; daher Perleidechse. **33)** χαμαί auf der Erde, klein, λέων Löwe; von Aristoteles, dem Vater der Naturgeschichte, schon so genannt. **34)** afrikanisch.

c. Dickzüngler (mit kurzer, dicker Zunge).

9. **Draco**⁹⁾ volans⁹⁾ L. Grüne Flugeidechse, grüner Drache.
10a. **Basiliscus**⁹⁾ mitrātus⁹⁾ (Lacerta basiliscus⁹⁾ L.). Amerikanischer Basilisk (Fig. 116.).

† 10b. **Iguāna**⁹⁾ tuberculāta⁹⁾ Laur. Leguan⁹⁾ oder gemeine Kammeidechse (Fig. 117.).
11. **Stellio**⁹⁾ vulgaris⁹⁾ Daud. (Lacerta stellio⁹⁾ L.). Dorneidechse⁹⁾.
12. **Tropidūrus**¹⁰⁾ torquātus¹¹⁾ Pr. M. Gemeine Kieleidechse¹⁰⁾.
13. **Ptyodactylus**¹²⁾ lobātus¹³⁾ Geoffr. Gemeiner Fächelfinger¹²⁾ oder Stern-Gecko¹⁴⁾.
14. **Platydactylus**¹⁵⁾ guttātus¹⁶⁾ Daud. Getupfter Gecko¹⁷⁾ (Fig. 118. u. 119.).
P. murōrum¹⁷⁾ C. Gemeiner Gecko¹⁷⁾, Plattfinger¹⁵⁾, Tarantola¹⁸⁾.

d. Kurzzüngler (mit kurzer, am Grunde dicker Zunge).

† 5 15. **Scincus**¹⁹⁾ officinālis²⁰⁾ (Lacerta scincus¹⁹⁾ L.). Apotheker²⁰⁾-Stink¹⁹⁾.
16. **Zygnis**²¹⁾ chalcidica²²⁾. Cicigna²³⁾.
*17. **Anguis**²³⁾ fragilis²⁴⁾ L. Blindschleiche²⁵⁾, Haselwurm²⁶⁾.
18. **Pseudopus**²⁷⁾ serpentīnus²⁸⁾ Merr. Scheltopusik²⁷⁾.
19. **Ophiosaurus**³⁰⁾ ventrālis³¹⁾ L. Gemeine Glasschlange²⁹⁾.

III. Fam. **Annulāta**³³⁾. Ringeleidechsen (§. 90,20.).

20. **Chirōtes**³⁴⁾ canaliculātus³⁵⁾ C. Gemeiner Streifling³⁶⁾.
21. **Amphisbaena**³⁷⁾ flavēscens³⁸⁾ Pr.M. Gelbliche Doppelschleiche³⁷⁾.

---

1) Draco Drache, überhaupt große Schlange (Drache, Python, Lernäische Schlange, Lindwurm der Mythe ꝛc.). 2) fliegend. 3) βασιλίσκος kleiner König (βασιλεύς König), ein sabelhaftes Thier der Alten, dessen Name von Linné auf dieses Thier übertragen wurde. 4) mit einer Kaputze, Mitra, versehen. 5) heißt bei den Javanern Leguan, bei den Bewohnern von St. Domingo Iguana oder Igoano oder Hiuana. 6) mit Höckern (tuberculae). 7) stellio Sterneidechse (stella Stern), bei den Alten eine gefleckte, für giftig gehaltene Eidechse, das Bild der Geschicklichkeit im Entschlüpfen, daher denn auch das Stellionat der Juristen, eine Betrügerei, welche nicht zu den im Gesetze benannten gehört, wofür die Strafe dem Gutachten des Richters anheim gestellt ist. 8) gemein. 9) Rücken mit Kiel- und Stachelschuppen. 10) τρόπις Kiel und οὐρά Schwanz. 11) torques Halsband. 12) πτύον Fächel und δάκτυλος Finger, Zehe. 13) mit Lappen (lobus) an den Füßen. 14) indischer Name, nach ihrem Geschrei bei herannahendem Regenwetter. 15) πλατύς platt und δάκτυλος Finger, Zehe. 16) betropft (gutta Tropfen). 17) in Löchern von Mauern (muri) lebend. 18) nach der Stadt Tarent benannt ☞ Tarantel-Spinne. 19) scincus, σκίγχος, Stink, Stink, eine Eidechse des Orients, die seit Dioscorides im Alterthume so genannt und zu Heilzwecken benutzt wurde. 20) in der Apotheke (officina) gebräuchlich. 21) ζύγνις oder χαλκίς eine Eidechse mit kupferfarbigen Streifen (χαλκός Kupfer). 22) italienischer Name der Eidechse. 23) ango ich schnüre zusammen, anguis (zweisylbig), der gemeine Name für Schlangen (schlingen). 24) zerbrechlich; bricht leicht ab. 25) wegen der kleinen Augen (τυφλώψ S. 31, Nr. 17). 26) soll gern unter Haselgebüschen leben. 27) ψεῦδος falsch und πούς Fuß, unechter Fuß; daher Stummelfuß. 28) Schlangen (serpentes) ähnlich. 29) russischer Name des Thieres. 30) ὄφις Schlange und σαῦρος Eidechse; also Schlangeneidechse. 31) wegen der fehlenden Füße am Bauche (venter Bauch). 32) bricht leicht ab, wie die Blindschleiche. 33) annulus Ring. 34) χειρώτης mit Händen (χείρ) versehen, d. h. nur mit Vorderbeinen; daher Handwühle. 35) mit einer Rinne (canalicula) versehen. 36) wegen der Färbung. 37) ἀμφίς ringsherum, von beiden Enden und βαίνω ich gehe; also in zwei Richtungen laufend; daher Doppelschleiche. 38) gelblich.

IV. Fam. **Foſſile**[1] **Saurier**[1] (§. 90. Fig. 120—124.).

🜨 1. **Mosasaurus**[2] Hoffmänni[3]. Maas[3]=Eidechſe.
🜨 2. **Ichthyosaurus**[5] commūnis[6]. Gemeine Fiſcheidechſe[7] (Fig. 120.).
🜨 3. **Plesiosaurus**[8] delichodeirus[9]. Halseidechſe[8], Meerdrache[9] (Fig. 122.).
🜨 4. **Pterodactylus**[10] crassiröstris[11]. Dickſchnäblige Vogel= eidechſe[10] (Fig. 123.).
🜨 5. **Chirotherium**[12] Barthïi[13]. Barth's Handthier[12] (Fig. 124.).

III. Ord. **Ophidia**[14] (Serpēntes[15]). **Schlangen**[14] §. 78.

(2 Familien. §. 91. Fig. 125—128.).

I. Fam. **Stenostōma**[16]. **Engmäuler**[16] (§. 93.).
   1. **Thyplops**[17] lumbricālis[18] L. Gemeines Blödauge[17].
   2. **Ilysia**[19] scytāle[20] L. Gemeine Roll[20]= oder Wickelſchleiche.

II. Fam. **Eurystōma**[21]. **Großmäuler**[21] (§. 93, 3.).   §. 79.
† 3. **Boa**[22] constrictor[23] L. Gemeine Rieſen=, Königs= oder Abgotts= ſchlange[24].
‡   B. scytāle[20] L. (aquatïca[25] Pr. M.). Die Anakonda[26].
† 4. **Python**[27] tigris[28] C. Getigerter Schlinger[29].
* 5. **Coluber**[30] levis[31] Merr. (austriācus[32] Gm.). Glatte Natter[33].
* 6. **Tropidonōtus**[34] natrix[33] L. Gemeine Natter[33], Ringel= natter[35], Viper[36], Unke[33], Schnake[37].
† 7. **Dryōphis**[38] ahaetülla[39] L. Südamerikaniſche Baum[38]= oder Peitſchenſchlange[40].

---

1) Foſſīlis, von fodere ausgraben, alſo was ausgegraben wird; daher vor= weltlich. **2)** σαῦρος Eidechſe. **3)** moſa Maas und σαῦρος Eidechſe; alſo Maas= eidechſe; fand ſich im Petersberge bei Maſtricht, im Gebiete der Maas. **4)** nach dem Naturalienhändler Hoffmann benannt. **5)** ἰχθύς Fiſch und σαῦρος Ei= dechſe. **6)** häufig. **7)** πλησίος naheſtehend und σαῦρος Eidechſe, d. h. einer Eidechſe ähnlich. **8)** δολιχός lang und δειρή Hals; daher Halseidechſe. **9)** Name eines fabelhaften Thieres der Alten. **10)** πτερόν Flügel und δάκτυλος Finger; daher Vogeleidechſe. **11)** mit dickem (crassus) Schnabel (rostrum). **12)** χείρ Hand und θηρίον Thier; alſo Handthier. **13)** von Dr. Kaup nach Barth benannt. **14)** ὄφις Schlange, ὀφίδιον kleine Schlange. **15)** serpens Schlange; wegen der ſchlingenden Bewegung. **16)** στενός eng und στόμα Maul. **17)** τυφλώψ mit blindem Geſichte, Name der Alten für Blind= ſchleiche. **18)** einem Regenwurme (lumbricus) ähnlich. **19)** ὶλύς Schlamm, Koth; weil ſie unter der Erde lebt. **20)** σκυτάλη (scutäla) Stab, Rolle, bei Plinius eine walzige, überall gleichdicke Schlange; daher Stockſchlange, Rollſchlange. **21)** mit weiter (εὑρύς) Mundöffnung (στόμα). **22)** Böa eine Waſſerſchlange bei den Alten, welche ſich nach Plinius gern an Kühe (βόα) anſaugt. **23)** constringĕre zuſammenſchnüren, würgen; alſo Würger. **24)** wegen der Größe, Schönheit und Verehrung bei den Wilden. **25)** lebt gern am Waſſer (aqua). **26)** braſilianiſcher Name dieſer Schlange. **27)** πύθων iſt der Mythe nach die von Apollo bei Delphi getödtete Schlange. **28)** Tiger; wegen der Zeichnung. **29)** ſchlingen, d. h. mit Gier verſchlucken. **30)** coluber, allge= meiner Name für Schlange. **31)** glatt. **32)** iſt zuerſt im Oeſterreichiſchen aufgefunden. **33)** Natter, Adder, im Altdeutſchen eine Art Schlange, von natrix und dies von nare, natare, ſchwimmen; alſo eigentlich Waſſerſchlange, unſere Ringelſchlange, die gern ſchwimmt. **34)** τρόπις Kiel und νῶτος Rücken; alſo Kielrücken; wegen der gekielten Rückenſchuppen. **35)** wegen des Halsringes. **36)** Viper, vivipāra lebendige (vivus) Junge gebärend (parĕo gebären). **37)** Volksnamen für dieſe Schlange, wie für Kröten, Mücken ꝛc. **38)** δρῦς Baum und ὄφις Schlange; leben auf Bäumen. **39)** ceiloniſcher Name dieſer Schlange. **40)** wegen des dünnen, peitſchenförmigen Körpers.

† 8. **Elaps**[1] corallinus[2] Pr. M. Korallen[2]-Prunkadder[3].
‡ 9. **Naja**[4] tripudians[5] Merr. Hut[6]- oder Brillenschlange[6].
‡ N. Haje[7] Geoffr. Aegyptische Aspis[8], Schlange der Kleopatra[9].
♀ ℨ †* 10. **Pelias**[10] berus[11] L. Kreuzotter[12], Adder[13], Giftviper (Fig. 125. und 126.).
P. berus v. cherseä[14] L. Kupfernatter (das röthlichbraune Weibchen der Kreuzotter).
P. berus v. prester[15] L. Höllennatter (eine s c h w a r z e, kranke Spielart).
† 11. **Vipĕra**[16] ammodytes[17] L. Sandviper[17], Viper mit gehörnter Schnauze.
† 12. **Cerăstes**[18] cornūtus[19] Wagl. Gehörnte Viper.
ℨ ‡ 13. **Lachĕsis**[20] rhombeāta[21] Pr.Max. Rautenschlange[21], Surukuku[22].
‡ 14. **Trigonocephălus**[23] atrox[24] Merr. Scheußliche[24] Kufie[25].
‡ T. lanceolātus[26] Lacep. Lanzenschlange.
‡ 15. **Crotălus**[27] horrĭdus[28] L. Südamerikanische Klapperschlange[27] (Fig. 128.).
‡ Cr. durissus[29] L. Nordamerikanische Klapperschlange[27].
† 16. **Pelămys**[30] bicŏlor[31] Schn. Zweifarbige[31] Seeschlange[32].

§. 80. *B. Reptilĭa*[33] *nuda*[34]. Nackthäuter[34] (1 Ordnung. §. 94.).

IV. Ord. **Batrachīa**[35]. **Lurche**[35] oder **Froschreptilien** (3 Familien. §. 94.).

I. Fam. **Ecaudāta**[37]. Froschlurche (§. 96.).

---

1) Ἔλαψ, Name einer unbekannten Schlangenart der Alten, auf diese Gattung von S c h n e i d e r übertragen. **2**) korallenroth. **3**) wegen der Schönheit. **4**) von Noya, dem Namen der Brillenschlange auf Ceylon. **5**) tanzend; weil sie von Gauklern zu allerlei Kunststücken benutzt wird. **6**) wegen der Nackenscheibe, welche meist eine brillenartige Zeichnung hat. **7**) ägyptischer Name dieser Schlange. **8**) ἀσπίς Schild (wegen des Nackenschildes), auch Giftschlange, Viper. **9**) die ägyptische Königin Kleopatra soll sich damit vergiftet und getödtet haben. **10**) pelias der Spieß des Achilles, dessen Schaft vom Gebirge P e l i o n war; auch Lanze überhaupt; daher Spießnatter, Giftnatter. **11**) Wasserschlange bei den Schriftstellern des Mittelalters; vielleicht unsere Ringelnatter. **12**) Kopf mit einer Zeichnung, einem Andreaskreuze ähnlich. **13**) Adder, Otter, Natter, Viper sind Volksnamen, welche für Colūber und besonders für unsere Kreuzotter gebraucht werden. **14**) χέρσος festes Land, also Landnatter. **15**) πρηστήρ Blitzstrahl, der Name einer Giftschlange bei Dioscorides. **16**) ☞ S. 31, Note 36. **17**) ἀμμο-δύτης Sandkriecher; lebt in Sandwüsten. **18**) κεράστης gehörnt, Hornschlange der Alten. **19**) cornūtus gehörnt, von cornu Horn. **20**) Lachesis eine der drei Parzen der Unterwelt, welche das Lebensloos bestimmte. **21**) mit Rauten (rhombus) ähnlichen Flecken. **22**) vaterländ. Name. **23**) τρίγωνος dreieckig und κεφαλή Kopf; also Dreieckkopf (wegen der Kopfform). **24**) grimmig, scheußlich. **25**) kufi heißt bei den Neugriechen stumm; κωφίας bei Aelian (wegen Mangels der Klapper). **26**) lanceolatus lanzettlich; daher Lanzenschlange. **27**) κρόταλον Klapper, Klapperschlange. **28**) schauerlich, r a u h, weil die Spitzen der Schuppen sich emporheben und der Schlange dadurch ein rauhes Ansehen geben. **29**) durus hart, rauh. **30**) πηλαμύς bei S t r a b o der Name eines Fisches (Mugil cephalus). **31**) zweifarbig. **32**) lebt im Meere und ist nicht zu verwechseln mit der großen, fabelhaften Seeschlange, die von Zeit zu Zeit in unsern Zeitungen auftaucht, aber von Naturforschern noch nicht gesehen und untersucht ist. **33**) Kriecher, von reptile (animal) kriechendes Thier. **34**) mit nackter (nudus) Haut. **35**) βάτραχος Frosch, βατράχειος zu den Fröschen gehörig. **36**) Lork oder Lurch, plattdeutscher Name für Kröte. **37**) e-caudātus ohne Schwanz (cauda).

1. **Pipa**[1] dorsigĕra[2] C. Pipa[1], Wabenkröte[2] (Fig. 130.).
2. **Xenöpus**[3] Bojei[4] Wagl. Krallenfrosch[3].
* 3. **Hyla**[7] arborea[8] L. Europäischer Laubfrosch[9].
* 4. **Rana**[9] esculēnta[10] L. Wasserfrosch[11], grüner Frosch.
* R. temporaria[12] L. Landfrosch[12] od. Grasfrosch[12], brauner Frosch.
5. **Alytes**[13] obstetricans[14] Laur. Höhlenkröte[13], Eiertragender[15] Feßler[13].
* 6. **Bombinātor**[16] igneus[17] Merr. Feuerkröte[17].
* B. pachypus[19] Bonap. Dickfüßige Kröte.
* 7. **Pelobātes**[20] fuscus[21] Laur. Wasser = oder Knoblauchskröte[22].
* 8. **Bufo**[23] cinerĕus[24] (Rana[9] bufo[23] L.). Gemeine Kröte[23], Lork[23], Feldkröte[25].
* B. calamĭta[26] L. Kreuzkröte[27].

II. Fam. **Caudāta**[28]. Schwanzlurche oder **Molche** (§. 96,9.). §. 81.

* 9. **Salamāndra**[29] maculata[30] Laur. Feuersalamander[31], geflec=
ter[30] Erdsalamander[32], Erdmolch[32], Mulle[29].
    S. maxima[33] Schlegel. Japanischer Salamander.
    S. gigantēa[34]C. Riesensalamander[33],Scheuchzer's Sündfluthmensch)[35].
* 10. **Triton**[36] palūstris[37] L. Sumpf = Salamander.
* T. alpestris[38] Laur. Alpensalamander[38], feuerbauchiger[39] Salamander.
* T. punctatus[40] Merr. Gefleckter[40] Wassermolch.
* T. taeniatus[41] oder cinereus[24] Merr. Teichsalamander[42] oder
kleiner Salamander.

1) Pipa oder pipal vaterländischer Name. 2) die Jungen auf dem Rücken
(dorsum) tragend (gerens). 3) hat Waben oder Vertiefungen auf dem Rücken.
4) ξένος fremdartig, ungewöhnlich und πούς Fuß. 5) nach Fr. Boje aus
Kiel benannt, der 1828 auf Java starb. 6) die drei Innenzehen der Hinterfüße
mit Krallen. 7) ὑλάω ich belle; wegen seines lauten Geschreies. 8) auf Bäumen
(arbŏres) lebend; daher Laubfrosch. 9) Frosch. 10) eßbar (wegen der eßbaren
Froschkeulen). 11) lebt fast immer im Wasser. 12) temporarius von tempŏra
die Zeiten, auch die rechte Stelle, der tödtliche Fleck oder die Schläfen (hat
einen schwarzbraunen Ohrfleck). 13) lebt mehr auf dem Lande. 14) ἀλύτης
Lictor bei den Alten (Polizeidiener), welcher Verbrecher bindet, fesselt; daher
Feßler (Hinterfüße durch halbe Schwimmhäute gefesselt). 15) Hebammendienste
thuend; das Männchen schlingt sich die befruchtete Eierschnur um die Hinterbeine
und verkriecht sich dann in Erdlöcher. 16) bombinator ein Brummer, Unter
(bombus. βόμβος jeder dumpfe Ton), wegen seines eigenthümlichen Unkens.
17) feuerfarbig (feuerbauchig), ignis Feuer. 18) wegen des feuerfarbigen
Bauches. 19) παχύς dick und πούς Fuß; hat dickere Schenkel. 20) πηλός Lehm,
Thon und βάτης von βαίνω, ich schreite einher; wegen seines Aufenthalts.
21) braun. 22) riecht nach Knoblauch. 23) bufo Kröte, Lork, Utze (im
Munde des Volks ein Schimpfwort). 24) aschgrau (cinis Asche). 25) lebt
gern auf Feldern. 26) calamus Rohr; lebt gern im Röhricht der Weiher;
daher auch Rohrkröte. 27) mit gelbem Längestreife über dem Rücken. 28) ge=
schwänzt (cauda Schwanz). 29) σαλαμάνδρα Salamander, Molch, Mulle.
30) gefleckt. 31) soll nach dem Volksglauben im Feuer unverbrennlich sein.
32) lebt auf dem Lande. 33) größter Salamander, Riesensalamander. 34) γι=
γάντειος riesenhaft (Giganten oder himmelstürmende Riesen). 35) der Schweizer
Naturforscher Scheuchzer hielt ein versteinertes Skelet dieses Salamanders für das
Skelet eines aus der Sündfluth her versteinerten Menschen. 36) Τρίτων ein Meer=
gott, welcher auf seines Vaters, des Neptun, Befehl auf einer Muschel (Trito-
nium) bläst, um das Meer zu beruhigen oder anzuregen; hier auf die Wasser=
molche übertragen. 37) palus Sumpf. 38) auf Gebirgen (alpes) lebend.
39) mit feuerrothem oder orangerothem Bauche. 40) mit punktförmigen Flecken
(punctum Punkt, runder Fleck). 41) gebändert (taenia Band, Bandwurm).
42) lebt in Teichen.

5

♃ 11. **Sirêdon**[1] mexicānus[1] C. Kolbenmolch[1] ober Arolotl[1].
12. **Proteus**[1] anguīnus[1] Laur. Olm ober Molch (Fig. 131.).
13. **Siren**[1] lacertina[1] L. Armmolch[1].

§. 82.   III. Fam. **Anguinĕa**[1]. Schleichenlurche ober Schleichen=
molche (§. 96,4.).

14. **Siphŏnops**[1] annulāta[10] Spix. Lochwühle[11].
15. **Caecilia**[12] lumbricoīdéa[13]. Wurmschlange[13], Blindwühle[12].

§. 83.   IV. Klasse. **Pisces**[13]. **Fische** (§. 97. Fig. 132—152.).

Uebersicht der X Ordnungen der Fische (§. 98a.).

I. Osleacānthi[15]. **Grätenfische** (§. 99. Fig. 134—144.).

   A. **Acanthopterygii**[17]. **Stachelflosser.**
     * 1. Thoracīci[18]. Brust=Stachelflosser (§. 99.).
     * 2. Jugulares[19]. Kehl=Stachelflosser (§. 101.).
     * 3. Fistulati[20]. Pfeifenmäuler (§. 103.).

   B. **Malacopterygii**[21]. **Weichflosser.**
     * 4. Abdominales[22]. Bauch=Weichflosser (§. 105.).
     * 5. Subbrachiales[23]. Kehl=Weichflosser (§. 108.).
     * 6. Apŏdes[24]. Kahlbäuche (§. 110.).

II. Chondracānthi[25]. **Knorpelfische** (§. 112. Fig. 145-149).

   A. **Eleuterobranchii**[26]. **Freikiemer.**
     7. Plectognāthi[27]. Haftkiefer (§. 113.).
     * 8. Branchiostégi[28]. Bedecktkiemer (§. 115.).

   B. **Plectobranchii**[1]. **Haftkiemer.**
     * 9. Plagiostŏmi[30]. Quermäuler (§. 117.).
     *10. Cyclostŏmi[31]. Rundmäuler (§. 119.).

§. 84.   *I. Osleacānthi*[15]. Gräten= ober Knochenfische
(6 Ordnungen. §. 99.).

   A. Stachelflosser (Rückenflosse mit ungegliederten Stachelflossen). §. 99.

I. Ord. **Thoracīci**[18]. **Brust=Stachelflosser** (9 Fam.).

---

1) Σειρηδών ober σειρήν, Sirene, Meernymphe ☞ S. 13, N. 21. **2)** lebt in den Seen um die Stadt Mexiko. **3)** wegen des dicken Kopfes (Kolbe). **4)** mexi= kanischer Name des Thieres. **5)** Πρωτεύς (zweisylbig), ein feine Gestalt oft wechselnder Meergott, der Neptuns Meerkälber weidete — wegen der früher fälschlich angenommenen Metamorphose dieses Thieres. **6)** einer Schlange (angüis) ähnlich. **7)** einer Eidechse (lacērta) ähnlich. **8)** hat nur 2 Vorderfüße. **9)** σίφων Röhre und ὄψ Gesicht; wegen der Grube vor den Augen. **10)** ge= ringelt (annūlus Ring, Ringel). **11)** lebt in Erdlöchern. **12)** eine Eidechsen= art der Alten, von caecus blind; die Griechen nannten sie τυφλώψ, Blindschleiche. **13)** wurmähnlich (lumbricus Regenwurm). **14)** lebt in feuchter Erde. **15)** piscis Fisch. **16)** ὀστέον Knochen, Gräte und ἄκανθα Dorn, Stachel. **17)** ἄκανθα Stachel und πτέρυξ Flosse. **18)** θώραξ, thorax Brust. **19)** jugŭlum Kehle. **20)** fistŭla Röhre, Pfeife. **21)** μαλακός weich und πτέρυξ Flosse. **22)** ab= domen Bauch. **23)** sub unter und brachium Arm, Brustflosse. **24)** ἄπους ohne Fuß (ohne Bauchflosse). **25)** γόνδρος Knorpel und πτέρυξ Flosse. **26)** ἐλεύ- θερος frei und βράγχια Kieme. **27)** πλεκτός geflochten, zusammengeheftet und γνάθος Kinnlade. **28)** βράγχια Kieme und στέγος Dach. **29)** πλεκτός zusam- mengeheftet und βράγχια Kieme. **30)** πλάγιος quer und στόμα Maul. **31)** κύκλος Kreis und στόμα Maul.

I. Fam. **Percoīdĕi**⁹. Barſche⁹ (§. 100.).

†* 1. **Perca**⁹ fluviatĭlis⁹ L. Flußbarſch, Baas⁹ (Fig. 134.).
 2. **Labrax**⁹ lupus⁹ C. Gemeiner Seebarſch⁹.
†* 3. **Lucioperca**⁹ sandra⁹ L. Hechtbarſch⁹, Sander⁹, Sandart⁹.
†* 4. **Acerina**⁹ cernŭa⁹ L. Kaulbarſch¹⁰, Schroll¹¹.
† 5. **Mullus**¹² barbātus¹³ L. Gemeine Seebarbe¹³, Rothbart¹⁴.
 6. **Trachinus**¹⁵ draco¹⁶ L. Petermännchen¹⁷.
 7. **Uranoscŏpus**¹⁸ scaber¹⁹ L. Rauher Sternſeher¹⁸.
 8. **Polynĕmus**²⁰ paradisĕus²¹ L. Schöner Fingerfiſch²⁰.

II. Fam. **Sciaenoīdĕi**²². Umberfiſche²², Schattenfiſche²² §. 85. (§. 100, 9.).

† 9. **Sciaena**²² aquĭla²³ L. Seeadler²³.
 S. nigra²⁴ C. Schwarzer²⁵ Umberfiſch, Umbrina²⁵ der Römer.
 10. **Eques**²⁶ americānus²⁷ Bl. Amerikaniſcher Ritter.
 Pogonĭas²⁸ fasciātus²⁹. Geſtreifter²⁹ Trommelfiſch³⁰.

III. Fam. **Scomberoīdĕi**³¹. Makrelen³² oder Thunfiſche³¹ (§. 100, 11.).

†* 11. **Scomber**³¹ scombrus³¹ L. Gemeine Makrele³².
†* S. thynnus³³ C. Thunfiſch³³.
 12. **Xiphĭas**³⁴ gladĭus³⁵ L. Schwertfiſch³⁴, Hornfiſch³⁶.
 13. **Naucrātes**³⁷ ductor³⁸ L. Gemeiner Pilot od. Lootſe³⁹ (F. 135.).

---

1) Πέρκη Perke, Börs, Barſch, nach der ſchwarzblauen (πέρκος) Farbe benannt. **2)** in Flüſſen (fluvii) lebend. **3)** λάβραξ Meerwolf, ein gefräßiger, ſtarker (λάβρος) Fiſch bei Ariſtoteles. Labrus (λάβρος) iſt ſo benannt wegen der dicken Lippen (labrum); daher Lippfiſch (S. 36, N. 34). **4)** Wolf. **5)** lebt im Meere. **6)** lucĭus Hecht und perca Barſch; alſo Hechtbarſch. **7)** Sander, Sandart, Zander, Sand-barſch, weil er ſich gern auf ſandigem Grunde aufhält. **8)** ἄκρος ungehörnt, ohne Erhöhungen. **9)** cernŭus mit dem Kopfe vorwärts geneigt. **10)** Kaulbarſch von Kaul, Kopf, Kugel, alſo Kugelbarſch, Kaulkopf wie Kaulquappe ꝛc. **11)** Schroll, Schnull, von ſchroh oder ſchro d. h. rauh, mager, dünn. **12)** Meerbarbe der Alten. **13)** mit einem Barte (barba), daher Barbe. **14)** von roſenrother Farbe. **15)** τραχύς rauh, ſtachlig (wegen der Stacheln in erſter Rückenfloſſe). **16)** Drache, weil die Rückenfloſſe einige Aehnlichkeit mit einem vermeintlichen Drachenflügel hat. **17)** die Stacheln in der Rückenfloſſe können empfindlich verwunden, weshalb die Holländer ihn mit den Worten: „dat is voor St. Peter" wieder ins Waſſer werfen, wenn ſie ihn etwa gefangen haben, wie jeden unnutzbaren Fiſch. **18)** οὐρανο-σκόπος den Himmel beſchauend, Sternſeher. **19)** scaber rauh. **20)** πολύς viel und νῆμα Faden, Fingerfiſch: wegen der freien Strahlen vor den Bruſtfloſſen. **21)** paradieſiſch, ſchön ☞ S. 21, N. 7. **22)** σκίαινα, Umberfiſch, σκία, umbra, Schatten; alſo Schattenfiſch; wegen der dunklen Färbung. **23)** Adler, aquĭla, bei den Römern a. ein Vogel — aquĭla avis, ſchwarzer Vogel (aquĭlus ſchwarz), falco melanaëtus; b. eine Rochenart — myliobatis aquĭla s. 118,⁶. **24)** niger ſchwarz. **25)** umbrina der Römer, Umberfiſch, umbra Schatten. **26)** Ritter. **27)** im weſtindiſchen (amerikaniſchen) Meere. **28)** πωγωνίας bärtig (πώγων Bart); wegen der Bartfäden. **29)** gebändert (fascĭa Binde) oder geſtreift. **30)** ſoll zuweilen einen trommelnden Ton unter den Schiffen hervorbringen. **31)** scomber, σκόμβρος Makrele, Thunfiſch. **32)** Makrele, ital. macarello, hat ähnlichen Namen faſt in allen europäiſchen Sprachen und ſoll von macŭla, Flecken, abgeleitet werden, weil er fleckig iſt, ſo wie denn auch maqueraux im franzöſiſchen Hitzflecken an Füßen bedeutet. **33)** thynnus, θύννος von θύνω ſich ſchnell bewegen. **34)** ξιφίας Schwertfiſch (ξίφος Schwert). **35)** Schwert. **36)** Oberkiefer mit ſchwertförmiger Spitze. **37)** ναυκράτης zu Schiffe (ναῦς Schiff) die Oberhand habend (κρατέω herrſchen), von den Alten auch ἐχενηίς genannt. **38)** Führer. **39)** von pilen, meſſen und Loth oder Senk-blei; ſoll den Haifiſchen als Führer oder Lootſe dienen.

14. **Coryphaena**[1] hippūrus[1] L. Gemeine Dorade[2], Bonite[3], Stutzkopf[1].

15. **Zeus**[4] faber[4] L. Gemeiner Sonnenfisch[4].

§. 86.   IV. Fam. **Teuthĭdae**[5]. Lederfische[6], Stachelschwänze[7] (§. 100, 16.).

16. **Acanthūrus**[8] chirūrgus[8] Bl. Aderlasser[9], Schnäpperfisch[10].

17. **Naseus**[11] fronticōrnis[12] C. Nashornfisch[13].

§. 87.   V. Fam. **Squamĭpennes**[14]. Schuppenflosser[14] (§. 100, 18.).

18. **Chelmon**[15] rostratus[15] L. Spritzfisch[17].

19. **Henĭochus**[18] macrolepidōtus[19] L. Kutscher[18].

§. 88.   VI. Fam. **Chersobătae**[20]. Landkriecher[20] oder Labyrinth-fische[21] (§. 100, 20.).

20. **Anăbas**[22] scandens[23] C. Kletterbarsch[22], Baumkletterer[24].

21. **Osphromēnus**[25] olfax[26]. Gorami[27].

VII. Fam. **Mugiloĭdei**[28]. Harder[29] (§. 100, 22.).

22. **Mugil**[28] cephălus[30] C. Breitköpfige Meeräsche[30].

23. **Atherina**[32] hepsetus[31] C. Gemeiner Aehrenfisch[33].

§. 89.   VIII. Fam. **Labroĭdei**[34]. Lippfische[35] (§. 100, 24.).

24. **Labrus**[34] trimaculatus[36] L. Rother Lippfisch[35].

25. **Chromis**[37] vulgaris[39] C. Schwarzer Rabenfisch[38].

26. **Xyrichthys**[40] pentadactȳla[41] Bl. Sechsauge[42], Messerfisch[40].

---

1) Κορύφαινα, von κορυφή, Wirbel, Berggipfel; wegen des abgestutzten Kopfes; hieß bei den Alten auch wegen seines Schwanzes ἵππ-ουρος Pferde-schweif. **2)** vom französischen dorer (deaurāre) vergolden. **3)** französisch bonite Bonetfisch. **4)** Zeus, ζαιός der Griechen, bei den Römern wegen der Farbe faber (Kupferschmidt) und wegen der rundlichen Form Sonnenfisch genannt. **5)** τευθίς, -ίδος, eine Art Dintenfisch, Kalmar (§. 222, 1.). **6)** wegen ihrer lederartigen Haut. **7)** Schwanzseiten oft mit Knochenschildern oder Stacheln besetzt. **8)** ἄκανθα Stachel und οὐρά Schwanz; also Stachelschwanz. **9)** wegen des, einer Aderlaß-Lanzette ähnlichen Stachels. **10)** Schnäpper, ein Instrument zum Aderlassen. **11)** nasus Nase. **12)** frons Stirn und cornu Horn. **13)** hat über der Nase ein vorstehendes Horn. **14)** squama Schuppe und penna Feder, Flosse; weil die Schuppen sich auch auf die Flossen verbreiten. **15)** χελμών oder χειλών Dickmaul, ein Fisch mit langer Schnauze (χεῖλος Schnauze, Rüssel). **16)** geschnäbelt (rostrum Schnabel). **17)** spritzt aus dem Schnabel einen Wasserstrahl hervor. **18)** ἡνίοχος Kutscher; weil die Rückenflosse einen peitschenförmigen Strahl hat. **19)** mit großen (μακρός) Schuppen (λεπιδωτός schuppig). **20)** χέρσος festes Land und βατέω einhergehen. **21)** die Schlundknochen bilden viele, mit einander verbundene Höhlen oder Zellen. **22)** ἀνα-βαίνω hinaufklettern. **23)** kletternd. **24)** soll Bäume erklettern. **25)** ὀσφρόμενος der Riechende, weil Commerson die hohlen Schlundknochen für Geruchsorgane hielt. **26)** Riecher (olfacio riechen). **27)** javanischer Name des Thieres. **28)** mugil oder mugilis ein Meerfisch der Alten, vielleicht die Meeräsche. **29)** holländischer Name. **30)** κέφαλος ein Meerfisch mit großem Kopfe (κεφαλή), der jetzige Cefalo der Römer. **31)** Aesche oder Esche vom althochdeutschen asco oder von der aschgrauen Farbe. **32)** ἀθήρ Aehre; ähnelt wegen der langen Bartfäden einer Kornähre. **33)** ἑψητός eigentlich gekocht, ein unbekannter Fisch der Alten. **34)** labrus, λάβρος gefräßig; auch ein unbekannter Fisch der Alten. **35)** wegen der großen Lippe. **36)** mit drei (tres) Flecken (maculae). **37)** χρόμις Geräusch; soll wie der Trommelfisch (S. 35) einen knarrenden Laut (χρόμος) hören lassen. **38)** häufig. **39)** ist schwärzlich. **40)** ξυρόν Scheermesser und ἰχθύς Fisch; also Rasirmesser(fisch); wegen der Form. **41)** πέντε fünf und δάκτυλος Finger; beruhet auf einer Verwechslung mit einem Fünffingerfische (S. 35). **42)** hat 5 blaue Augenflecken.

27. **Scarus** [1] cretĭcus [2]. Kretischer [3] Papageifisch [3].

IX. Fam. **Sparoīdēi** [2]. Meerbrassen [2] (§. 100, 28.).

28. **Chrysŏphrys** [5] auráta [2] L. Goldbrasse [5], Dorade [6].

29. **Maena** [2] vulgaris [10] C. Gemeine [10] Schnauzenbrasse [11], Farben= wechsler [12].

II. Ord. **Jugulāres** [13]. Kehl=Stachelflosser [14] §. 90.

(4 Familien. §. 101.).

I. Fam. **Trigloīdēi** [14]. Panzerwangen [16] (§. 102.).

* 1. **Trigla** [15] hirŭndo [17] L. Seeschwalbe [17], Knurrhahn [16].
  2. **Dactyloptērus** [19] volĭtans [20] L. Europäischer Flughahn [19].
* 3. **Cottus** [21] gobĭo [10] L. Kaulquappe oder Kaulkopf [21] (Fig. 136.).
* 4. **Gasterostēus** [23] aculeātus [25] L. Gemeiner Stichling [23].
* G. pungitĭus [26] L. Kleinster Stichling [27].

II. Fam. **Lophioīdēi** [27]. Froschfische [28] (§. 102, 5.). §. 91.

  5. **Lophius** [27] piscatorĭus [29] L. Fisch [29], Frosch= od. Meerteufel [30].
  6. **Antennarius** [31] histrĭo [40] Bl. Seekröte [32].

III. Fam. **Gobioīdēi** [27]. Meergrundeln [31] (§. 102, 7.).

* 7. **Blennius** [32] vivipārus [33] L. Aalmutter [36].
  8. **Anarrhichas** [37] lupus [1] L. Meerwolf [38], Seekatze [38].
  9. **Gobius** [22] niger [39] L. Schwarze [39] Meergrundel [39].

---

1) Scarus, σκάρος (σκαίρω hüpfen, springen), ein Meerfisch der Alten, vielleicht dieser. **2)** an der Insel Kreta lebend. **3)** wegen der schönen Färbung und der papageiartigen Kiefern. **4)** σπάρος, Name des Goldbrassen bei Plinius. **5)** Brasse, Brachse, Brachsme, Brächs; brassem oder brasem der Holländer. **6)** χρύσοφρος (mit goldenen Augenbranen) nennt schon Aelian diesen Fisch. **7)** goldig (aurum Gold). **8)** ☞ S. 36, N. 2. **9)** μαῖνη, oder μαινομένη, der Name eines unbestimmten Fisches bei Aristoteles. **10)** häufig, gemein. **11)** wegen des vorstreckbaren Maules. **12)** ist Winters fast weiß. **13)** Kehl= flosser, von jugulum Kehle. **14)** Bauchflossen an der Kehle und Rückenflossen mit ungegliedertem Stachel. **15)** τρίγλα, von τρίς, drei; wegen der 3 freien Strahlen der Brustflosse. Die Alten nannten so unsere Seebarbe Mullus (S. 35). **16)** Kopf gepanzert. **17)** Schwalbe. **18)** können durch gewaltsames Heraus= pressen der Luft aus der Schwimmblase einen knurrenden Ton hervorbringen. **19)** δάκτυλος Finger, Flossenstrahl und πτερόν Flügel; daher Flughahn. Pli= nius nennt diesen Fisch hirŭndo, Schwalbe. **20)** umherflatternd. **21)** κόττος Kopf (Großkopf, ein unbestimmter Fisch der Alten. **22)** κωβίος, gobĭus, Gründling, Gründel, weil sie sich gern auf dem Grunde aufhalten. **23)** von Kaul, zusammengezogen aus Kugel, also Kugelkopf, wie Kaulquappen od. Froschlarven. **24)** γαστήρ Bauch und ὀστέον Knochen; also Knochenbauch; wegen der großen Schilder am Bauche. **25)** mit Stacheln (aculeus) auf dem Rücken. **26)** pun= gĕre stechen. **27)** λοφιά kammartige Erhöhung (Flosse) im Nacken. **28)** mit frosch= ähnlichem Kopfe. **29)** piscator Fischer (lockt mit seinen Bartfäden kleinere Fische als Nahrung an). **30)** wegen seines absonderlichen Ansehens. **31)** antennae Fühl= hörner (hat freie Strahlen auf dem Kopfe). **32)** ist krötenartig gefärbt. **33)** leben gern auf dem Meeresgrunde. **34)** βλέννα Schleim, daher Schleimfisch. **35)** leben= dige Junge gebärend (vivus lebend und pareo ich gebäre). **36)** find den Aalen im Aeußern ähnlich und gebären lebendige Junge. **37)** ἀνα-ρίχαομαι empor= steigen; Kletterer, weil dieser Fisch nach Conrad Gesner mit Hülfe der Flossen an Felsen klettern soll. **38)** Wolf: wegen seines starken Gebisses. **39)** schwarz. **40)** histrĭo oder hister (S. 48, N. 25) Schauspieler, Harlekin; wegen der bunten Färbung.

§. 92. IV. Fam. **Taenioïdei** [1]. Bandfische [2] (§. 102, 10.).

   10. **Trichiūrus** [3] leptūrus [4] L. Haarschwanz [3], Degenfisch [4].
   11. **Cepōla** [6] rubēscens [7] L. Rother [7] Bandfisch [2].

§. 93. III. Ord. **Fistulāti** [9]. Pfeifenmäuler [9] (2 Fam. §. 103.).

  I. Fam. **Aulostŏmi** [10]. Röhrenmäuler [10] (§. 104.).

   1. **Fistularia** [9] tabacarȳa [11] L. Tabackspfeife [11].
   2. **Centriscus** [12] scolŏpax [13] L. Meerschnepfe [13].

  II. Fam. **Lophobranchii** [36]. Büschel= oder Quasten=
kiemer (§. 104.).

  * 3. **Syngnăthus** [14] acus [15] L. Große Meernadel [15].
  * 4. **Hippocămpus** [16] brevirŏstris [17] C. Seepferdchen [16] (Fig. 137.).
   H. guttulātus [18] C. Langschnauziges Seepferdchen [16].
   5. **Pegăsus** [19] draco [20] L. Meerdrache [20] (Fig. 138.).

§. 94. **B.** Weichflosser [22] (§. 105.).

IV. Ord. **Abdomināles** [23]. Bauch [23]=Weichflosser (Bauchflosser) (5 Familien. §. 106.).

  I. Fam. **Salmonĕi** [25]. Lachsfische [25], Salmen [25] (§. 107.).

 ♀ * 1. **Salmo** [25] salar [26] L. Salm [25], großer oder Rheinlachs [27].
 ♀   S. fario [28] L. Gemeine oder Lachsforelle [29], Steinforelle [29].
 ♀ * 2. **Osmērus** [30] eperlanus [31] L. Stint [31], Alander oder Alant [7].
 ♀ ✠ * 3. **Thymăllus** [33] vexillifer [34] Ag. Gemeine Aesche [35] (Fig. 139.).

1) Ταινία, taenia, Binde, Band; bei Plinius der Name eines Fisches. Auch
der Gattungsname des Bandwurms. 2) mit bandförmigem Körper. 3) τρίχιον
Härchen und οὐρά Schwanz; also Haarschwanz. 4) λεπτός dünn und οὐρά
Schwanz (der Schwanz in fadenförmige Spitze auslaufend). 5) wegen der Form.
6) italienischer Name dieses Fisches. 7) sich röthend. 8) Name einer Pflanze
und dieses Fisches; vielleicht vom althochdeutschen el- oder al-, welches weiß
bedeutet. 9) fistula Röhre, Pfeife, weil das Maul einer Röhre oder Pfeife
ähnlich ist. 10) αὐλός Röhre und στόμα Maul; also Röhrenmaul. 11) taba-
cum im Neulateinischen Taback; wegen entfernter Aehnlichkeit mit einer Tabacks-
pfeife. 12) κεντρίσκος ein kleiner Stachel (κέντρον): wegen des ausgezeichneten
Stachels in der Rückenflosse. 13) Schnepfe ☞ S. 25, Note 7); wegen des
schnepfenförmigen Maules. 14) σύν zusammen und γνάθος Kinnlade; weil
Artedi glaubte, daß ihre Schnauzenröhre durch Vereinigung der Kinnladen
gebildet werde. 15) Nadel. 16) ἱππόκαμπος das fabelhafte Meerpferd, auf
welchem die Meergötter ritten; auch ein Fisch. 17) mit kurzem (brevis) Schnabel
(rostrum). 18) mit kleinen Tropfenflecken (guttula). 19) Pegăsus, fliegender
Drache, das Musenpferd Pegăsus (Πήγασος). 20) ☞ S. 30, N. 1. 21) wegen
der eigenthümlichen Form. 22) alle Flossen mit weichen, einfachen oder an
der Spitze ästigen Strahlen. 23) abdomen Bauch. 24) Bauchflossen am
Bauche mit weichen Strahlen. 25) salmo Salm, Lachs (Springer, von
läcken, d. h. laufen, springen, gothisch laikan. λακτίζειν springen, hinten aus-
schlagen. 26) salar, āris, Forelle, mittellateinisch forīa, eine kleine Föhre,
Rothtanne; Fisch und Baum sollen von der Farbe den Namen haben. 27) lebt
vorzüglich im Rheine. 28) Lachsforelle. 29) in Gebirgsbächen. 30) ὀσμηρός
riechend (gut und schlecht); riecht unangenehm. 31) nach dem französischen
éperlan oder Stint. 32) Stint oder Stinz vom angelsächsischen stintan stutzen;
also ein kleiner, abgestutzter Fisch (wohl nicht auf Stinkfisch zu deuten). Stunz,
beim Bauern Stünschen genannt, ein abgestutztes Gefäß; auch Schimpfwort.
33) θύμαλλος Name eines unbekannten Fisches bei Aelian. 34) eine Fahne
(vexillum) tragend (ferens); wegen der großen Rückenflosse. 35) Aesche oder
Esche, vom althochdeutschen asco oder von der aschgrauen Farbe. 36) λόφος
Büschel und βράγχια Fischkieme.

II. Fam. **Cyprinoïdeï**⁽¹⁾. Karpfen⁾ ob.Weißfiſche⁾ (§.107,₄.). §. 95.

♀* 4. **Cyprinus**⁾ carpïo⁾ L. Gemeiner Karpfen⁾.
♀   C. auratus⁴⁾ L. Goldfiſch.
♀* **Carassïus**⁾ vulgäris⁾ (Cyprinus⁾ carassïus⁾ L.). Karauſche⁾.
♀* 5. **Barbus**⁾ vulgäris⁾ C. Gemeine Barbe⁾.
♀* 6. **Tinca**⁾ vulgäris⁾ C. Gemeine Schleihe⁾.
♀* 7. **Gobïo**⁽¹⁰⁾ fluviatïlis⁽¹¹⁾ C. Grimpe⁽¹²⁾, Greßling⁽¹²⁾, gemeiner Gründ‑
       ling⁽¹²⁾.
♀* 8. **Abrämïs**⁽¹³⁾ brama⁽¹⁴⁾ L. Blei⁽¹⁴⁾, Braſſen⁽¹⁴⁾).
♀* 9. **Leuciscus**⁽¹⁵⁾ erythrophthalmus⁽¹⁶⁾ L. Plötze⁽¹⁷⁾, Rothauge⁽¹⁶⁾.
♀*   L. phoxïnus⁽¹⁸⁾ L. Elleritze⁽¹⁹⁾, Bitterfiſch⁽¹⁹⁾.
♀*   L. albürnus⁽²¹⁾ L. Uklei⁽²²⁾, Lauben, auch Laugel, Lauf genannt.
♀* 10. **Cobïtis**⁽²³⁾ fossïlis⁽²⁴⁾ L. Schlammpeitzscher⁽²⁴⁾, Wetterfiſch⁽²⁴⁾, Bibbe⁽²⁵⁾.
    *   C. barbatula⁽²⁶⁾ L. Schmerle⁽²⁷⁾ oder Bartgrundel⁽²⁶⁾.
    11. **Anäbleps**⁽²⁸⁾ tetrophthalmus⁽²⁹⁾ C. Vierauge⁽²⁹⁾ oder vierängiger
          Hochgucker⁽²⁸⁾.

III. Fam. **Esocïni**⁽³⁰⁾. Hechtfiſche⁽³⁰⁾ (§.107,₁₂.). §. 96.

♀* 12. **Esox**⁽³⁰⁾ lucïus⁽³¹⁾ L. Gemeiner Hecht⁽³¹⁾.
    * 13. **Belöne**⁽³²⁾ vulgäris⁾ C. Hornhecht⁽³²⁾.

---

1) Κυπρῖνος oder κυπριανός eine Karpfenart bei Ariſtoteles; von Cypris, Κύπρις, Beiname der Aphrodite, Göttin der Liebe; ſoll die Fruchtbarkeit dieſer Fiſche andeuten. **2)** neulat. carpïo, Karpfe, vielleicht durch Verſetzung des pr aus κυπρῖνος entſtanden; iſt faſt in alle Sprachen übergegangen; im Mittelalter carpo oder carpa genannt. **3)** meiſt von weißer Farbe. **4)** goldfarbig (aurum Gold). **5)** γάραξ ein unbeſtimmter Meerfiſch, wovon Carassïus und Karauſche abgeleitet ſein ſoll. **6)** häufig. **7)** barba Bart; wegen der Bartfäden, daher Bartfiſch, Barbe, Flußbarbe. **8)** tinca nennt ſchon Auſonius die Schleihe. **9)** der Schlei, die Schleihe, Schleiche; weil ſie ihrer Schlüpfrigkeit wegen beim Anfaſſen leicht aus der Hand ſchleicht. **10)** gobïo ☞ S. 37, N. 22. **11)** in Flüſſen (fluvii) lebend. **12)** lebt gern auf dem Grunde (Gründling) zwiſchen Bachkreſſe (Kreßling, Gräßling); wird auch Grimpe genannt, im Däniſchen Grympel. **13)** ἀβράμις ein unbeſtimmter Nilfiſch bei den Alten, auf dieſe Gat‑ tung übertragen. **14)** die Spanier nennen ihn brema, die Engländer bream, die Franzoſen brême, die Schweden braxen, die Deutſchen Braſſen oder Blei. **15)** λευκός weiß. **16)** ἐρυθρός roth und ὀφθαλμός Auge; alſo Rothauge. **17)** vom polniſchen plotka, Plötze. **18)** φώξινος ein unbeſtimmter Flußfiſch bei Ariſtoteles. **19)** lebt gern in mit Erlengeſträuch eingefaßten Bächen. **20)** wegen des Geſchmacks. **21)** albürnus der Weißfiſch (albus weiß), hat weißes Fleiſch. **22)** oder Ukeley, der ſlaviſche Name dieſes Fiſches. **23)** χωβῖτις eine Sardellenart; auf dieſe Gattung übertragen. **24)** fossilis ansgegraben; weil er ſich im Schlamme vergräbt und bei Witterungsveränderung den‑ ſelben aufwühlt. **25)** ob Bibbe, ein bei uns häufiger Name dieſes Fiſches, aus Pipe verdorben iſt, mit welchem Namen man den Fiſch auch in einigen Gegenden benennt. Um ein recht fettes Thier zu bezeichnen, ſagt man bei uns: ſo fett wie eine Bibbe. **26)** mit kleinem Barte (barba); daher Bartgrundel. **27)** engliſch smerlin, vielleicht mit merula, Amſel, verwandt, welche, wie dieſer Fiſch, gefleckt iſt. **28)** ἀνα-βλέπω hinaufſehen; daher Hochſchauer. **29)** τέτρα (τέσσερα) vier und ὀφθαλμός Auge; alſo Vierauge; weil jedes Auge durch eine Querbinde in 2 Theile getheilt iſt. **30)** ἴσοξ, esox, nach Plinius ein im Rheine lebender Fiſch; auf den Hecht übertragen. **31)** Hecht, niederſächſiſch heket, mittellatiniſch hakèdus, von ſeinen Hakenzähnen, worauf die Namen dieſes Fiſches in allen europäiſchen Sprachen hindeuten. **32)** ein nadelförmiger Fiſch, βελόνη oder ῥαφίς der Griechen, Esox belöne L., Hornhecht, wegen der ſpitzen, verlän‑ gerten Schnauze.

14. **Exocoetus**⁹⁾ volĭtans⁹⁾ L. Hochflieger²⁾, Flugfisch¹⁾.
E. exilĭens⁹⁾ Bl. Springfisch⁹⁾, fliegender Häring⁹⁾ (Fig. 140.).

IV. Fam. **Clupeacĕi**⁵⁾. Häringsfische⁹⁾ (§. 107,₁₅.).

*15. **Clupĕa**⁵⁾ harēngus⁹⁾ L. Gemeiner Häring⁹⁾.
* C. sprattus⁷⁾ L. Breitling⁹⁾, Sprotte⁷⁾.
C. Sardĭna⁹⁾ C. Echte Sardelle¹⁰⁾.
16. **Engraulis**¹¹⁾ encrasichŏlus¹¹⁾ L. Anchovis¹²⁾, Anchovis=Sardelle.
17. **Lepidostēus**¹³⁾ ossĕus¹³⁾ L. Knochenhecht¹⁴⁾.

V. Fam. **Silurīni**¹⁵⁾. Welsfische¹⁵⁾ (§. 107,₁₈.).

*18. **Silūrus**¹⁵⁾ glanis¹⁶⁾ L. Gemeiner Wels (Fig. 141.).
19. **Malapterūrus**¹⁷⁾ electrĭcus¹⁸⁾ L. Zitterwels¹⁹⁾, Raasch¹⁹⁾.
Pimelōdes²⁰⁾ cyclopum²⁸⁾ C. Vulkanwels²⁹⁾.
20. **Loricarĭa**²⁰⁾ cataphracta²¹⁾ L. Panzerwels²⁰⁾.

§. 97. V. Ord. **Subbrachiāles**²²⁾ (Jugulāres²³⁾). **Kehl= Weichfloſſer** (4 Fam. §. 108.).

§. 98. I. Fam. **Gadīni**²⁴⁾. Schellfische²⁴⁾ (§. 109.).

* 1. **Gadus**²⁴⁾ aeglefīnus²⁵⁾ L. Gemeiner Schellfisch²⁶⁾.

---

1) Ἐξώ-κοιτος draußen liegend, ein unbekannter Seefisch der Alten, welcher am Ufer ausruhen soll — auf diese Gattung übertragen. **2)** hin und her fliegend; Flugfisch, Hochflieger. **3)** heraus ins die Höhe springend. **4)** wegen äußerer Aehnlichkeit mit dem Häringe. **5)** clupea bei Plinius soll unsere Alse oder Alose (Alosa vulgaris, Maifisch) sein, welche Ausonius in seinem berühmten Gedichte über die Mosel alausa nennt. **6)** Harenc im Altdeutschen, Heering im Angelsächsischen, harengus im Neulateinischen. Das alte römische Halec oder alex, was meist mit Häring übersetzt wird, heißt Salzlake, Fisch= sauce, überhaupt ein eingesalzener Fisch, also jeder Salzfisch (ἅλς Salz). Aus halec soll harec und hieraus haring, Häring, entstanden sein. **7)** englisch sprat, holländisch sprott; daher Sprotte. **8)** ist etwas breiter wie der Häring. **9)** bei den Alten häufiger Sarda, ein eingesalzener Fisch, gewöhnlich Thunfisch, vielleicht auch Sardelle. **10)** Sardelle oder Sardine, nach der Insel Sardinien benannt, wo der Fisch häufig gefangen wird. **11)** ἐγγραυλίς oder ἐγ-κρασί- χολος (κρᾶσις Mischung und χόλος Galle, also mit Galle gemischt), eine Sar= dellenart. Aelian nennt eine Sardellenart auch λυκό-στομος (wolfsmäulig). **12)** Anchovis, spanisch anchova, iberischen Ursprungs, englisch anchovy, französisch anchois, ἀφύη bei den Griechen (von α und φύω, weil man glaubte, sie entstünden ohne Zeugung aus Schlamm), bei Plinius apúa oder aphýa. **13)** λεπίς Schuppe und ὀστέον Knochen; also mit Knochenschuppen. **14)** osseus knöchern, os, ossis Knochen. **15)** σίλουρος Wels, eigentlich σείουρος Schwanz= schwinger (von σείειν schütteln und οὐρά Schwanz). **16)** glanis bei Plinius, γλάνις oder γλάνος ein welsartiger Fisch. **17)** μαλός oder μαλακός weich, πτερόν Flosse und οὐρά Schwanz — mit kleiner, weicher Flosse (Fettflosse) auf dem Schwanze. **18)** elektrisch; theilt elektrische Schläge mit, heißt deshalb Zitter= wels. **19)** d. h. Blitz im Arabischen; wegen der Elektricität. **20)** lorica Panzer, eigentlich Lederpanzer, von lorum Riemen, weil der Körper ringsum mit Schil= dern gepanzert ist. **21)** κατά-φρακτος gepanzert. **22)** sub unter und brachium Arm, Arm= oder Kehlfloſſe. **23)** Kehlfloſſer (jugŭlum Kehle). **24)** γάδος ein Fisch bei Athenäus, bei den Lateinern auch asellus und mustela genannt, von Ar= tedi auf die Schellfische übertragen. **25)** weil sich das Fleisch leicht in Schichten theilt, d. h. schellt. **26)** nach dem französischen églefin oder égrefin. **27)** πιμελ- ώδης fettig. **28)** Cyklopen (κύκλωψ der Rundäugige) uraltes Riesenvolk, welches dem Jupiter im Aetna die Blitze schmiedete. **29)** von den Vulkanen Quito's ausgeworfen.

5* Gadus[1] morrhua[2] L. Kabliau oder Kabeljau[3] (Fig. 142.), Laber-
dan[4], Klippfisch[5], Stockfisch[6].

5* G. callarias[7] L. Dorsch[8].

5* 2. **Merlängus**[9] vulgaris[10] C. Weißling[11], Wittling[11].

5* 3. **Lota**[12] molva[13] C. Der Leng[14] oder Lengfisch.

* L. fluviatilis[15] L. Quappe[16], Aalraupe[17].

5 4. **Merlucius**[18] vulgaris[19] C. Kleiner Schellfisch[18], Meer- oder
Seehecht[18].

II. Fam. **Pleuronectae**[20]. Schollen[21] (§. 109,5.). §. 99.

T * 5. **Platéssa**[22] vulgaris[19] C. Gemeine Scholle[21], Goldbutt[23].

T * 6. **Rhombus**[24] maximus[19] L. Steinbutt[25] (Fig. 143.).

T * 7. **Soléa**[26] vulgaris[19] C. Zunge[26], Seezunge[26].

III. Fam. **Discoböli**[27]. Scheibenbäuche[28] (§. 109,8.).

* 8. **Cyclopterus**[27] lumpus[29] L. Lump[30], Seehase[31].

IV. Fam. **Echeneïdae**[32]. Schildfische[33] (§. 109,9.).

9. **Echeneïs**[32] remöra[32] L. Kleiner Schiffshalter[32] oder Schild-
fisch[33] (Fig. 144.).

E. naucrätes[34] L. Großer Schiffshalter[33].

VI. Ord. **Apödes**[35]. **Kahlbäuche**[36] (1 Familie. §. 110.). §. 100.

I. Fam. **Anguilliförmes**[36]. Aalfische (§. 111,1.).

---

1) Γάδος; ein unbekannter Fisch bei Athenäus, bei den Lateinern auch asellus
und mustela genannt von Artedi auf die Schellfische übertragen. **2)** neulateinisch
morrhua, soll nach Belon vom englischen merwel kommen; französisch morue,
italienisch molua. **3)** Kabeljan, Cappeljan oder Backalian, ital. Baccalá; soll
durch Versetzung der Buchstaben aus Baccalaos entstanden sein, mit welchem
Namen Joh. Cabot 1497 Neufundland bezeichnete, den Hauptfangort dieses
Fisches; Andere leiten es von den Kabeln oder Seilen ab, an welchen die Angel-
haken zum Fischfange sitzen. **4)** oder Labberdan, holländisch abberdaan, englisch
Aberdeen fish (Aberdeen der Name zweier schottischen Städte). **5)** auf Klippen
an der Sonne getrocknet. **6)** an Stangen getrocknet. **7)** καλλαρία; oder γαλλα-
ρίας; ein im Mittelmeere vorkommender Fisch, dessen Name auf den Dorsch über-
tragen wurde. **8)** nach dem holländischen Dorsch oder dem dänischen Torsk.
9) nach dem französischen le merlan Wittling. **10)** gemein. **11)** ist silber-
farbig. **12)** Lota aus dem Bodensee, schon von Plinius so genannt. **13)** molva
oder molua, verdorben aus morrhua. **14)** leng der Holländer; wegen seiner
Länge. **15)** in Flüssen (fluvii) lebend. **16)** holländisch quabbe, vielleicht wegen
seines quabbelnden (zitternden) Bauches. **17)** oder Aalrupe in Baiern. **18)** das
heißt maris lucius, Hecht des Meeres. **19)** weil sich das Fleisch leicht in Schichten
theilt, d. h. schellt. **20)** πλευρόν Seite und νηκτός Schwimmer; also Seiten-
schwimmer. **21)** holländisch scholle, ob wegen der platten, schalenartigen Form;
die glatten Plattfische heißen bei den Fischern Schollen, die rauhen aber
Butten. **22)** Plattreis, plaice der Engländer. **23)** wegen der rothen Flecken.
24) Raute, verschobenes Viereck; wegen der Gestalt. **25)** größte Butte. **26)** Sohle,
Zunge; nach dem französischen sol oder soul; holländisch tong, d. h. Zunge.
27) δισκοβόλος der Diskuswerfer (discus Scheibe); daher kreisflosser. **28)** die
Bauchflossen bilden eine Scheibe. **29)** κύκλος Kreis und πτερόν Flügel, Flosse;
weil die Bauchflossen in eine Scheibe verwachsen sind. **30)** nach dem englischen
lumpfish, im französischen lompe. **31)** heißt in der Nordsee Seehase. **32)** Schiffs-
halter, von ἔχειν-ναῦς das Schiff (ναῦς) zurückhaltend; bei den Lateinern re-möra
genannt (remöra Verzögerung). **33)** Kopf mit schildförmiger Saugscheibe.
34) ναυ-κράτης; ein Schiff haltend, gleichbedeutend mit Echeneïs. **35)** ἄπους
ohne Fuß (ohne Bauchflosse). **36)** von Gestalt (forma) der Aale (anguilla).

Ꝑ* 1. **Muraena**[1] anguilla[2] L. Flußaal[2].
Ꝑ 2. **Gymnothörax**[3] Heléna[4] L. Gemeine Muräne[1].
3. **Gymnötus**[5] electrïcus[6] L. Zitteraal[7].

§. 101. ***II. Chondracānthi***[8]. Knorpelfische[8] (2 Ordn. §. 112.).

A. Eleutherobranchii[9]. Freikiemer[9]. (Kiemen an der Außen=
seite frei.)

VII. Ord. **Plectognāthi**[10]. Haftkiefer[10] (2 Fam. §. 113.).

I. Fam. **Gymnodöntes**[11]. Nacktzähner[11] (§. 114, ₁.).
1. **Tetrödon**[12] hispïdus[13] Lacep. Stachelbauch[13].
T. electrïcus[6]. Elektrischer[6] Stachelbauch[13].
2. **Diödon**[14] hystrix[14] L. Gemeiner Igelfisch[14].
3. **Orthagoriscus**[15] mola[16] L. Klumpfisch[16], Mondfisch[16]
(Fig. 145.).

§. 102. II. Fam. **Sclerodermi**[20]. Harthäuter[20] (§. 114, ₄.).
4. **Ostracion**[21] quadricörne[22] L. Vierhorn[22].
5. **Balistes**[23] vetüla[24] L. Das alte Weib[24].

§. 103. VIII. Ord. **Branchiostēgi**[25]. Bedecktkiemer[25]
(Nur 1 Familie. §. 115.).

I. Fam. **Sturionīni**[26]. Störfische[26] (§. 116, ₁.).
1. **Chimaera**[27] monströsa[28] L. Seeratze.
Ꝑ* 2. **Acipēnser**[29] sturïo[29] L. Gemeiner Stör[26] (Fig. 146.).
Ꝑ A. huso[30] L. Hausen[31], Beluga[31] oder Bjeluga[31].

---

1) Μύραινα der Griechen, muraena der Lateiner, Muräne oder Meeraal.
2) anguilla, ἔγγελυς Flußaal. **3)** in Flüssen lebend. **4)** γυμνός nackt und
θώραξ Brust; also Nacktbrust. **5)** der Schönheit und Schmackhaftigkeit wegen;
denn Helena, Jupiters und der Leda Tochter, war ausgezeichnet schön. **6)** richtiger
gymnonotus, von γυμνός nackt und νῶτος Rücken; also Kahlrücken (ohne Rücken=
flosse nämlich). **7)** elektrisch; theilt elektrische Schläge aus. **8)** γόνδρος Knorpel
und ἄκανθα Stachel; mit knorpeligem Skelete. **9)** ἐλεύθερος frei und βράγχια
Kieme; also Freikiemer. **10)** πλεκτός zusammengeheftet und γνάθος Kinnlade
(Oberkinnladenknochen verwachsen). **11)** γυμνός nackt und ὀδούς Zahn; also
Nacktzähner; Kieferrand mit Schmelz. **12)** τετράς die Zahl 4 und ὀδούς Zahn;
also Vierzahn. **13)** überall mit Stacheln. **14)** δίς zweimal, doppelt und ὀδούς Zahn;
also Zweizahn. **15)** ὑστρίξ hystrix, Stachelschwein; hat lange Stacheln. **16)** ὀρθα=
γορίσκος Schweinchen. **17)** Mühlenstein; daher Mühlensteinfisch. **18)** wegen
seiner unförmlichen Masse. **19)** weil der lebende Fisch Nachts am Bauche und
an den Seiten phosphorisch leuchten soll. **20)** σκληρός hart und δέρμα Haut;
also Harthäuter. **21)** ὀστράκιον hartes Schälchen (ὄστρακον Schale). **22)** mit
4 (quatuor) Hörnern (cornua). **23)** nach dem italienischen balestra, von
Artedi balistes genannt (balista Schleuder), wegen entfernter Aehnlichkeit des
beweglichen, großen Rückenstachels und einer Armbrust, wie Cuvier vermuthet.
24) vetula altes Weib; wegen der Gestalt des Kopfes und Maules. **25)** βράγχια
Kieme und στέγος Dach, bedeckt; daher Bedecktkiemer. **26)** nach dem althoch=
deutschen sturjo, sturo, woraus später Stör geworden ist. Stur heißt im Nieder=
sächsischen groß. **27)** χίμαιρα ein fabelhaftes Ungeheuer; vorn Löwe, in der Mitte
Ziege, hinten Drache; wegen der abenteuerlichen Gestalt beim nicht sorgfältigen
Trocknen des Fisches. **28)** seltsam, abenteuerlich. **29)** acipēnser, ἀκιπήσιος
der Griechen, ein sehr geschätzter Fisch der Alten, vielleicht unser Sterlet (Aci=
pēnser ruthēnus), der auch ἔλλοψ, ellops, hieß. Acipēnser soll wie accipïter
(S. 15, N. 7) von accipere herstammen, welches annehmen, anfassen bedeutet
und die Raublust bezeichnen soll, die ich indeß beim Störe nicht finde. **30)** Hausen,
latinifirt huso; von Hausen ist die Abstammung unbekannt, indeß kommt der Name
Hausen schon um 1100 in Urkunden vor. **31)** russischer Name des Hausen.

B. *Plectobranchii* [1]. Haftkiemer [1] (§. 117.). §. 104.

IX. Ord. **Plagiostŏmi** [2]. Quermäuler [2] (2 Fam. §. 117.).

I. Fam. Squalīni [3]. Haifische [4] (§. 118, 1.).

5* 1. **Squalus** [3] carcharīas [5] L. Gemeiner Haifisch [4], Jonasfisch [6], Menschenfresser [6] (Fig. 147.).

2. **Squatīna** [7] angelus [8] C. Gemeiner Meerengel [8].

3. **Zygaena** [9] malléus [10] C. Gemeiner Hammerfisch [10].

4. **Pristis** [11] antiquōrum [12] L. Gemeiner Sägefisch [11].

II. Fam. Rajacēi [13]. Rochen [13] (§. 118, 5.). §. 105.

* 5. **Raja** [13] batis [13] L. Glattroche, Flete (Vleet der Holländer) [14].
* R. clavāta [15] (R. rubus [16] Bl. Weibchen). Stachelroche [15], Dornroche [15].
6. **Trygon** [17] pastināca [18] L. Pfeilschwanz [17], gemeiner Stechroche [17].
Myliobātis [20] aquīla [21] L. Meeradler [21].
7. **Torpēdo** [22] narke [23] (Raja [13] torpēdo [22] L.). Gem. Zitterroche [23].

X. Ord. **Cyclostŏmi** [24]. Rundmäuler [24] (1 Fam. §. 119.). §. 106.

I. Fam. Cyclostŏmi [24]. Sauger [26] (§. 119, 1.).

* 1. **Petromyzon** [27] marīnus [28] L. Große Lamprete [29].
† * P. fluviatilis [30] L. Neunauge [31], Flußpricke [32] (Fig. 148.).
* P. Planēri [33] Bl. Planer's [33] Pricke [32] oder kleine Pricke [32] (Fig. 149.).
* 2. **Gasterobranchus** [34] coecus [35] Bl. Blindfisch [35], blinde Bauchkieme [34].

Anhang. Fossile Fische (§. 120 b. Fig. 150—152.). §. 107.

I. Placoïdēi [36]. Schalen= oder Körnerschupper [37].

---

1) πλεκτός zusammengeheftet und βράγχια Kiemen; also Haftkiemer; Kiemen mit dem Außenrande an der Haut festgewachsen. **2)** πλάγιος quer und στόμα Maul; also Quermäuler. **3)** squalus ist nach Plinius ein Fisch mit dunkler, schmutziger Haut (squalor Schmutz). Artedi übertrug den Namen auf die Haie. **4)** nach dem holländischen Haay. **5)** καρχαρίας, eine Haifischart (κάρχαρος mit scharfen Zähnen). **6)** der Prophet Jonas wurde von einem großen Seethiere verschlungen, wahrscheinlich von einem Haifische, der überhaupt allem Lebenden im Meere ein Feind ist. **7)** squatīna bei Plinius. **8)** Engelhai (angelus Engel); wegen des runden Kopfes und der breiten, flügelartigen Flossen. **9)** ζύγαινα bei Aristoteles der Hammerfisch. **10)** Hammer, Hammerhai; wegen der Kopfbildung. **11)** πρίστις Sägefisch (πρίστηρ Säge); wegen des Fortsatzes der Schnauze mit Sägezähnen. **12)** der Alten (antiqui). **13)** raja Roche (niedersächsisch ruche, dänisch rokke). **14)** βάτος oder βατίς Dornroche, eigentlich Dornstrauch, Brombeerstrauch. **15)** mit Nägeln (clavus Nagel) versehen; daher Dorn= oder Nagelroche. **16)** Brombeerstrauch, βατίς der Alten. **17)** trigon, rückiger trygon, Stachelroche, τρυγών, eine Rochenart und auch die Turteltaube. **18)** pastināca Stechroche und auch Pastinake, eine Pflanze. **19)** Schwanz mit sägig=gezähntem Stachel. **20)** μύλιας Mühlstein (wegen der Zähne) und βατίς Roche. **21)** aquīla, eine Art Roche, ein Umberfisch (Seite 35, N. 9.) und auch ein Vogel, der Adler. **22)** torpēdo (torpor Lähmung) der Zitterroche. **23)** νάρκη (ναρκόω lähmen) Zitterroche, Krampffisch). **24)** theilt electrische Schläge mit. **25)** κύκλος Kreis und στόμα Maul; daher Rundmäuler. **26)** saugen sich fest. **27)** πέτρος Stein und μυζάω ich sauge; also Steinsauger. **28)** im Meere (mare) lebend. **29)** vielleicht von lambendo petras, vom Ansaugen an Felsen; schwedisch lampreta; französisch lamproie. **30)** in Flüssen (fluvii) lebend. **31)** weil man die Kiemenlöcher als Augen mitzählte. **32)** Pricke der Holländer und Niedersachsen. **33)** nach Professor Planer in Erfurt benannt. **34)** γαστήρ Bauch und βραγχία Kiemen; also Bauchkieme. **35)** blind. **36)** πλάξ Tafel, Schild und εἶδος Form. **37)** mit Knochenschildern oder Knochenkörnchen.

II. **Ganoïdëi**[9]. Glanz= oder Edſchupper[9].
III. **Ctenoïdëi**[9]. Kammſchupper[9].
IV. **Cycloïdëi**[9]. Kreisſchupper[9].
  ♌ Amblyptĕrus[7] macroptĕrus[9] Bronn. Großfloſſiger[9] Stumpf=
floſſer[7] (Fig. 150.).
  ♌ Pterichthys[9] cornūtus[10]. Gehörnter[10] Flügelfiſch[9] (Fig. 151.).
  ♌ Cephaläspis[11] Lyellii[12]. Lyell's Schildkopf[11] (Fig. 152.).

---

§. 108.   Zweiter Kreis.

Entomozōa[13] (Arthrozōa[14]). Glieder[14]= oder Ringelthiere[14] (§. 121. Fig. 153—155.).

V. Klaſſe. **Insĕcta**[15]. Inſekten[15], Kerfe[15], Sechsfüßer[16].

§. 109. **Ueberſicht der 7 Ordnungen der Inſekten** (§. 124 b. Fig. 163—168).

1. Coleoptĕra[17]. Käfer, Scheidenflüg=
   ler[17].
2. Hymenoptĕra[18]. Ader= oder Haut=
   flügler[18].
3. Lepidoptĕra[19]. Schmetterlinge[19].

4. Diptĕra[20]. Zweiflügler[20].
5. Neuroptĕra[21]. Netzflügler[21].
6. Orthoptĕra[22]. Gradflügler[22].
7. Hemiptĕra[23]. Halbflügler[23].
  (Aptĕra[24]. Flügelloſe[24].)

§. 110. I. Ord. **Coleoptĕra**[17] L. (Eleutherāta[25] F.). **Käfer, Scheidenflügler**[17] (17 Familien. §. 126.).

I. **Pentamĕra**[26]. Fünfzehige[26].

1. Carabicina[27]. Laufkäfer[27] (Fig. 171.).
2. Serricornïa[28]. Sägehörnige[28] (Fig. 172.).
3. Lamellicornïa[29]. Blatthörnige[29] (Fig. 155.).

---

1) Γανός Glanz. **2)** mit edigen, von Schmelz überzogenen Schuppen. **3)** κτείς
Kamm und εἶδος Geſtalt. **4)** mit kammförmig gezähnten Schuppen. **5)** κύκλος
Kreis und εἶδος Geſtalt. **6)** mit ungezähnten, rundlichen Schuppen. **7)** ἀμβλύς
ſtumpf und πτερόν Floſſe; alſo Stumpffloſſer. **8)** μακρός groß und πτερόν Floſſe.
9) πτερόν Flügel und ἰχϑύς Fiſch; alſo Flügelfiſch. **10)** mit Hörnern (cornùa).
11) κεφαλή Kopf und ἀσπίς Schild; alſo Schildkopf. **12)** nach Carl Lyell,
dem Präſidenten der geologiſchen Geſellſchaft in London, benannt. **13)** ἔν - τομον,
insĕctum, eingeſchnitten und ζῶον Thier, alſo Kerbthiere. **14)** ἄρϑρον Glied und
ζῶον Thier; alſo Gliederthiere. **15)** insĕctum das Eingeſchnittene, von insecāre,
daher Thiere mit Einſchnitten, Kerbthiere. **16)** haben ſechs Füße. **17)** κολεόπτερος,
mit Flügelſcheiden (κολεός Scheide und πτερόν Flügel). **18)** ὑμήν, ὑμένος Haut
und πτερόν Flügel. **19)** λεπίς Schuppe und πτερόν Flügel; alſo Schuppen=
flügler oder Schmetterlinge. **20)** δί-πτερος zweiflüglig. **21)** νεῦρον Nerv und
πτερόν Flügel; alſo Nervenflügler, deren Nerven ein engmaſchiges Netz bilden,
daher Netzflügler. **22)** ὀρϑός gerade (aufliegend) und πτερόν Flügel; alſo Grad=
flügler. **23)** ἡμι- halb und πτερόν Flügel; alſo Halbflügler (halb hornig und
halb häutig). **24)** ἄ-πτερος flügellos. **25)** ἐλεύϑερος frei, wegen der freien,
nicht verwachſenen Kinnladen. **26)** πεντα-μερής fünftheilig. **27)** carābus,
κάραβος Käfer, Laufkäfer. **28)** serra Säge und cornu Horn, Fühler; alſo mit
geſägten Fühlern. **29)** lamēlla Blättchen und cornu Fühler.

4. Clavicornia[1]. Keulenhörnige[1] (Fig. 174.).
5. Brachelytra[2]. Kurzflügler[2] (Fig. 175.).
6. Hydrocantharida[3]. Schwimmkäfer[3] (Fig. 176 a.).
7. Hydrophilina[4]. Wasserkäfer[4] (Fig. 176 d.).

II. Heteromēra[5]. Ungleichzehige[5].
8. Taxicornia[6]. Taxikornen[6] (Fig. 177.).
9. Stenelytra[7]. Engflügler[7] (Fig. 178.).
10. Melanosomāta[8]. Schwarzflügler[8] (Fig. 179.).
11. Trachelophōra[9]. Halskäfer[9] (Fig. 180.).

III. Tetramēra[10]. Vierzehige[10].
12. Rhynchophōra[11]. Rüsselkäfer[11] (Fig. 181.).
13. Xylophäga[12]. Holzfresser[12] (Fig. 182.).
14. Longicornia[13]. Bockkäfer[13] (Fig. 183.).
15. Chrysomelina[14]. Blattkäfer[14] (Fig. 184.).

IV. Trimēra[15]. Dreizehige[15].
16. Coccinellina[16]. Kugelkäfer[16] (Fig. 185.).
17. Pselaphina[17]. Zwergkäfer[17] (Fig. 186.).

I. Fam. **Carabicīna**[18]. Laufkäfer[18] (§. 128, 1.).
* 1. **Cicindēla**[19] campēstris[19] L. Grüner Sandkäfer[19].
* 2. **Elaphrus**[20] riparius[20] F. Gemeiner Uferkäfer[20].
* 3. **Carabus**[21] coriacēus[21] F. Leder[21]-Laufkäfer oder Leder-Raubkäfer (Fig. 160.).
* C. nemoralis[22] Jll. (C. hortensis[23] F.). Garten[23]-Laufkäfer.
* C. cancellātus[24] Jll. (granulātus[24] F.). Gitter[30]-Laufkäfer.
* C. granulatus[25] L. (cancellatus[30] F.). Körner[25]-Laufkäfer.
* C. aurātus[26] L. Goldschmied.
* 4. **Calosōma**[27] sycophānta[27] L. Puppenräuber[27], Moschuskäfer[27] (Fig. 171.).

---

1) Clava Keule und cornu Fühler. **2)** βραχύς kurz und ἔλυτρον Flügeldecke. **3)** ὕδωρ Wasser und κάνθαρος ein in Aegypten verehrter Käfer; also Wasserkäfer oder Schwimmkäfer. **4)** ὕδωρ Wasser und φιλέω lieben; also Wasser-liebende Käfer oder Wasserkäfer. **5)** ἕτερος verschieden, ungleich und μέρος Theil (Fußglied); daher Ungleichzehige. **6)** τάξις Ordnung und κέρας Horn (Fühler). **7)** στένος schmal, eng und ἔλυθρον Flügeldecke; also Engflügler. **8)** μέλας schwarz und σῶμα Körper; daher Schwarzflügler. **9)** τράχηλος Hals und φορέω tragen; also Halskäfer, d. h. mit halsförmig abgeschnürtem Kopfe. **10)** τέτρα- vier und μέρος Glied (Tarsenglied). **11)** ῥύγχος Rüssel und φορός tragend. **12)** ξύλον Holz und φαγεῖν fressen. **13)** mit langen (longa) Fühlhörnern (cornua). **14)** mit Schafbock-ähnlichen Fühlhörnern. **15)** χρυσομήλενος von χρυσομηλολόνθη Goldkäferchen, von χρυσός Gold und μῆλον Apfel, Orange, Goldapfel. **16)** leben auf Blättern. **17)** τρι-μερής dreigliedrig (μέρος Tarsenglied). **18)** coccinella kleine Scharlachbeere, von κόκκος, coccus, Beere, Scharlachbeere; wegen der rothen Färbung der meisten. **19)** wegen der halbkugligen Form. **20)** ψηλαφάω befühlen, betasten. **21)** wegen der geringen Größe. **22)** κάραβος, carabus, ein Käfer überhaupt, hier Laufkäfer, wegen ihres schnellen Laufens. **23)** heißt eigentlich Leuchtkäfer, von candēla Licht; Plinius nennt so die Leuchtkäfer (Lampyris §. 114.). **24)** auf offnen, sandigen Flächen (campus) lebend. **25)** ἐλαφρός leicht, rasch (wegen ihrer Schnelligkeit). **26)** an Ufern (ripa) lebend. **27)** lederartig; wegen der Sculptur der Flügeldecken. **28)** in Hainen (nemus) lebend. **29)** in Gärten (hortus Garten) lebend. **30)** gegittert (cancellus kleines Gitter). **31)** gekörnelt (granum Körnchen); wegen der Sculptur der Flügeldecken. **32)** goldglänzend (aurum Gold). **33)** καλός schön und σῶμα Körper; wegen des schönen Körpers. **34)** συκοφάντης Feigenanzeiger (der die gegen das Verbot aus Attika Feigenausführenden anzeigt), daher Ankläger, Betrüger, Räuber. **35)** riecht schwach nach Moschus.

* 5. **Brachīnus**[1] crepĭtans[2] L. Bombardirkäfer[2].
* 6. **Pterostĭchus**[3] cuprĕus[4] L. Kupferfarbiger Grabkäfer.
* P. lepĭdus[5] F. Zierlicher Grabkäfer.
* 7. **Harpălus**[6] aenĕus[7] F. Erzfarbiger Schnellkäfer.
* H. ruficōrnis[8] F. Rothhorn[8].
†* H. (Zabrus[9]) gibbus[10] L. Gewölbter Rückenkäfer.
* 8. **Amāra**[11] commūnis[12] F. Gemeiner Kanalkäfer (unter Steinen in kanalartigen Gängen).

§. 112.   II. Fam. **Serricornĭa**[13]. Sägehörnige[13] (§. 129,9.).

   A. Schnell= oder Springkäfer, Schmiedelnechte (springen, auf dem Rücken gelegt, mit Geräusch in die Höhe).
* 9. **Elāter**[14] murīnus[15] L. Mausefarbiger[15] Schmied[16].
* E. haemorrhoidalis[17] F. Rothafter[17].
* E. holosericĕus[18] F. Seidenhaariger Schmied[19].
* E. aenĕus[7] L. Erzfarbiger Schmied[16].
* E. germānus[19]. Deutscher Schmied[16].
‡* E. segĕtis[20] Gyl. (lineātus[21] L., striātus[22] F.). Saat[20]=Schnell= käfer (Fig. 189 B.).
†* E. variabĭlis[23] F. und sputātor[24] F.
* E. signātus[25] Pz. Gezeichneter Schmied[16] (Fig. 189 A.).

§. 113.   **B.** Prachtkäfer (wegen der metallischen Farben der meisten Arten). (§. 129,10.)
10. **Buprestis**[26] gigantēa[27] F. Riesen[27]=Prachtkäfer.
*11. **Agrĭlus**[28] biguttātus[29] F. Zweifleckiger[29] Prachtkäfer.
*12. **Trachys**[30] minūta[31] F. Kleiner Gleiß= oder Glanzkäfer[32].

§. 114.   **C.** Bohrkäfer (die Larven bohren in Holz). (§. 129,13.)
‡*13. **Anobĭum**[33] pertĭnax[33] L. Gemeiner Klopfkäfer[34], Todten= uhr[34], Trotzkopf[33].
†* A. molle[35] F. Weichbehaarter Trotzkopf[33] (Fig. 173.).
‡* A. panicĕum[36] L. Brodkäfer[36].

---

1) Βραχύς kurz; wegen der abgekürzten Flügeldecken. **2)** eine laute Blähung (crepĭtum ventris) hören lassend. **3)** πτερόν Flügel und στίχος eine Reihe; Flügeldecken mit Reihen eingestochener Punkte. **4)** kupferfarbig (cuprum Kupfer). **5)** lepĭdus zierlich. **6)** ἁρπαλός räuberisch (ἁρπάζω rauben). Harpālus hieß auch der Admiral Alexanders des Großen, der mit Geld und Truppen entlief. **7)** erzfarbig (aes Kupfer, Kupfererz). **8)** mit rothen (rufus) Fühlern (cornŭa). **9)** ζαβρός oder λάβρος gefräßig (☞ Labrus S. 36, N. 34). **10)** gewölbt oder buckelig. **11)** ἁ-μαλρος nicht glänzen; weil diese Käfer wenig Glanz haben. **12)** gemein. **13)** mit gesägten (serra Säge) Fühlern (cornŭa). **14)** ἐλάτηρ Treiber (ἐλαύνειν treiben, schnellen); daher Schnellkäfer. **15)** mausfarbig (mus Maus). **16)** von dem Tone beim Emporspringen. **17)** αἱμόρ-ροια Blutfluß, Hämorrhoiden; wegen des rothgerandeten Afters. **18)** ὁλοσηρικός ganz seidenartig. **19)** ein Deutscher. **20)** seges, etis, Saat. **21)** liniirt (mit Linien, linéa). **22)** gestreift (mit Streifen, stria). **23)** veränderlich. **24)** Speier (spuo speien). **25)** mit einem Kennzeichen (signum). **26)** βούπρηστις Kuhstecher, ein dem Rindviehe schädlicher Käfer bei den Alten. **27)** γιγάντειος riesenhaft wie die mythischen Giganten. **28)** ἀγρός Acker; weßhalb? **29)** bi-guttātus, mit 2 Tropfenflecken (gutta Tropfen). **30)** τραχύς rauh, uneben; wegen der Oberfläche seiner Flügeldecken. **31)** ganz klein. **32)** wegen des Glanzes (gleißen d. h. glänzen). **33)** ἀνά und βιόω wieder aufleben; stellt sich bei leisester Berührung todt und zwar so hartnäckig (pertĭnax) und trotzig, daß er durch keine Schmerzen zu bewegen ist, die angezogenen Beine ans den Fugen hervorzustrecken. **34)** die Männchen klopfen zur Begattungszeit heftig mit dem Kopfe in unsern Hausgeräthen, um das Weibchen anzulocken. Das Taschenuhr–ähnliche Klopfen hielten Unerfahrene früher für den Vorboten eines Todesfalles im Hause. **35)** ist weich (mollis) behaart. **36)** lebt häufig im Brode (panis).

‡*14. **Ptilĭnus**⁰ pectinicŏrnis⁰ F. Bücherbohrer⁰.
‡*15. **Ptĭnus**⁰ fur⁰ L. Kräuterdieb⁰ (Fig. 190.).

D. Weichkäfer (mit weichen Flügeldecken). (§. 129, 16.)
†*16. **Dasỳtes**⁰ niger⁰ F. Himbeerkäfer⁰.
*17. **Canthăris**⁰ fusca⁰ F. Brauner Weichkäfer, Soldat (Fig. 191.).
*   C. rustĭca⁰. Feld-Weichkäfer.
*   C. melanūra⁰ F. Schwarzafter⁰.
*18. **Lampỳris**⁰ splendidŭla⁰ F. Gemeiner Leuchtkäfer⁰, Feuer-
wurm⁰ (Fig. 192.).
*   L. noctilūca⁰ L. Johanniswürmchen⁰ (die Weibchen sind ungeflügelt).
‡*19. **Lymexỳlon**⁰ navale⁰ L. Schiffwerftkäfer⁰, Matrose.

III. Fam. **Lamellicornĭa**⁰. Blatthörnige⁰ Käfer (§. 130.). §. 115.

A. Mistkäfer (leben im Thiermiste).
*20. **Scarabaeus**⁰ stercorarĭus⁰ L. Gemeiner Roßkäfer⁰, Pferde-
klemmer⁰.
*   S. silvatĭcus⁰ L. Wald-Roßkäfer⁰.
*   S. vernālis⁰ L. Frühlings-Roßkäfer.
*21. **Aphodĭus**⁰ fossor⁰ L. Gemeiner Dungkäfer⁰.   ·
*   A. limetarĭus⁰ L. Mist-Dungkäfer.
*   A. prodrŏmus⁰. Früher⁰ Dungkäfer.
*22. **Copris**⁰ lunāris⁰ L. Mondhornkäfer⁰.
*23. **Onthophăgus**⁰ fracticŏrnis⁰ F. Bruchhörniger⁰ Pillen-
käfer⁰.

     Sisỳphus⁰ Schaefferi⁰. Pillenwälzer⁰.
     Ateuchus⁰ sacer⁰. Wurde auf Denkmälern als **Scarabäen-**
Gemme häufig ausgeschnitten.

---

1) Πτίλον Flaumfeder; wegen der federartigen, kammförmigen Fühler (pecten Kamm und cornu Fühler). **2)** bohrt gern in Bücher mit Holzdeckeln. **3)** πτηνός befiedert, wegen der federförmigen Fühler von Ptinus pectinicörnis, welcher jetzt in der Gattung Ptilīnus steht. **4)** Dieb, fur; weil er in Kräutern vielen Schaden verursacht. **5)** δασύτης Rauhhaarigkeit (δασύ; rauhhaarig). **6)** schwarz. **7)** die Larve lebt in Himbeerfrüchten. **8)** κανθαρίς wurde die spanische Fliege schon von Hippokrates, dem Vater der Arzneikunde, welcher 460 v. Chr. lebte, benannt. **9)** fuscus braun. **10)** auf dem Felde (rus) lebend. **11)** μελαν-ουρος mit schwarzem Schwanze (Flügeldeckenspitze). **12)** λαμπουρίς (λάμπω leuchten u. ουρά Schwanz) Leuchtschwanz, Leuchtkäfer (die 3 letzten Hinterleibsringel leuchten zur Begattungszeit, gegen Johannis, auf der Unterseite). **13)** splendĭdus glänzend. **14)** Nachtleuchte (nox Nacht und luceo ich leuchte). **15)** λύμη Verderben, Schaden und ξύλον Holz (schaden an gefälltem Holze, besonders auf Schiffswerften). **16)** zu Schiffen (naves) in Beziehung stehend, auf Schiffswerften häufig. **17)** lamella Blättchen und cornu Fühler. **18)** scarabēus bei Plinius, σκαράβειος oder σκάραβος, wahrscheinlich für κάραβος, Käfer. **19)** leben im Miste (stercus), vorzüglich im Pferdemiste; daher Roßkäfer. **20)** lebt im Walde (silva). **21)** erscheint im Frühlings (vere). **22)** αρ-οδος, das Weggehen, Abtritt und der Unrath daselbst. **23)** fossor Gräber; gräbt sich in die Erde. **24)** im Miste (limus) lebend. **25)** prodrŏmus, πρόδρομος, Vorläufer; erscheint gleich Anfangs im Frühlinge. **26)** κόπρος Koth. **27)** wegen des halbkreis- oder mondförmigen Kopfschildes (luna Mond). **28)** όνθος Mist und φαγεῖν fressen. **29)** mit gebogenem oder gebrochenem (fractus) Horne (cornu) auf dem Kopfschilde. **30)** macht sich Pillen von Mist, um seine Eier hineinzulegen. **31)** Sisỳphus, berüchtigter König Korinths, in der Unterwelt damit bestraft, daß er einen Stein bergan wälzen mußte, der stets wieder zurückrollte. Der Käfer legt seine Eier in Pillen von Schaf- oder Kuhmist und wälzt solche bergan. **32)** nach dem berühmten Insektenkenner, dem verstorbenen Superintendenten Schäffer in Regensburg benannt. **33)** ά-τευχής unbewaffnet (ohne Horn auf dem Kopfschilde). **34)** heilig (bei den alten Aegyptern).

§. 116.　**B. Laubkäfer**[1] (fressen Laub und ihre Larven Pflanzenwurzeln).. (§. 130,24.)
† * 24. **Oryctes**[2] nasicornis[3] L. Nashornkäfer[3].
‡ * 25. **Melolontha**[2] vulgaris[2] L. Gemeiner Maikäfer (dessen Larven heißen Engerlinge oder Kartoffelwürmer, Fig. 193.).
　　* M. fullo[2] L. Walker[6], Müller.
‡ * 26. **Rhizotrogus**[2] solstitialis[2] L. Junikäfer[2], Brachkäfer[2].
‡ * 27. **Anomala**[2] horticola[10] L. Garten[10]=Laubkäfer[1].
　　* 28. **Lucanus**[11] cervus[12] L. Hirschkäfer[13], Feuerschröter[13].
　　* 29. **Cetonia**[14] aurata[15] F. Rosenkäfer[16], Goldkäfer[15].
　　* C. fastuosa[2] F. Prachtvoller[17] Rosenkäfer[17] (Fig. 194.).

§. 117.　IV. Fam. **Clavicornia**[18]. Keulenhörnige[19] Käfer (§.131,30.).
† * 30. **Trichodes**[19] apiarius[20] L. Bienenwolf[20].
‡ * 31. **Dermestes**[21] lardarius[22] L. Speckkäfer[22] (Fig. 174.).
‡ *　D. pellio[21] L. Pelzkäfer[23], Kürschner[23].
　　* 32. **Hister**[25] unicolor[25] F. Einfarbiger[26] Schildkröten=[27] oder Stutzkäfer[25].
　　*　H. quadri-notatus[28] Pz. Vierfleckiger[28] Stutzkäfer[28] (Fig. 195.).
‡ * 33. **Nitidula**[29] aenea[30] F. Rappskäfer[31].
　　* 34. **Necrophorus**[32] vespillo[33] L. Gem. Todtengräber[33] (Fig.196.).
　　* 35. **Silpha**[34] rugosa[35] L. Runzliger[35] Aaskäfer[36].
　　*　S. obscura[37] L. Dunkler[37] Aaskäfer[37].
　　*　S. thoracica L. (mit ausgezeichnetem [rothem] Halsschilde, thorax).
　* 36. **Byrrhus**[38] pilula[39] L. Gemeiner Jugen+[?]= oder Pillenkäfer[39].

---

1) Fressen als Käfer vorzüglich Laub. **2)** ὀρυκτής Gräber (graben sich in Lohbette ein). **3)** auf die Nase (nasus) mit einem Horne (cornu). **4)** μηλολόνθη bei den Griechen ein Käfer, welcher in Obstgärten (μηλών) lebt, vielleicht unsere Cetonia. **5)** gemein. **6)** fullo Walker; wegen der Zeichnung der Flügeldecken. **7)** ῥίζα Wurzel und τρώγω nagen, fressen. **8)** zur Zeit des Sommer=Solstitiums, also im Juni, erscheinend, namentlich auf Brachfeldern. **9)** ἀνώμαλος ungleich (mit ungleichen Tarsengliedern). **10)** Gartenbewohner (hortus Garten und colere bewohnen). **11)** lucanus nennt schon Plinius den Hirschkäfer; leben in Hainen (lucus). **12)** cervus Hirsch; wegen der Hirschgeweihe – ähnlichen Oberkiefern. **13)** weil die Larve in Holz schrotet (zermalmt); der Käfer trägt indeß mit seinen Geweihkiefern keine Kohlen auf Strohdächer, hat also mit dem Feuer nichts zu thun. **14)** κετωνία Metallkäfer (wegen der Metallfarben), kommt nach Fabricius schon bei Hesychius, einem berühmten Grammatiker des 3. Jahrhunderts, vor. **15)** goldglänzend (aurum Gold). **16)** soll die Blüten der Gartenrosen ausfressen. **17)** prächtig (fastus Stolz, Hochmuth). **18)** clava Keule und cornu Horn (Fühler). **19)** τριχωτός haarig (θρίξ Haar und εἶδος Gestalt). **20)** in Bienenstöcken (apis Biene) lebend. **21)** δέρμα-ηστής, Pelzmotte (§. 149.) der Griechen (δέρμα Haut und ἐσθίω zernagen) auf diese Gattung übertragen. **22)** lardarius Speckhändler; frißt Speckwaaren. **23)** Kürschner. **24)** zerstört den Kürschnern die Pelzwerke. **25)** hister oder histrio (istrio) Schauspieler, welche kurze Röcke trugen, daher Stutzkäfer. **26)** einfarbig (mit einer unus, Farbe color). **27)** wegen seiner Langsamkeit und äußern Form. **28)** mit vier (quatuor) Flecken (notae Zeichen). **29)** nitidulus etwas glänzend (nitidus blank, glänzend); daher Glanzkäfer. **30)** kupferglänzend (aes Kupfer, Kupfers). **31)** zerstört die Rappsblüten. **32)** νεκρο-φόρος Todte begrabend; bringt todte Thiere unter die Erde, um seine Eier hineinzulegen. **33)** ein Leichenträger für Arme, welche Abends (vespere) begraben wurden. **34)** σύλφα ein stinkendes und fettig aussehendes Insekt, etwa Schabe; auf diese Gattung übertragen. **35)** Flügeldecken mit Runzeln (rugae). **36)** leben meist von Aas. **37)** obscurus dunkel gefärbt. **38)** byrrhus eigentlich ein Mantel (βύρσα eine abgezogene Haut); wegen des wolligen Ueberzuges; daher auch Wollkäfer. **39)** eine kleine Kugel (pila Ball); sind von länglicher Kugelform. **40)** kann alle Gliedmaßen in Fugen zurückziehen und dadurch sich einer Pille ähnlich machen.

‡* 37. **Anthrēnus**[1] museŏrum[2] Gyl. Cabinetkäfer[1].
‡* A. scrofularĭae[3] L. Braunwurz[3]=Knollenkäfer.

V. Fam. **Brachelўtra**[4]. Kurzflügler[4] (§. 132, 38.). §. 118.

* 38. **Staphylīnus**[5] nebulōsus[6] F. Wolkiger[6] Raubkäfer[7].
* St. murīnus[8] L. Mausegrauer[8] Raubkäfer[7].
* St. erythropterus[9] L. Rothflügliger[9] Raubkäfer[7] (Fig. 175.).
* St. caesarěus (erythropterus[9] F.). Kaiserlicher (b. h. schöner) R.
* 39. **Ocўpus**[10] simīlis[11] F. Schnellfüßiger Mistfreund[12].
* 40. **Philönthus**[13] polītus[14] L. Blanker[14] Mistfreund[13].
* 41. **Stenus**[15] biguttatus[16] L. Zweitropfiger[17] Schmalkäfer[15].
* 42. **Oxytēlus**[18] rugōsus[19] F. Runzliger[18] Schnellkäfer.

VI. Fam. **Hydrocantharĭda**[20]. Schwimmkäfer[20] §. 119.
(§. 133, 43.).

†* 43. **Dyticus**[21] marginālis[22] L. Gelbrand[22] (Fig. 176.).
†* D. latissĭmus[23] L. Breitrand[23].
* 44. **Gyrīnus**[24] natātor[25] F. Taumelkäfer[25] oder Radschläger[24] (Fig. 198.).

VII. Fam. **Hydrophilīna**[26]. Wasserkäfer[26] (§. 134, 15.). §. 120.

†* 45. **Hydrophilus**[26] picěus[27] L. Pechschwarzer[27] Wasserkäfer[26] (Fig. 176, d.).
* 46. **Hydrobĭus**[28] fuscĭpes[29] L. Braunbeiniger Wasserfreund.

VIII. Fam. **Taxicornĭa**[30]. Taxikornen[30] (§. 135, 47a). §. 121.

* 47a. **Diapĕris**[31] boleti[32] L. Schwamm[32]=Achsenkäfer[31].
†* 47b. **Anisotōma**[33] cinnamomea[34] Pz. Trüffelkäfer[?].
* 48. **Hypophloeus**[36] castaneus[37] F. Kastanienbrauner[?] Rinden käfer[36].

---

1) Ἀνθρήνη wilde Biene, Waldbiene; weßhalb? 2) μυσεῖον, museum, Musensitz, Naturaliensammlung, Naturalien=Cabinet, worin er häufig schadet. 3) scrofularia, Braunwurz oder Scrofelkraut, worauf der Käfer nicht selten lebt. 4) βραχύς kurz und ἔλυτρον Flügeldecke; wegen der abgekürzten Flügeldecken Kurzflügler genannt. 5) σταφυλῖνος Name eines Insekts bei Aristoteles, von σταφυλή, Traube, vielleicht weil sie, unsanft behandelt, hinten am Körper 2 Bläschen hervortreiben. 6) neblig, wolkig gezeichnet. 7) leben vom Raube. 8) mausefarbig (mus Maus). 9) hat rothe (ἐρυθρός) Flügeldecken (πτερόν). 10) ὠκύ-πους schnellfüßig. 11) simīlis ähnlich (vielen andern). 12) lebt im Thiermiste. 13) φίλος Freund und ὄνθος Thiermist, Thierkoth. 14) politus gebildet, hier geglättet, blank. 15) στενός schmal; wegen der schmalen Form. 16) mit 2 Tropfenflecken (gutta Tropfen). 17) ὀξύ: spitz und τέλος Ende (haben einen am Ende zugespitzten Körper). 18) runzlig (ruga Runzel). 19) ὕδωρ Wasser und κάνθαρις, kleiner Käfer, spanische Fliege (S. 47, Note 8). 20) schwimmen geschickt im Wasser. 21) δυτικός zum Tauchen geschickt. 22) mit gelbem Rande (margo). 23) mit sehr breitem (latissimus) Rande. 24) nicht von γυρῖνος, gyrinus, Kaulquappe, Froschlarve, sondern von γῦρος Kreis, weil sie in Kreisen schwimmen, wie im Taumel; daher auch Radschläger. 25) Schwimmer. 26) ὕδωρ Wasser und φιλέω lieben; also Wasserfreunde, Wasserkäfer. 27) pech=braun (pix Pech). 28) ὕδωρ Wasser und βιόω leben; leben im Wasser. 29) mit braunen Füßen (fuscus braun und pes Fuß). 30) oder Taxicēra, von τάξις, Ordnung, in Ordnung gestellt und cornu oder κέρας Fühler; wegen der gleichmäßig geordneten Fühlerglieder. 31) διαπείρω durchbohren; weil die Fühlerglieder in der Achse (Mitte) durchbohrt sind. 32) leben in Pilzen oder Löcher=schwämmen (boletus). 33) ἄνισος ungleich und τόμος Abschnitt, Glied; wegen Ungleichheit der Fühlerglieder. 34) zimmtfarbig. 35) lebt in Trüffeln unter der Erde. 36) ὑπό unter und φλοιός Rinde; lebt unter Baumrinde. 37) kastanienbraun.

50

§. 122.   IX. Fam. **Stenelӳtra** ¹⁾. Engflügler ²⁾ (§. 136, ₄₉.).
    *49. **Mordélla** ³⁾ fasciäta ³⁾ Gyl. Gemeiner Stachelkäfer ²⁾ (Fig. 178.).
    *50. **Oedeméra** ⁴⁾ lurída ⁴⁾ Gyl. Blaßgelber ⁴⁾ Dickſchenkel ⁴⁾.

§. 123.   X. Fam. **Melanosomäta** ⁵⁾. Schwarzflügler ⁵⁾ (§. 137, ₅₁.).
    *51. **Blaps** ⁷⁾ mortisäga ⁸⁾ F. Todtenkäfer ⁸⁾ (Fig. 179.).
    ✝*52. **Tenebrio** ⁹⁾ molítor ¹⁰⁾ L. Müller ¹⁰⁾ (Fig. 163.).

§. 124.   XI. Fam. **Trachelophŏra** ¹¹⁾. Halskäfer ¹¹⁾ (§. 138, ₅₃.).
   ♀♂ ✝*53. **Lytta** ¹²⁾ vesicatoría ¹³⁾ L. Spanische ¹⁴⁾ Fliege, Pflasterkäfer ¹⁴⁾ (Fig. 199.).
   ♂ *54. **Melŏë** ¹⁵⁾ proscarabaeus ¹⁶⁾ L. Maiwurm ¹⁷⁾, Oelkäfer ¹⁷⁾ (Fig. 180.).
   ♂ *   M. majalis ¹⁸⁾ L. Echter Maiwurm ¹⁷⁾.

§. 125.   XII. Fam. **Rhynchophŏra** ¹⁹⁾. Rüſſelkäfer ¹⁹⁾ (§. 139, ₅₅.).
   ✝*55. **Bruchus** ²⁰⁾ granaríus ²¹⁾ L. Gemeiner Samenkäfer ²²⁾, Hülſen ²²⁾= Samenkäfer oder Ackerbohnenkäfer ²²⁾.
   ✝*   B. rufimänus ²²⁾ (pisi ²⁴⁾ Pz.). Erbſenkäfer ²⁴⁾.
   ✝*56. **Apodérus** ²⁵⁾ corӳli ²⁶⁾ L. Haſel=Blattroller ²⁶⁾ (Fig. 187, a.).
   ✝*57. **Rhynchites** ²⁷⁾ betulëti ²⁸⁾ F. Birken=Blattroller ²⁸⁾, ſtahlblauer Reben ²⁹⁾= oder Birkenſtecher ²⁹⁾.
   ✝*   Rh. betulae ³⁰⁾ L. Birkenſtecher ¹⁷⁾.
   ✝*   Rh. alliaríae ³¹⁾ F. Zweigabſtecher ³²⁾.

---

1) Στένος ſchmal, eng und ἔλυθρον Flügeldecke; daher Engflügler. 2) mordére beißen, ſtechen; weil der Hinterleib in einen Stachel ausläuft. 3) mit Binden (fasciae). 4) οἰδέω anſchwellen und μηρός Schenkel; wegen der verdickten Schenkel. 5) blaßgelb oder fahl. 6) μέλας ſchwarz und σῶμα Körper; haben dunkel gefärbten Körper. 7) βλάπτω ſchaden, βλάψις Verletzung; vielleicht wegen des ſcharfen, eigenthümlich riechenden Saftes dieſer Käfer oder wegen des in eine Spitze auslaufenden Körpers. 8) den Tod (mors) wahrſagend (sagus); deutet aber keine Todesfälle im Hauſe vorher an. 9) tenebrio ſichtſcheuer Menſch (tenebrae Finſterniß), Schwindler (leben verborgen unter Mehlkiſten ꝛc.). 10) Müller; lebt vorzüglich in Mühlen und Bäckereien. 11) τράχηλος Hals und φορέω tragen; Kopf halsförmig abgeſchnürt; daher Halskäfer. 12) λύττα Hundswuth, Tollwurm (ein Muskel unter der Zunge der Hunde); hieß früher Melŏë, Maiwurm, welcher gegen Hundswuth erfolglos gebraucht wurde. 13) Blaſen ziehend (vesica Blaſe). 14) in Spanien vorzüglich häufig und von daher auch im Handel für Apotheken zum ſogenannten ſpaniſchen Fliegenpflaſter oder Zugpflaſter. 15) Melŏë der alte Name für ſpaniſche Fliege (Melŏë vesicatoria), jetzt auf dieſe Gattung übertragen. 16) pro voraus, vorher und scarabaeus (☞ S. 47, Note 18) früher auch anti-canthárus genannt, erſcheint früher als der Maikäfer. 17) weil der Käfer flügellos iſt und nur langſam kriecht, im Mai und noch früher erſcheint. 18) ſondert aus dem Beingelenken, wenn er angefaßt wird, eine ölartige, zähe Flüſſigkeit ab, welche Blaſen zieht. 19) ῥύγχος Rüſſel und φορός tragend; daher Rüſſelkäfer. 20) bruchus, βροῦχος, eine ungeflügelte Heuſchrecke, nach Andern eine, dem Weinſtocke ſchädliche Raupe (βρούκέω freſſen). 21) granum Korn, Kern des Getreides. 22) frißt den Samen von Hülſenfrüchten, namentlich Ackerbohnen. 23) mit rothen (rufus) Vorbertarſen (eigentlich Händen, manus). 24) ſchadet vorzüglich in Erbſen (pisum). 25) ἀπό von und δέρη oder δειρή Hals; weil der Kopf vom Halſe abgeſchnürt iſt; daher Dickkopfkäfer. 26) rollt die Blätter der Haſelſtaude (corylus) tutenförmig zuſammen, um ſeine Eier hineinzulegen. 27) ῥύγχος Rüſſel; wegen des langen Rüſſels. 28) rollt die Blätter an Birken in Birkenwäldern (betulētum Birkenwald und betúla Birke) zuſammen. 29) ſchadet auch an Weinreben. 30) betula Birke. 31) alliaria Knoblauchsſbederich (allium Knoblauch). 32) nagt an Obſtbäumen die jungen Zweige ab, ſo daß ſie welken.

‡*58. **Magdalis**[1] pruni[1] L. Pflaumen=Rüsselkäfer. §. 125.
‡*59. **Apion**[1] Pomonae[2] F. Obststecher[3].
 *   A. frumentarium[4] L. Falscher, rother Kornwurm[5] (Fig. 200.).
‡*60. **Thylacites**[6] coryli[7] Gyl. Haselnuß[7]=Rüsselkäfer (Fig. 187, b).
‡*61. **Brachyderes**[8] incanus[8] L. Grauer[9] Kurzhals[9].
‡*62. **Sitona**[10] lineata[10] L. Getreide=Rüsselkäfer.
‡*63. **Hylobius**[11] pini[12] (Curculio[12] pini[12] L.). Großer, brauner Kiefern[12]=Rüsselkäfer.
‡*64. **Cleonus**[13] sulcirostris[16] L. Hohlrüsselkäfer[16].
‡*65. **Polydrosus**[17] micans[18] F. Glänzender[18] Laubholz[19]-Rüsselkäfer.
‡*   P. sericeus[20] Gyl. Seidenartig glänzender[20] Laubholz=Rüsselkäfer.
‡*66. **Phyllobius**[21] piri[22] L. Birn=Blattnager[22].
‡*   Ph. argentatus[23] L. Silberglänzender[23] Blattnager (Fig. 187, c.).
‡*   Ph. oblongus[24] L. Länglicher[24] Blattnager.
‡*   Ph. vespertinus[25] F. (mali[26] Oliv.). Apfel[26]=Blattnager.
‡*67. **Otiorhynchus**[27] ater[28] Gyl. Schwarzer Ohrrüsselkäfer[27].
‡*   Ot. picipes[29] F. Pechschwarzfüßiger[29] Ohrrüsselkäfer[27].
 *   Ot. ovatus[30] L. Eirunder Ohrrüsselkäfer[27].
‡*68. **Calandra**[31] granaria[32] L. Schwarzer oder brauner Kornwurm[33].
‡*   C. oryzae[35] F. Reis=Kornwurm[35], Glander[34] oder Galander[34].
 †   C. palmarum[36] F. Palmbohrer[36] (Fig. 201.).
‡*69. **Pissodes**[37] notatus[38] Gyl. Weißpunkt=Rüsselkäfer[38].
‡*   P. Hercyniae[39] Hbst. Harz=Rüsselkäfer (am Harzgebirge).
‡*70. **Balaninus**[41] nucum[42] L. Hasel=Nußbohrer[42] (Fig. 187, d.).
‡*   B. glandium[43] Eichelbohrer[43], Eichel=Rüsselkäfer[43].
‡*   B. venosus Germ. (aderig, wegen der undeutlichen Binden).

---

1) Magdalis eine länglich=runde, walzige Figur; wegen seiner Körperform. 2) prunus Pflaumenbaum. 3) ἄπιον Birne; wegen der Körperform. 4) Pomona Göttin des Obstes; schadet auf Obstbäumen. 5) frumentum Getreide; schadet indeß dem Korn oder Getreide nicht. 6) θύλαξ oder θύλακος Sack, Beutel; wegen der Körperform. 7) lebt auf der Haselstaude (corylus), aber auch auf vielen andern Laub= und Nadelhölzern. 8) βραχύς kurz und δέρη oder δειρή, Hals; also Kurzhals. 9) ganz grau. 10) σιτών Kornfeld, σιτώνη Getreide= aufkauf; lebt häufig überall auf Feldern und in Wäldern. 11) Halsschild mit weißen Linien (linea Linie) bezeichnet. 12) ὕλη-βιος im Walde lebend. 13) schadet sehr auf Kiefern (Pinus silvestris) und Fichten. 14) curculio oder gurgulio Kornwurm. 15) ob von κλέος Ruhm oder von κλίω schließen, verschließen; etwa wegen der Lebensart unter Steinen oder in der Erde. 16) mit Furchen (sulci) auf dem Rüssel (rostrum). 17) πολύ-δροσος viel oder stark bethauet; vielleicht wegen der dünnen Haarschuppen. 18) schimmernd, glänzend. 19) lebt auf Laubholz. 20) seidenhaarig oder seidenartig glänzend. 21) φύλλον Blatt und βίόω leben; daher Blattnager. 22) auf Birnbäumen (pirus) so wie überhaupt auf Obstbäumen lebend. 23) silberglänzend (argentum Silber). 24) oblongus länglich. 25) abendlich (vespera Abendzeit); weshalb? 26) lebt auf Apfelbäumen (malus). 27) ὠτίον kleines Ohr und ῥύγχος Rüssel, welcher an der Fühlerwurzel lappig erweitert ist. 28) schwarz. 29) mit pechfarbigen (piceus) Beinen (pedes). 30) eirund. 31) nach dem holländ. klander, franz. calande, calandre, engl. calander, calandre, auch Walze (cylindricus); wegen der walzigen Gestalt (☞ Kalanderlerche S. 19). 32) granum Korn, Kern des Getreides. 33) die Larve (Wurm) des Käfers zerstört Getreide. 34) verdorben aus Calandra. 35) ὄρυζα Reis. 36) palma Palmbaum; die Larve lebt im Innern der Palmbäume. 37) πισσ-ώδης oder πισσοειδής pechartig, pechbraun (πίσσος Pech und εἶδος Gestalt). 38) mit Abzeichen (notae), Punkten. 39) mit 8 weißen Punkten. 40) Hercynia Harzgebirge, wo er zuerst gefunden wurde. 41) βάλανος Eichel (lebt in Eicheln und Nüssen). 42) nuces Haselnüsse, worin die Larve lebt. 43) glandes Eicheln, worin die Larve lebt.

‡* 71. **Anthonŏmus** [9] pomŏrum [9] L. Apfel = Rüsselkäfer [9], Obstblüten=nager [9], Brenner [9] (Fig. 181.).

‡* 72. **Orchēstes** [9] fagi [9] Gyl. Buchen = Minirkäfer [9], Buchenspringer [9].

* O. popŭli [9] F. Pappelspringer (springt mit verdickten Hinterschenkeln).

‡* 73. **Ceuthorhynchus** [9] assimīlis [9] Germ. Aehnlicher [9] Rüssel=verberger [9].

* C. echīi [9] F. Natternkopf = Rüsselverberger [9].

§. 126.   XIII. Fam. **Xylophăga** [9]. Holzfresser [9] oder Borkenkäfer [9] (§. 140.).

A. Echte Holzfresser oder Borkenkäfer.

‡* 74. **Bostrўchus** [11] typogrăphus [12] L.   Fichten [13] = Borkenkäfer, Linné's [14] Buchdrucker [12] (Fig. 203.).

‡* B. stenogrăphus [15] (typogrăphus [12] F.) Großer Kiefern [16]=Borkenkäfer.

* B. villŏsus [17] F. Eichen [18] = Borkenkäfer.

* B. domestĭcus [19] L. Bauholz [19] = Borkenkäfer.

* B. monogrăphus [20] F. Höckeriger Eichenholz [21] = Borkenkäfer.

* B. bicŏlor [22] Hbst. Zweifarbiger [22] oder kleiner Buchen = Borkenkäfer.

‡* 75. **Platўpus** [23] cylindrĭcus [24] F. Eichen = Kernholzkäfer [25].

‡* 76. **Eccoptogăster** [26] pruni [27] Rtz. Zwetschen = Splintkäfer [28].

‡* E. rugulŏsus [29]. Runzliger [29] Splintkäfer.

‡* E. destrŭctor [30] Oliv. Zerstörender [30] Splintkäfer (Fig. 188, b.).

‡* 77. **Hylesinus** [31] pinipĕrda [32] L. Kiefern [32] = Bastkäfer [33].

‡* H. minor [34] Hrtg. Kleiner Bastkäfer.

‡* H. micans [35] (lignipĕrda [36] Gyl.). Holzzerstörender [36] Bastkäfer.

‡* H. fraxīni [37] F. Bunter [38] Eschen [37] = Bastkäfer.

§. 127.   B. Unechte Holzfresser (meist nur in abgestorbenem Holze). (§. 141.)

†* 78. **Latridius** [39] porcatus [40] Hbst.

---

1) Ἀνθο·νόμος Blumen weidend (lebt in Apfelblüten, die dann wie ver=brannt aussehen). **2)** ponum jede Obstfrucht, also auch Aepfel. **3)** ὀρχηστής Springer, Tänzer. **4)** fagus Buche; lebt auf Buchen, deren Blätter die Larven miniren oder aushöhlen. **5)** populus Pappel. **6)** κεύθω verbergen und ῥύγχος Rüssel; verbergen den Rüssel zwischen den Schenkeln. **7)** ziemlich ähnlich (mehren andern Arten). **8)** lebt auf echium. Natternkopfe. **9)** ξύλον Holz und φαγεῖν fressen. **10)** ihre Larven leben unter der Rinde (Borke) oder gehen bis ins Holz (Holzkäfer). **11)** βόστρυχος (βοστρύς, βόστρυχος, Locke), bei Aristoteles das Weibchen des Leuchtkäfers: ist schön behaart. **12)** Buchdrucker, von τύπος Figur, Letter und γράφω schreiben; die Larvengänge unter den Rinden ähneln arabischer Schrift. **13)** lebt unter Fichtenrinden. **14)** von Linné zuerst benannt und beschrieben. **15)** στενός eng und γράφω schreiben; die Larve macht größere und engere Gänge als Linné's Buchdrucker. **16)** lebt unter Kiefernrinden. **17)** zottig (behaart). **18)** lebt unter Eichenrinde. **19)** greift auch Bauholz zu häuslichem Gebrauche an (domus Haus), so wie Klafterholz an. **20)** μόνος allein und γράφω schreiben. **21)** lebt in Eichen. **22)** zweifarbig; zuweilen vorn heller, hinten dunkler braun. **23)** πλατύς platt, breit und πούς Fuß; wegen der breit=gedrückten Schenkel und Schienen. **24)** walzig; wegen der Körperform. **25)** lebt im Holze der Eichen, geht bis ins Kernholz. **26)** ἐκκόπτειν ausschneiden, unterbrechen und γαστήρ Bauch; weil die gerade Linie des Bauches unterbrochen ist, daher Stutzbauch. **27)** prunus Pflaumen= oder Zwetschenbaum. **28)** lebt im Splinte. **29)** mit kleinen Runzeln (ruga Runzel). **30)** Zerstörer. **31)** ὕλη Wald und σίνος Beschädigung (σίνις schädliches Thier), von σίνομαι beschädigen. **32)** pinus silvestris Kiefer, perdĕre zerstören. **33)** leben im Baste. **34)** minor kleiner als die übrigen. **35)** schimmernd. **36)** lignum Holz und perdĕre zerstören; also Holzzerstörer. **37)** fraxinus Esche. **38)** wegen der bunten Färbung. **39)** latridius Diener, Taglöhner; richtiger lathridius, von λαθρίσιος heimlich, versteckt; lebt unter Pflanzenstoffen versteckt. **40)** porcatus scharf erhaben gestreift.

†*79. **Lyctus**⁹⁾ canaliculatus⁹⁾ F. Gerinnter⁹⁾ Splintkäfer.

XIV. Fam. **Longicornĭa**⁹⁾. Bockkäfer⁹⁾, Holzböcke⁹⁾ (§. 142,so.). §. 128.

†*80. **Priŏnus**⁹⁾ coriarĭus⁹⁾ l.. Sägebock⁹⁾, Gerber⁹⁾.

‡*81. **Cerambyx**⁹⁾ heros⁷⁾ F. Eichenbock⁹⁾, Spießbock⁹⁾.

†*   C. cerdo¹⁰⁾ L. Runzelbock¹¹⁾.

*   C. moschātus¹²⁾ L. Moschusbock¹²⁾.

*82. **Callĭdium**¹³⁾ violacĕum¹⁴⁾ F. Listkäfer¹³⁾ ob. violetter¹⁴⁾ Listbock¹³⁾.

‡*   C. lurĭdum¹⁴⁾ F. Blaßgelblicher¹⁵⁾ Listbock¹³⁾.

†*   C. castanĕum¹⁶⁾ L. und aulĭcum¹⁷⁾ F.

*83. **Clytus**¹⁸⁾ ariĕtis¹⁹⁾ l.. Gemeiner Widderkäfer¹⁹⁾.

*   Cl. arcuātus²⁰⁾ F. Geschweister²⁰⁾ Widderkäfer (Fig. 183.).

†*84. **Lamĭa**²¹⁾ aedilis²²⁾ L. Zimmerbock²²⁾.

*   l.. textor²³⁾ L. Weberbock²³⁾ (Fig. 204.).

‡*85. **Saperda**²⁴⁾ carcharĭas²⁵⁾ L. Walzenbock²⁶⁾.

‡*   S. populnĕa²⁷⁾ l.. Espenbock²⁷⁾.

†*86. **Leptūra**²⁸⁾ livĭda²⁹⁾ F. Gelbrother Schmalbock²⁸⁾.

†*87. **Rhagĭum**³⁰⁾ mordax³¹⁾ F. Gemeiner Zangenbock³⁰⁾.

†*   R. inquisitor³²⁾ F. Lauernder³² Zangenbock³⁰⁾.

XV. Fam. **Chrysomelĭna**³³⁾. Blattkäfer³³⁾ (§. 143, ʋs.).   §. 129.

*88. **Donacĭa**³⁴⁾ sagittarĭae³⁶⁾ F. Pfeilkraut³⁶⁾-Rohrkäfer³⁵⁾.

*   D. simplex³⁷⁾ F. Gemeiner Rohrkäfer³⁵⁾.

*   D. dentĭpes³⁸⁾ F. (Fig. 205.). Zahnfüßiger³⁸⁾ Rohrkäfer³⁵⁾.

†*89. **Lema**³⁹⁾ merdigĕra⁴⁰⁾ l.. Lilienkäfer⁴¹⁾, Musikant⁴²⁾.

---

1) Nach Illiger's Vermuthung von λύγη Schatten, Finsterniß; lebt versteckt in abgestorbenem Holze. 2) Halsschild mit breiter Mittelfurche (canicula Rinne, kleiner Kanal). 3) longus lang und cornu Fühler; also Langfühler, welche die Fühler wie die Widder oder Böcke ihre Hörner tragen. 4) πρίων Säge, wegen der sägeartigen Fühler. 5) coriarĭus Gerber oder Lederbereiter (corĭum Haut, Leder); weil die Flügeldecken lederartig oder runzlig-punktirt sind. 6) κεράμβυξ ein Käfer (κάραβος) mit langen Hörnern. 7) Held; wegen der Größe. 8) lebt in Eichen. 9) Flügeldecken am Ende mit spitzem Dorne. 10) cerdo, κέρδων, Handwerker; weshalb? 11) wegen der runzligen Flügeldecken. 12) riecht stark nach Moschus. 13) κάλλος Schönheit und ἰδέα Form oder von callĭdus listig; daher Listkäfer; vielleicht, weil die Larven ihre Gänge im Holze hinter sich verstopfen. 14) veilchenblau (vĭöla), daher violett. 15) blaßgelb. 16) kastanienbraun. 17) fürstlich, mit schwarzer Hoftracht. 18) κλυτός berühmt, ansehnlich; wegen der schönen Färbung. 19) aries Widder. 20) arcus Bogen (mit goldgelben Bogenstreifen). 21) Lamĭa Zauberin, Hexe, auch ein Haifisch. 22) aedes Haus; lebt häufig am Zimmerholze. 23) textor Weber. 24) saperda weise, ling, auch ein eingesalzener Fisch, vielleicht Sardelle. 25) καρχαρίας eine Haifischart (S. 43), von κάρχαρος mit scharfen Zähnen. 26) hat einen walzigen Körper. 27) lebt in Pappeln (populus tremula). 28) λεπτός schmal, dünn und οὐρά Schwanz; etwa Dünnschwanz, Schmalbock; weil die Flügeldecken nach hinten schmäler werden. 29) livĭdus gelbroth. 30) ῥήγνυμι reißen, zerschroten; weil er das Holz mit seinen starken, zangenförmigen Kinnladen zerschrotet. 31) mordax bissig. 32) Häscher, Aufspürer. 33) χρυσομέλινος von χρυσόμηλολόνθη Goldkäferchen, von χρυσός Gold u. μῆλον Goldapfel, Orange. ☞ S. 54, N. 26. 34) leben meist auf Pflanzenblättern. 35) δόναξ. donax, Rohr; leben auf Rohr oder Schilfrohr; daher Rohrkäfer. 36) leben auf Pfeilkraut (sagittarĭa). 37) simplex einfach, ohne besondere Auszeichnung. 38) Hinterschenkel des Männchens mit einem Zahne (dens Zahn und pes Fuß, Bein). 39) lema, λήμη, Eiter in den Augenwinkeln; ob wegen des ähnlichen Koths der Larven? 40) merda Unrath und gerĕre tragen, etwa Kothträger; weil die Larven unter ihrem eigenen Kothe sich verbergen. 41) auf den Blättern von lilienartigen Pflanzen lebend. 42) bringen durch Reiben des Halsschildes an den Flügeldecken einen zirpenden Ton hervor.

§. 129.
* Lema¹⁾ duodĕcim-punctāta²⁾ L.
* L. asparǎgi³⁾ L. Spargelhähnchen⁴⁾.
* 90. **Cassĭda**⁴⁾ virĭdis⁵⁾ L. (equēstris⁶⁾ F.). Grüner Schildkäfer⁵⁾.
* C. Murraea⁷⁾ L. Gefleckter⁷⁾ Schildkäfer.
✝* C. nebulōsa⁸⁾ L. Runkelrübenkäfer¹⁰⁾.
≢*91. **Haltĭca**¹¹⁾ oleracĕa¹²⁾ L. Gemeiner Erdfloh¹²⁾.
✝* H. exolēta¹³⁾ F. Distel¹³⁾-Flohkäfer.
≢* H. helixĭnes¹⁴⁾ F. Buchweizen¹⁶⁾-Erdfloh.
* H. mercuriālis¹⁷⁾ F. Bingelkraut¹⁷⁾-Flohkäfer.
✝* H. nemŏrum¹⁸⁾ F. Hain-Flohkäfer.
* H. flexuōsa¹⁹⁾. Bogiger¹⁹⁾ Flohkäfer (Fig. 184.).
* 92. **Gallerŭca**²⁰⁾ nigricornis²¹⁾ F. Schwarzhörniger²¹⁾ Furchtkäfer⁴¹⁾.
≢* G. caprĕae²²⁾ F. Weiden²²⁾-Furchtkäfer⁴¹⁾.
≢* G. alni²³⁾ F. Erlen²³⁾-Furchtkäfer⁴¹⁾.
✝*93. **Lupĕrus**²⁴⁾ rufĭpes²⁵⁾ F. Rothbeiniger Fadenfühlerkäfer.
≢*94. **Chrysomēla**²⁶⁾ popŭli²⁷⁾ L. Pappel²⁷⁾-Blattkäfer.
≢* Ch. tremŭlae²⁸⁾ F. Espen²⁸⁾-Blattkäfer.
* Ch. staphylaea²⁹⁾ L. Trauben-Blattkäfer.
* Ch. polĭta³⁰⁾ L. Geglätteter³⁰⁾ Blattkäfer.
* Ch. coriarĭa³¹⁾ F. Leder³¹⁾-Blattkäfer.
✝* Ch. armoracīae³²⁾ L. Meerrettig³²⁾-Blattkäfer.
≢* Ch. vitellĭnae³³⁾ L. Dotterweiden³³⁾-Blattkäfer.
✝* Ch. cochleariae³⁴⁾ F. Löffelkraut³⁴⁾-Blattkäfer.
✝* Ch. decem-punctata³⁵⁾ F. Zehnpunktirter³⁵⁾ Blattkäfer.
✝* Ch. viminālis³⁶⁾ Pz. Bandweiden³⁶⁾-Blattkäfer.
* Ch. polygŏni³⁷⁾ L. Knöterich³⁷⁾-Blattkäfer.
* Ch. violacĕa³⁸⁾ F. Violetter³⁸⁾ Blattkäfer.
* Ch. haemoptĕra³⁹⁾ L. Rothflügliger Blattkäfer.
* Ch. Goettingēnsis⁴⁰⁾ L. Göttingen'scher⁴⁰⁾ Blattkäfer.
* Ch. gramĭnis⁴¹⁾ L. Gras⁴¹⁾-Blattkäfer.
* Ch. limbata⁴²⁾ F. Rothgesäumter Blattkäfer.

---

1) Lema, λήμη, Eiter in den Augenwinkeln; ob wegen des ähnlichen Koths der Larven? **2)** mit 12 (duodecim) Punkten (punctum). **3)** lebt auf Spargel (asparāgus). **4)** cassīda Helm, Schild: weil der Halsschild den Kopf ganz bedeckt. **5)** grün. **6)** equestris, zum Ritter gehörig; wegen des großen Schildes. **7)** von Murray, Linné's Schüler, zuerst bei Göttingen gefunden. **8)** schwarz gefleckt. **9)** nebelig (gefleckt). **10)** schadet sehr auf Runkelrübenfeldern. **11)** ἁλτικός geschickt springend; daher Erdfloh. **12)** auf Blättern von Gemüsepflanzen (olus) lebend. **13)** veraltet, verloschen (ungefleckt). **14)** lebt vorzüglich auf Disteln. **15)** ἑλιξίνη eine unbekannte Pflanze der Alten. **16)** lebt auf Buchweizen und Weiden. **17)** lebt in Wäldern auf Bingelkraut (mercurialis perennis). **18)** vorzüglich häufig in Wäldern (nemus). **19)** mit gebogenem (flexuōsus) Längsstreife auf jeder Flügeldecke. **20)** galēa Helm und erŭca Raupe, Larve; vielleicht wegen der Rückenschilder der Larve. **21)** mit schwarzen (niger) Fühlern (cornu). **22)** lebt auf der Sahlweide (salix caprea). **23)** die Larven skeletisiren die Erlenblätter (alnus Erle). **24)** λυπηρός lästig (den Pflanzen). **25)** mit rothen (rufus) Füßen (pedes). **26)** chrysomēlum, χρυσόμηλον, Goldapfel, eine Quittenart, richtiger wohl von χρυσο-μηλολόνθη Goldkäfer, von χρυσός Gold und μηλολόνθη ein Käfer, welcher in Obstgärten (μηλών) schadet. **27)** popŭlus Pappel. **28)** populus tremula Espe. **29)** σταφυλή Weinbeere, welcher der Käfer ähnelt. **30)** polĭtus geglättet, blank. **31)** coriarius lederartig gerunzelt. **32)** armoracīa Meerrettig. **33)** salix vitellīna Dotterweide. **34)** cochleāria officinalis Löffelkraut. **35)** mit 10 (decem) Punkten (puncta). **36)** salix viminālis Bandweide. **37)** polygŏnum Knöterich. **38)** violacĕus violett. **39)** αἷμα Blut und πτερόν Flügel (giebt verwundet einen blutrothen Saft von sich). **40)** bei Göttingen zuerst entdeckt. **41)** gramen Gras. **42)** mit einem Saume (limbus). **43)** wickeln sich bei der Berührung zusammen und fallen herab.

* Chrysomēla[1] sanguinolēnta[2] L. Rothraudiger[3] Blattkäfer.
* Ch. cereālis[4] F. Aehren=Blattkäfer.
* Ch. fastuosa[5] L. Blaustreifiger Blattkäfer.
†* 95. **Clythra**[6] quadri-punctāta[7] L. Säge[8]=Blattkäfer.
* 96. **Cryptocephālus**[9] sericĕus[10] F. Seidenglänzender[10] Fall=käfer[11].

XVI. Fam. **Coccinellīna**[12]. Kugelkäfer[13] (§. 144, 97.). §. 130.

* 97. **Coccidūla**[13] pectorālis[14] F. Brust[14]=Kugelkäfer.
5* 98. **Coccinella**[15] septem-punctāta[15] L. Siebenpunkt-Marienkäfer[16].
* C. quinque-punctāta[17] L. Fünfpunktiges Sonnenkälbchen[18].
* C. bipunctāta[19] L. Zweipunktiges Sonnenkälbchen[18].
* C. variabĭlis[20] Jll. Veränderliches[20] Sonnenkälbchen[18].
* C. viginti-bi-punctāta[21] L. Zweiundzwanzigpunktiges[21] Sonnen=kälbchen[18].
* C. tredecim-punctāta[22] L. Dreizehnpunktiges[22] Sonnenkälbchen[18] (Fig. 185. u. 170.).

XVII. Fam. **Pselaphīna**[23]. Zwergkäfer[24] (§. 145, 99.). §. 131.

* 99. **Pseláphus**[23] fossulātus[25] Rchbch. Gemeiner Fühl= oder Tastkäfer[23].
*100. **Claviger**[26] longicŏrnis[27]. Langhörniger Keulenkäfer[26] (Fig.186.).

II. Ord. **Hymenoptĕra**[28] L. (Piezāta[29] F.). Haut=flügler[28], Aderflügler[30], Immen[31]. (7 Fam. §. 146. Fig. 206—208.)

---

1) Chrysomēlum, χρυσόμηλον, Goldapfel, eine Quittenart, richtiger wohl von χρυσο-μηλολόνθη Goldkäfer, von χρυσός Gold und μηλολόνθη ein Käfer, welcher in Obstgärten (μηλών) schadet. **2)** blutroth (sanguis Blut), weil der Käfer verwundet einen rothen Saft von sich giebt. **3)** mit rothem Rande. **4)** auf Getreide lebend, welches der Ceres geweihet ist. **5)** richtiger fastosus stolz, wegen der schönen Farben. **6)** κλεῖθρον Riegel, Verzäunung. **7)** mit vier (quatuor) Punkten (puncta). **8)** Fühler gesägt. **9)** κρυπτός versteckt und κεφαλή Kopf; weil der Kopf fast ganz unter das Halsschild zurückgezogen ist. **10)** seidenglänzend (sericum seidener Stoff). **11)** zieht schon bei leichter Berührung die Beine zurück und fällt von Blättern, worauf er lebt, herab. **12)** κόκκος, coccus, Beere, Scharlachbeere, coccinella kleine Scharlachbeere: so benannt von der scharlachrothen Farbe (coccineus scharlachroth) der meisten dieser Käfer. **13)** wegen ihrer halbkugligen Form. **14)** nur die Brust (pectus) schwarz. **15)** mit 7 Punkten. **16)** nach Maria, der Mutter Gottes, benannt; heißt auch Marienkälbchen, Herrgottskälbchen rc. **17)** mit 5 Punkten. **18)** lieben hellen Sonnenschein. **19)** mit 2 Punkten. **20)** variabilis veränderlich. **21)** mit zwanzig (viginti) u. 2 (bi-) Punkten (puncta). **22)** mit 13 (tredecim) Punkten. **23)** ψη-λαφάω befühlen, betasten; wegen der großen Fühler. **24)** wegen der geringen Größe. **25)** mit 3 Grübchen (fossula) auf dem Halsschilde. **26)** clavis Keule und gerére tragen, also Keulenträger; weil die 3 letzten Fühlerglieder eine Keule bilden. **27)** mit langen (longus) Fühlern (cornu Horn, Fühler). **28)** ὑμήν, ὑμένος Haut, Häutchen und πτερόν Flügel; also Hautflügler. **29)** πιέζειν zusammendrücken, wegen der zusammengedrückten Kinnladen. **30)** Flügel mit starken und schwachen Adern durchzogen. **31)** im Altdeutschen, in der Schweiz, Oester-reich rc. gleichbedeutend mit Biene.

§. 132.

Ueberſicht der Familien der Aderflügler (§. 147.).

A. Ditröcha[1]. **Lege-Immen**[2].

  a. Pflanzenweſpen[3].
    1. Tenthredonídae[3]. Blattweſpen[3].
    2. Siricídae[3]. Holzweſpen[3].

  b. Schlupfweſpen[3].
    3. Ichneumonídae[3] verae[10]. Echte Schlupfweſpen[3].
    4. Ichneumonídae[3] ascítae[11]. Schlupfweſpenverwandte.
    5. Gallicŏlae[12]. Gallweſpen[12].

B. Monotröcha[1]. **Stech-Immen**[13].

    6. Rapientía[14]. Raubweſpen[14].
    7. Anthophílae[15]. Blumenweſpen[3] oder Bienen.

§. 133.

I. Fam. Tenthredonídae[3]. **Blattweſpen**[3] (§.148,1.).

 †* 1. **Hylotŏma**[16] rosārum[17] Klg. Roſen[17]-Blattweſpe.
 †* 2. **Cimbex**[18] variabílis[19] Klg. Veränderliche[19] oder große Birken-
    Blattweſpe[20].
 ⚥* 3. **Lophўrus**[21] pini[22] L. Kiefern- oder Fichten[22]-Blattweſpe.
 ⚥* 4. **Emphўtus**[23] grossularíae[24] F. Stachelbeer[24]-Blattweſpe.
   * 5. **Tenthrēdo**[3] scalāris[25] Klg. Grüne Blattweſpe (Fig. 207.).
   *   T. notha[26] Klg. Unechte[26] gebänderte Blattweſpe.
 ⚥*   T. mório[27] F. Schwarze Blattweſpe.
 †* 6. **Lyda**[28] pratēnsis[29] F. Geſpinnſt[30]-Kiefern-Blattweſpe.
   *   L. silvatíca[31] L. Wald[31]-Blattweſpe.

II. Fam. Siricídae[3]. **Holzweſpen**[3] (§. 149,7.).

 †* 7. **Sirex**[6] gigas[32] L. Rieſenweſpe[32] oder gelbe Fichtenholzweſpe[3].
 †* 8. **Cephus**[3] pygmaeus[35] L. Getreidehalm[36]-Weſpe.

---

1) Δίς zwei und τροχός Läufer, Ring (Schenkelring); mit zwei Schenkel-
ringen — μόνος einzeln, einer und τροχός Schenkelring; mit einem Schenkel-
ringe. 2) mit einem Legeſtachel zum Eierablegen. 3) leben nur von Pflanzen-
ſtoffen. 4) ανθος,θών, eine Bienen- oder Weſpenart. 5) leben auf Blättern.
6) sirex bei Plinius eine Art Weſpe, σειρήν ein bienenartiges Inſekt. 7) ihre
Larven leben im Holzkörper. 8) in andern Thieren lebend. 9) ichneumon,
ιχνεύμων, das Ichneumon, die Pharaosratte (S. 6, N. 33 u. 34); hier Raupentödter
oder Schlupfweſpe. 10) verus wahr, echt. 11) adscio herbeihohlen, ad-
scítae herbeigeholt, hinzugezogen oder verwandt. 12) galla Galle und colĕre
bewohnen. 13) mit einem Stachel zum Stechen. 14) rapere rauben. 15) ανθος
Blume und φιλέω lieben; alſo Blumenweſpen. 16) ύλο-τόμος Holzhauer, Holz-
ſchneider. 17) ſchneidet in Roſenblätter (rosa Roſe), um ihre Eier hineinzulegen.
18) κίμψης bienenartiges Inſekt, welches keinen Honig macht. 19) variirt ſehr,
iſt veränderlich (variabilis). 20) die Larve lebt vorzüglich auf Birken. 21) λόφ-
ουρος von λόφος Mähne, Helmbuſch und ουρά Schwanz; alſo ein Thier mit
langen Nacken- oder Schwanzhaaren; wegen der gekämmten Fühler. 22) die
Larve auf Kiefern (pinus silvestris). 23) εμφυτος eingepflanzt, angeboren,
beſtändig. 24) Larven auf Stachelbeeren (ribes grossularia). 25) leiterartig
(scala Leiter); mit leiterartiger, ſchwarzer Rückenſtrieme. 26) nothos unecht.
27) morio dunkelbrauner, faſt ſchwarzer Bergkryſtall, Rauchtopas ☞ Fusus
morio. 28) ob von λυδός Schauſpieler oder von lydus lydiſch, aus Lydien?
29) auf Wieſen (prata) lebend. 30) die Larven leben in einem Geſpinnſte.
31) in Wäldern (silvae) lebend. 32) gigas Gigant, Rieſe; iſt unſere größte
Art ☞ S. 33, N. 34. 33) in Fichtenwäldern. 34) κηφήν die ſtachelloſe
Drohne im Bienenſtocke. 35) πυγμαῖος Zwerg. 36) die Larven leben in
Getreidehalmen.

III. Fam. **Ichneumonĭdae**[1] **verae**[2]. Echte[2] §. 135.
Schlupfwespen[1], Raupentödter[3] (§. 150,9.).
* 9. **Ichneumon**[1] castigātor[4] F. Peinigende Schlupfwespe[1].
* I. extensorĭus[5] Gr. Lange Schlupfwespe[5].
* I. pisorĭus[6] L. Erbsen[7]-Schlupfwespe (Fig. 209.).
* 10. **Ophĭon**[1] luteus[8] L. Gelbe Sichelwespe[9].
* O. merdarĭus[10] Gr. Koth-Sichelwespe[*].
* O. (Anomālon[11]) circumflexus[12] L. (Fig. 211.).
* 11. **Bassus**[13] laetatorĭus[14] F.
* 12. **Pimpla**[15] manifestator[16] L. (Fig. 210.).
* P. setosa Gr. (setōsus borstig, haarig).
* P. flavĭcans F. (gelblich, von flavus goldgelb).
* P. instigātor F. (Anreizer, Aufhetzer).

IV. Fam. **Ichneumonĭdae**[1] **ascītae**[17]. Schlupf-
wespenverwandte[17] (§. 151,13.).
* 13a. **Bracon**[18] variātor[19] N.
* 13b. **Chelōnus**[20] simĭlis[21] N. (Fig. 212.).
* 14. **Aphidĭus**[22] varĭus[19] N. Blattlaus[22]-Bohrer.
* 15. **Torўmus**[23] bedeguaris[24] L. Gallenbohrer[*].
* 16. **Pteromālus**[25] puparum[27] F. Puppenbohrer.

V. Fam. **Gallicŏlae**[26]. Gallwespen[26] (§.152,17.).   §. 136.
* 17. **Cynĭps**[28] quercus folii[30] L. Eichenblatt[30]-Gallwespe (Fig. 213. und 214.).
* C. longiventris[31] Htg. Langbauchige[31] Gallwespe.
* C. Malpighii[32] F. Malpighi's[32] Gallwespe.

1) Ἰχνεύμων Schlupfwespe ☞ S. 56, N. 9. 2) wahre, echte. 3) stechen andere Insekten, namentlich Raupen an und lassen ihre Eier hineinschlüpfen. 4) castigare züchtigen, im Zaume halten; verhindert, daß die angestochenen Insekten sich nicht zu stark vermehren. 5) lang, von extendere ausdehnen. 6) soll die Raupen der Erbsenelle anstechen (pisum Erbse). 7) ὄψιων fabelhaftes Thier der Alten. 8) luteus gelb. 9) wegen des sichelförmig gekrümmten Körpers. 10) merda Koth. 11) ἀν-ὡμαλος uneben, von der Regel abweichend; weil die zweite Cubitalzelle im Flügel häufig fehlt. 12) mit umgebogenem, gewölbtem Hinterleibe. 13) bassus, ein von Fabricius fabricirter Name, dessen Ableitung unbekannt ist, vielleicht von βάσσα oder βῆσσα Waldschlucht. 14) laetus fröhlich, freundlich — lebhaft gefärbt. 15) ein von Fabricius aufgestellter Name von unbestimmter Ableitung, vielleicht von πιμπλάω anfüllen. 16) Offenbarer, von manifestāre offenbaren. 17) adscitus herbeigeholt, hinzugezogen (verwandt). ·18) von Fabricius gemachter Name, vielleicht von βράκος kostbares Frauenkleid. 19) varius veränderlich. 20) χελώνη Schildkröte; wegen des gepanzerten Hinterleibes ohne Einschnitte. 21) similis ähnlich — andern Schlupfwespen. 22) Larven in Blattläusen lebend (aphis Blattlaus). 23) τορέω bohren, weil sie Larven anbohren, was freilich die übrigen Gattungen auch thun. 24) Bedeguar vom persisch-arabischen bad-āward, eine Art Distel; hier die durch Insektenstiche entstandenen und die Eier und Larven enthaltenden Anschwellungen an Pflanzen (Pflanzengallen). 25) legt seine Eier in die von den Gallwespen an Pflanzen erzeugten Gallen. 26) πτερόν Flügel, Federchen und μᾶλος oder μαλλός Wolle, Zotte; wegen der gefiederten Fühler einiger Arten. 27) legt seine Eier in Schmetterlingspuppen (pupa). 28) galla Gallapfel oder Galle und colere bewohnen; die Larven leben in Pflanzengallen, welche die Gallwespen an Pflanzen durch ihren Stich bewirkt und Eier hineingelegt haben. 29) κνίψ, σκνίψ, cynĭphes, kleine, stechende Insekten, welche dem Honige nachgehen, auch die Feigen anstechen. 30) sticht die Blätter (folia) der Eiche (quercus) an. 31) mit langem (longus) Bauche (venter). 32) nach Malpighi, dem Arzte des Pabstes Innocens XII., benannt.

58

T   Cynips[1] tinctorïa[1] L. Färber = Gallwespe (Fig. 215.).
       C. psenes[1] L. Feigen[1] = Gallwespe.
* 18. **Rhodites**[1] rosae[1] L. Rosen[1] = Gallwespe (Fig. 216. u. 217.).

§. 137.   VI. Fam. **Rapientia**[1]. Raubwespen[1] (§. 153, 10.).

a. Ameisen.

T Z * 19. **Formica**[1] rufa[1] L. Waldameise[1], gemeine, braunrothe Ameise.
     *   F. nigra L. Schwarze Ameise (niger schwarz).
     *   F. flava F. Gelbe Ameise (flavus gelb).
     *   F. herculeāna[10] L. Roßameise (große Ameise).
    ‡   F. saccharivŏra[11] L. Zuckerameise[11].
   * 20. **Myrmica**[12] rubra Latr. Rothe Ameise (ruber ob. rubrus roth).
    ‡   M. omnivŏra[13] L. Gefräßige Ameise.

b. Raubwespen (§. 153, 21.).

   * 21. **Crabro**[14] cribrarïus[15] L. Siebwespe[15].
   * 22. **Chrysis**[16] ignita L. Goldwespe[16] (ignitus feuerfarbig = goldgelb).
   * 23. **Sphex**[17] (Ammophïla[18]) sabulōsa[17] L. Sand[18] ob. Grabwespe[17].
   * 24. **Pompilus**[19] viatïcus F. Gemeine Wegwespe (lebt auf Wegen, via).
     *   P. fuscus F. Braunrothe Wegwespe (fuscus braunroth).
      Trypoxÿlon[21] figülus[22] Latr. Töpferwespe[22].

c. Echte Wespen (§. 153, 23.).

  † * 25. **Vespa**[23] crabro[14] C. Horniße[14] (Fig. 218.).
  ‡ *   V. vulgaris L. Gemeine Wespe[23] (vulgaris gemein).
      Polistes[24] chartarïa[25]. Papp = oder Papierwespe[25].

§. 138.   VII. Fam. **Anthophïlae**[26]. Blumenwespen[26] oder Bienen
        (§. 154, 26.).

   * 26. **Dichrōa**[27] gibba[28] F. Gemeine Glattbiene (fast ohne Behaarung).
   * 27. **Hylaeus**[29] fulvo-cinctus[30] Jll. Gelbgürtlige[30] Schmalbiene[31].

---

1) ☞ S. 57, N. 29.   **2)** ihre Gallen dienen zum Färben (tingére färben).
3) ὗτήν, ὗτηνός Gallwespe, ὗτνες die wilden Feigenfrüchte mit den darin
lebenden Gallwespen. **4)** ῥοδἴτης, roséus, zu Rosen (ῥόδον) in Beziehung
stehend (Rosen anbohrend). **5)** verursacht durch ihre Stiche an Rosen (rosa)
die bekannten haarigen Gallen, die sogenannten Rosenäpfel oder Schlafäpfel.
6) rauben für ihre Larven Insekten, Spinnen und auch Honig. **7)** formica
Ameise. **8)** rufus braunroth. **9)** lebt in Wäldern. **10)** nach Hercúles, dem
größten und stärksten unter allen Heroen oder vergötterten Helden des Alter-
thums, benannt; ist unsere größte Ameise. **11)** sacchárum Zucker und vorŭre
gierig fressen. **12)** μύρμηξ, formica, Ameise. **13)** omnía Alles, voráre gierig
verschlingen. **14)** crabro Horniße, d. h. die Gehörnete, wegen ihrer horn-
artigen Fühler. **15)** cribrum Sieb; wegen der weißpunktirten (siebartigen)
Scheibe an den Vorderschienen der Männchen. **16)** chrysis von χρυσίς, goldenes
Gefäß; wegen des goldfarbigen Körpers. **17)** sphex, σφήξ, Wespe. **18)** ἄμμος
Sand und φίλος Freund; liebt leichten Sandboden, in welchen sie sich hinein-
gräbt. **19)** sabulōsus sandig. **20)** πομπίλος gemeiner Pilot, ein Seefisch
☞ S. 35, N. 39. **21)** τρυπάω durchbohren und ξύλον Holz; also Holzbohrer.
22) figulus Töpfer; weil sie ihr in Wänden oder Thürpfosten angelegtes Nest
inwendig mit Thon ausschmiert. **23)** vespa Wespe. **24)** πολιστής Erbauer
einer Stadt (eines Wespennestes, Wespenstaates). **25)** charta Papier; verwan-
delt das abgenagte Holz in eine Papier – ähnliche Masse, um damit ein Nest zu
bauen von Farbe und Festigkeit des Pappendeckels. **26)** ἄνθος Blume und
φίλος Freund; also Blumenfreunde, Blumenwespen. Leben nebst ihren Larven
von Blütenhonig und Blütenstaube. **27)** δίχροος zweifarbig; haben meist einen
zweifarbigen Körper. **28)** gibbus bucklig; wölben oder ziehen den Hinterleib
gern bucklig zusammen. **29)** ὕλαιος im Walde (ὕλη) lebend. **30)** mit roth-
gelben (fulvus) Gürteln umgürtet (cinctus). **31)** hat einen schmalen Hinterleib.

* Hylaeus[1] flavĭpes[2] Jll. Gelbbeinige Schmalbiene.

* 28. **Anthophŏra**[3] parietĭna[4] F. Mauerbiene[4] ob. Mauerwespe[4].

* 29. **Megachĭle**[5] centunculăris[6] F. Rosen= oder Blattschneider[6].

♀♂* 30. **Apis**[7] mellifĭca[8] L. Honigbiene[8] (Fig. 219.).

* 31. **Bombus**[9] terrēstris F. Erdhummel (nistet in die Erde, terra).

* B. lapidarĭus[10] L. Steinhummel[10].

III. Ord. **Lepidoptĕra**[11] (Glossāta[12] F.). Schmet= terlinge[13] (11 Familien. §. 155. Fig. 221—226.). §. 139.

Uebersicht der 11 Familien der Schmetterlinge ob. Falter[13] (§.156.).

I. Diŭrna. Tagfalter (bei Tage, diūrnus, fliegend).

  1. Papilionȳdae. Echte Tagfalter (papilĭo Tagfalter). (Fig. 223.)

  2. Hesperĭdae[15]. Unechte Tagfalter (haben mit Tagfaltern große Aehnlichkeit).

II. Crepusculária. Abendfalter (crepuscŭlum Dämmerung).

  3. Sphingȳdae[16]. Schwärmer oder Schnurrer[17] (Fig. 227.).

  4. Zygaenȳdae[19]. Widderchen[19] (Fig. 229.).

III. Noctŭrna. Nachtfalter (noctūrnus nächtlich, nox Nacht).

  5. Bombycȳdae[20]. Spinner[21] (Fig. 235.).

  6. Noctuădae. Eulen (noctŭa Eule, auch ein Vogel S.16. N.11) (F.244).

  7. Phalaenĭdae[22]. Spanner (d.Raupen bewegen sich spannend fort)(F.246).

IV. Microlepidoptĕra[23]. Klein=Schmetterlinge[23].

  8. Pyralĭdae[24]. Zünsler[25], Lichtmotten (fliegen gern dem Lichte zu)·

  9. Tortricĭdae[26]. Wickler[26] (Fig. 249.).

  10. Tineădae. Motten (tinĕa Motte). (Fig. 250.)

  11. Pterophorĭdae[27]. Federmotten[27].

---

1) Ὗλαῖος; im Walde (ὕλη) lebend. **2)** flavus gelb und pes Fuß; Gelbfuß. **3)** ἀνθο-φόρος Blumen tragend. **4)** baut ihr Nest in Lehmwände (paries Wand), heißt deshalb Mauerbiene. **5)** μέγας groß und χεῖλος Lippe; wegen der starken Kinnbacken. **6)** centuncŭlus kleiner Lappen. Beißen Baum=, besonders Rosenblätter ab und machen daraus fingerhutförmige Röhren, in deren Zellen sie ihre Eier legen. **7)** apis Biene. **8)** Honig (mel) bereitend (facere); daher Honigbiene. **9)** bombus. βόμβος, jeder dumpfe Ton, das Brummen, Summen (der Bienen), deshalb auch Hummel, von hummen, summen, brummen. **10)** bauen in Steinhaufen (lapides Steine, lapidarĭus Steinmetz). **11)** λεπίς Schuppe und πτερόν Flügel; also Schuppenflügler. **12)** γλῶσσα Zunge; wegen ihrer langen Rollzunge. **13)** weil sie mit ihren Eiern beschmitzen, besudeln, beschmieren, wie die Schmeißfliegen. **14)** die Tagschmetterlinge falten die Flügel auf und zu. **15)** ἑσπερία Abendroth, Abendland; Hesperĭdes Hesperiden, Töchter des Hesperus. **16)** σφίγξ ein weibliches Unthier, halb Weib, halb Löwe; weil die Raupen die Stellung einnehmen, in welcher z. B. die Sphinx bei dem alten Theben in Aegypten dargestellt ist. **17)** nach ihrem Tone beim Fliegen. **18)** ζύγαινα Wassernymphe, auch Hammerfisch S. 43, N. 9. **19)** wegen der widderhornartigen Fühler. **20)** βόμβυξ oder bombyx Seidenwurm. **21)** die Raupen spinnen sich in ein Cocon ein. **22)** φάλαινα Lichtmotte, auch Wallfisch (balaena). **23)** μικρός klein und λεπίς Schuppe und πτερόν Flügel; also kleine Schuppenflügler. **24)** πυράλίς Zünsler, von πῦρ Feuer, einem Insekte, von welchem die Alten fälschlich glaubten, es lebe im Feuer. **25)** bairischer Provinzialname für Lichtmotte. **26)** tortor Wickler, tortrix Wicklerin; die Raupen rollen oder wickeln häufig zu ihrem Schutze sich Blätter zusammen. **27)** Pterophŏrus, πτερο-φόρος Flügel=tragend, Flügelträger; mit feder= artig gespaltenen Flügeln; also Federmotten.

§. 140. I. Fam. **Papilionĭdae**[1]. Echte Tagfalter[2] (§. 157,1.).

* 1. **Melitaea**[3] Artémis[4] F. Ehrenpreisfalter[5].
* 2. **Argynnis**[6] Paphïa[7] L. Silberstrich[8], Kaisermantel[9].
*   A. Aglaja[9] L. Großer Perlmuttervogel[10].
*   A. Latonïa[11] L. Kleiner Perlmuttervogel[10].
* 3. **Vanessa**[11] cardüi L. Distelfalter (lebt auf Disteln, cardüus).
*   V. Atalänta[11] L. Admiral, Zahlenschmetterling[14].
*   V. Jo[15] L. Tag-Pfauenauge[15].
*   V. Antiöpa[16] L. Trauermantel (wegen der dunklen Färbung).
‡*   V. polychlöros[17] L. Großer Fuchs[18] (Fig. 223.).
*   V. urticae L. Kleiner Fuchs (lebt auf Brennnesseln, urtica).
*   V. C album L. Weißes C. (Unterseite d. Flügel mit weißem C bezeichnet).
* 4. **Limenitis**[19] popüli[20] L. Pappelfalter[21], großer Eisfalter[22].
* 5. **Apatüra**[22] Iris[23] L. Schillerfalter (mit blauschillernden Flügeln).
* 6. **Hipparchïa**[24] Galathëa[25] L. Brettspiel[26].
*   H. Megaera[27] L. Brauner Augenfalter (hat Augenflecken).
* 7. **Lycaena**[28] Argiölus[29] L. Faulbaumfalter[30].
*   L. Alexis[31] Hüb. Hauhechel-Bläuling[32].
*   L. Adönis[33] (bellargus[34]). Adonis[33] oder himmelblauer Falter.
*   L. Phlaeas[35] L. Goldvogel (hat goldgelbe Flügel).
*   L. betulae[36] L. Kleiner Schwalbenschwanz[37], Nierenfleck[38], Weiß-birkenfalter[36].
*   L. pruni[39] L. Punktband (hat eine schwarzpunktirte Randbinde).
* 8. **Papilïo**[40] Machaon[41] L. Schwalbenschwanz[42].
*   P. Podalirïus[41] L. Segelfalter (wegen d. leichten, segelnden Fluges).

---

1) Papilio Tagfalter. **2)** fliegen nur bei Tage. **3)** Μελιταῖος von der Insel Melita oder Malta. **4)** Ἄρτεμις oder Diana, Göttin der Jagd. **5)** Raupe auf Ehrenpreis (veronica). **6)** Argynnis, Beiname der Göttin Aphrodite oder der Venus der Römer. **7)** Paphia, Beiname der Aphrodite. **8)** Hinterflügel unten mit silbernen Querstreifen, daher auch Kaisermantel. **9)** eine der Grazien. **10)** mit Perlmutterflecken auf der Unterseite der Flügel. **11)** Beiname der Diana. **12)** von φάντς, Fackel, Sonne; wegen der schönen Farben. **13)** Tochter des Jasius. **14)** hat auf der Unterseite der Flügel undeutliche Zahlenzeichen, ähnlich 98 oder 980 oder 78. **15)** Jo, Tochter des Inachus, in eine Kuh verwandelt und dem hundertäugigen Argus zur Bewachung übergeben; hat 4 große Augenflecken, wie der Pfau unter den Vögeln. **16)** Gemahlin des Pieros, Mutter der Pieriden. **17)** πολύ-χλωρος jugendlich frisch gefärbt; eigentlich sehr blaß (χλωρός grün, grüngelblich und dann übertragen, frisch, lebendig). **18)** wegen der rothgelben Farbe. **19)** am Hafen wohnend, Beiname mehrer Gottheiten. **20)** Raupe auf Pappeln (populus). **21)** Raupe überwintert. **22)** ἀπάτη Täuschung und οὐρά Schwanz (Raupe mit zweispitzigem Schwanze); vielleicht richtiger von Apaturia, d. h. Betrügerin, Beiname der Aphrodite. **23)** Göttin des Regenbogens; wegen des Schillerns der Flügel. **24)** eine Reiterabtheilung, von ἵππος Pferd und ἀρχή Oberbefehl; eine der größten Gattungen. **25)** eine Meernymphe. **26)** wegen Aehnlichkeit der Zeichnung mit einem Damenbrette. **27)** eine der Furien. **28)** λύκαινα Wölfin. **29)** kleiner Argus ☞ vorher Note 15. **30)** Raupe auf dem Faulbaume (rhamnus frangula). **31)** ein schöner Jüngling des Asinius Pollio. **32)** wegen der Hauptfarbe; Raupe lebt auf Hauhechel. **33)** ein schöner Jüngling, Liebling der Venus. **34)** bel-Argus, schöner Argus, wie Belladonna gebildet (bellus schön). **35)** Sohn des Ares, welcher den Tempel des Apollo anzündete; wegen der feuerfarbigen Flügel. **36)** Raupe auf Weißbirken (betula alba). **37)** Hinterflügel mit 2 Anhängseln. **38)** wegen des rothgelben Nierenflecks auf den Vorderflügeln. **39)** Raupe auf Schlehen und Pflaumen (prunus). **40)** Schmetterling, die Hauptgattung, welche unsere schönsten Arten enthält. **41)** Machaon und Podalirius, Söhne des Aesculap, berühmte Aerzte. **42)** wegen der Schwalbenschwanz-artigen Flügelanhänge.

‡* 9. **Pontia**⁹⁾ crataegi⁹⁾ L. Hecken- oder Baumweißling⁹⁾.
‡* P. brassicae L. Kohlweißling (Raupe auf Kohl, brassica).
‡* P. rapae L. Rübenweißling (Raupe auf Rüben, rapa).
†* P. napi L. Grünader⁹⁾ (Raupe auf Steckrüben, napus).
* P. sinapis L. Senfweißling (Raupe auf Senfkraut, sinapis).
* P. cardamines⁹⁾ L. Aurorafalter⁹⁾, Kressenweißling⁹⁾.
*10. **Colias**⁹⁾ rhamni⁹⁾ L. Citronvogel⁹⁾, Buttervogel⁹⁾ (Fig. 228.).
*11. **Doritis**¹⁹⁾ Apollo¹⁹⁾ L. Apollo¹⁹⁾ oder Alpenfalter¹²⁾.

II. Fam. **Hesperidae**¹³⁾. Unechte Tagfalter¹⁹⁾ (§. 158,12.). §. 141.

*12. **Hesperia**¹⁹⁾ malvarum Hsg. Malvenfalter(Rp.auf Malven,malva).

III. Fam. **Sphingidae**⁹⁾. Schwärmer⁹⁾ (§. 159,13.). §. 142.

*13. **Sphinx**⁹⁾ Elpenor¹⁹⁾ L. Großer Weinschwärmer¹⁹⁾.
* Sph. euphorbiae L. Wolfsmilchschwärmer (euphorbia Wolfsmilch).
* Sph. ligustri L. Ligusterschwärmer (ligustrum Liguster). (Fig. 227 A.)
‡* Sph. pinastri¹⁹⁾ L. Kiefern- oder Fichtenschwärmer¹⁹⁾.
*14. **Smerinthus**¹⁹⁾ tiliae L. Lindenschwärmer (tilia Linde).
†* S. ocellatus¹⁹⁾ L. Abend-Pfauenauge (im Gegensatze zu dem Tag-Pf.).
* S. populi L. Pappelschwärmer (populus Pappel).
*15. **Acherontia**¹⁹⁾ Atropos¹⁹⁾ L. Todtenkopf¹⁹⁾.
*16. **Macroglossa**¹⁹⁾ stellatarum¹⁹⁾ L. Taubenschwanz.

IV. Fam. **Zygaenidae**¹⁹⁾. Widderchen¹⁹⁾ (§. 160,17.). §. 143.

*17. **Atychia**¹⁹⁾ pruni¹⁹⁾ F. Schlehen-Widderchen.
*18. **Zygaena**¹⁹⁾ filipendulae²¹⁾ L. Steinbrech¹⁹⁾-Widderchen, Johannisvogel¹⁹⁾ (Fig. 229. u. 230.).
‡*19. **Sesia**¹⁹⁾ apiformis¹⁹⁾ L. Bienen¹⁹⁾-Glasflügler¹⁹⁾ oder Bienenschwärmer¹⁹⁾ (Fig. 231.).

1) Meergottheit, Beiname der Venus. **2)** Raupe auf Weißdorn (crataegus). **3)** lebt auf Hecken und ist weiß gefärbt. **4)** Schmetterling mit grünen Adern. **5)** cardamine oder καρδαμίνη Kresse, Nahrung der Raupe. **6)** wegen der halb orangefarbigen Flügel des Männchens. **7)** κολία; eine Art Thunfisch (S. 35), aber Κωλιάς, Beiname der Aphrodite (Venus). **8)** Raupe auf Wegdorn (rhamnus). **9)** wegen der Färbung. **10)** Δωρίτις, die dorische Göttin, Beiname der Venus. **11)** Gottheit der Dichtkunst. **12)** lebt nur auf hohen Gebirgen. **13)** ἑσπερία Abendroth, Abendland; Hesperides, Töchter des Hesperus. **14)** haben einige Aehnlichkeit mit den Tagfaltern. **15)** σφίγξ ein weibliches Unthier ☞ S. 59, N. 16. **16)** wegen des Geräusches beim Fliegen. **17)** Gefährte von Ulysses, von Circe in ein Schwein verwandelt, porcellus (☞ porcellio, Kellerefel). **18)** Raupe auf Weinlaub. **19)** pinaster wilde Fichte. **20)** Raupe auf pinus silvestris und abies. **21)** σμήρινθος Schnur, Borste; weil die Fühler in eine Borste enden. **22)** ocellus Aeugelchen; jeder Hinterflügel mit großem, blauem Augenflecke. **23)** ἀχέρων Fluß in der Unterwelt, die Unterwelt selbst. **24)** Ἄτροπος, von ἀ-τροπος unabwendbar, unerbittlich (das verneinende α und τρέπω wenden), eine der drei Parzen oder Schicksalsgöttinnen der Unterwelt (Klotho, Lachesis und Atropos), die Klotho spinnt den Lebensfaden, Lachesis bestimmt dessen Länge und Atropos schneidet ihn ab (☞ Lachesis S. 32, N. 20). Soll auf die Todtenkopfzeichnung anspielen. **25)** wegen der Todtenkopfzeichnung auf dem Rücken. **26)** μακρός lang und γλῶσσα Zunge. **27)** Raupe auf Sternkräutern (stellatae). **28)** ὑγίαινα Wassernymphe, auch Hammerfisch (S. 43, N. 9). **29)** wegen der Widderhorn-artig gewundenen Fühler. **30)** ἀτυχία Unglück; ob wegen der dunklen Färbung? **31)** Raupe auf Schlehen (prunus). **32)** Raupe auf Steinbrech (spiraea filipendula, deren Wurzeln an Fäden, filum, hängen, pendēre). **33)** fliegt um Johannis. **34)** Sesia, von σής, σητός Motte, daher richtiger Setia. **35)** von Gestalt (forma) einer Biene (apis). **36)** wegen der in der Mitte glasartig durchsichtigen Flügel.

§. 144. V. Fam. **Bombycĭdae**[1]. Spinner[2] (§. 161, 20.).

‡*20. **Heplŏlus**[3] humŭli[4] L. Hopfen[4]=Schmalspinner[4].
  *21. **Saturnĭa**[5] carpĭni[6] Hüb. Hainbuchenspinner[6], kleines Nacht=
      pfauenauge[7] (Fig. 232.).
  *22. **Aglĭa**[7] tau[9] L. Hammerschmied[9].
♆ *23. **Bombyx**[1] mori[10] L. Seiden[11]= oder Maulbeerspinner[10].
  *24. **Gastropācha**[12] quercifolĭa[13] L. Eichen[13]= oder Kupfer=
      glucke[14] (Fig. 233. u. 234.).
‡*   G. pini[15] L. Kiefern[15]= oder Fichtenspinner (Fig. 235.).
‡*   G. lanēstris[16] L. Kirschenspinner (Rp. meist auf Kirschbäumen in Gärten).
‡*   G. processionēa L. Processionssp. (Rp. ziehen processionsartig aus).
‡*   G. pinivŏra[17] Tr. Kiefern=Processionsspinner.
‡*   G. neustrĭa[18] L. Ringelspinner[19] (Fig. 236. u. 237.).
  *25. **Harpȳia**[20] vinŭla[21] L. Hermelinspinner[22] (Fig. 238.).
  *   H. fagi L. Buchenspinner (fagus Buche).
  *26. **Lithosĭa**[23] quadra[24] L. Viereck[24] oder Würfelspinner[24].
  *27. **Notodōnta**[25] camelina[26] L. Erlenspinner[27] (Fig. 239.).
‡*28. **Cossus**[28] lignipērda[29] L. Weidenbohrer (Raupe lebt in Weiden).
‡*   C. aescŭli[30] L. Blausieb[31], Roßkastanienspinner[30] (Fig. 240.).
‡*29. **Lipāris**[32] monācha[33] L. Fichtenspinner[34], Nonne[33] (Fig. 241.).
‡*   L. salĭcis[35] L. Ringelfuß[36], Weidenspinner[37].

---

1) Aristoteles nennt die rauschende Seide βόμβος, daher bombyx oder
βόμβυξ der Seidenspinner; βόμβος, bombus nennt man auch die Hummeln
(S. 59). 2) weil die Raupen sich ein Cocon spinnen. 3) ἠπίολος Lichtmotte;
auf diese Gattung übertragen. 4) Raupe auf Hopfen (humŭlus). 5) Saturnus,
Gott des Ackerbaues. 6) Raupe lebt auf Hainbuchen (carpĭnus). 7) wegen
des Augenflecks auf der Mitte jedes Flügels. 8) ἀγλίη Fleck (weiße Narbe im Auge).
9) wegen des, dem lateinischen t entsprechenden, einem Hammer ähnlichen Fleckens
im Augenflecke der Flügel. 10) Raupe auf dem weißen Maulbeerbaume (morus
alba). 11) die Raupe ist die eigentliche Spinnerin der Seide. 12) γαστήρ
Bauch und πάχος dick; wegen des unverhältnißmäßig dicken Körpers. 13) die
Hinterflügel haben entfernte Aehnlichkeit mit dem Umrisse eines Blatts (folĭum)
der Eiche (quercus). 14) lassen die Spitzen ihrer kupferbraunen Flügel wie
eine brütende Glucke herabhängen. 15) Raupe auf Kiefern (pinus silvēstris).
16) aus Wolle (lana) bereitet; wegen des grauwolligen Afters. 17) Raupe
auf Kiefern (pinus) gierig fressend (vorare). 18) Neustrĭa, der westliche Theil
des alten Galliens, im Gegensatze zu Austrĭa, dem östlichen Theile, Linné
hat den Namen aus dem theatrum insectōrum von Thomas Muffetus
(London 1634) aufgenommen, der den Falter neustria major nennt. Ob viel=
leicht von νεϑστρίρ, natrix (S. 31), eine Schlange, weil die Eier im Kreise
schlangenförmig um die Zweige gelegt werden. 19) legt die Eier ringförmig
um die Zweige der Obstbäume. 20) Harpȳia, mythisches Raubwesen, halb
Vogel und halb Frauenzimmer, ein Bild des schmutzigen Raub= und Habsucht.
21) weil die Raupe mit rothen Weinflecken (vinum Wein) besprengt ist. 22) wegen
des zart weißwolligen Leibes. 23) λίθος Stein; weil die Raupe von auf Stein
wachsenden Flechten lebt. 24) weil die Flügel einen viereckigen oder Würfel=
fleck haben (quadra Viereck). 25) der Schmetterling hat auf dem Rücken (νῶτος)
einen zahnartigen Haarschopf (ὀδούς. -όντος Zahn). 26) camelinus, kameel=
artig; wegen der Rückenhöcker der Raupe. 27) Raupe auf Erlen. 28) Cossus
heißt bei Plinius irgend eine Holzlarve, Holzwurm. 29) lignum Holz
und perdĕre zerstören. 30) Raupe lebt auch auf Roßkastanien (aescŭlus
hippocastānum). 31) Flügel weiß, mit vielen schwarzblauen Punkten, sieb=
artig. 32) λιπαρός fettig, glänzend; Lipāris bei Plinius ein Fisch. 33) Nonne,
wegen der schwarzen Zeichnung auf weißem Grunde. 34) Raupe auf Fichten ꝛc.
35) Raupe auf Weiden (salix). 36) der Schmetterling hat weiße, schwarz=
geringelte Beine. 37) hat schmale Flügel.

‡* Lipáris[1] dispar[2] L. Schwammspinner[3], Großkopf[4] (Fig. 242.).

‡* L. chrysorrhoea[5] L. Goldafter (der weiße Leib hat gelbe Afterwolle).

‡* L. auriflúa[6] F. Schwan (wegen der weißen Farbe des Falters).

†* 30. **Pygaera**[?] bucephàla[?] L. Wappenträger[?].

‡* 31. **Orgyïa**[10] pudibúnda[11] L. Buchen[12] = ob. Wallnußspinner[12] (F.243.).

†* 32. **Euprepia**[13] Caja[14] L. Gemeiner Bärenspinner[15].

*33. **Psyche**[16] pulla[17] Esp. Kleiner[17] Sackträger[18].

VI. Fam. **Noctuädae**[19]. Eulen[19] (§. 162,31.). §. 145.

†* 34. **Acronycta**[19] psi L. Pfeileule (Flügel mit pfeilähnlichem psi, ψ).

‡* 35. **Episéma**[21] caeruleocephàla[22] L. Blaukopf[22], Brillenvogel[23], Doppelfleck[23] (Fig. 244.).

‡* 36. **Agrótis**[24] segetum[25] Hüb. Winterjaateule[25].

‡* 37. **Xylina**[26] gramínis[27] L. Graseule[27].

†* 38. **Hadéna**[28] capsincóla[29] Hüb. Lychnissamen[29] = Eule.

* 39. **Mamëstra**[30] pisi L. Erbsen-Eule (Raupe auf Erbsen, pisum).

†* M. oleracéa L. Gemüse-Eule (Raupe auf Gemüsepflanzen, olus).

†* M. chenopodii F. Gänsefuß-Eule (Rp. auf Gänsefuß, chenopodium).

‡* M. brassicae L. Kohleule (Raupe auf Kohl, brassica). (Fig. 245.)

‡* 40. **Trachëa**[31] piniperda[32] Esp. Kiefern- oder Föhreneule, Wald-verderber (für Kieferwälder vorzüglich verderblich).

†* T. atríplicis L. Meldeneule (Raupe auf Melden, atríplex).

‡* 41. **Plusïa**[33] gamma[34] L. Gamma[34] =, Ypsilon[34] = od. Pistoleneule[34].

---

1) λιπαρός fettig, glänzend; Lipáris bei Plinius ein unbekannter Fisch. **2)** ungleich; weil Männchen und Weibchen an Größe sehr verschieden sind. **3)** das Weibchen überzieht die Eier mit einer grauen Afterwolle, so daß sie einem Schwamme ähneln. **4)** wegen des unverhältnißmäßig großen Kopfes. **5)** χρυσός-ῥοια Gold-fluß, wegen der gelben Afterwolle. **6)** aurum Gold und fluere fließen, also goldfließend; wegen der gelben Afterwolle. **7)** πυγή After und αἴρω in die Höhe heben; wegen der aufrechten Haarbüschel auf den letzten Ringeln der Raupe. **8)** βου-κέφαλος eigentlich ochsenköpfig, eine Art thessalischer Pferde, namentlich Alexanders Leibpferd. **9)** Flügelspitze mit wappenförmigem Flecke. **10)** ὀρέγω vorausstrecken und γυῖον Glied (Fuß); daher auch Streckfuß, weil der Falter die Vorderfüße weit vorstreckt. **11)** pudibúndus verschämt, weil die Falter Tags mit niederhängendem Kopfe sitzen. **12)** Raupe auf Buchen und Wallnußbäumen. **13)** εὐ-πρέπεια Schönheit. **14)** Cajus römischer Vorname, auch Gajus der Bräutigam und Gaja die Braut (die nächstverwandten Falter nennt Linné ähnlich virgo Jungfrau ꝛc.). **15)** wegen bärenartiger Behaarung der Raupen. **16)** ψυχή Hauch, Seele, auch ein Schmetterling als Sinnbild des Lebens und der Unsterblichkeit. **17)** pullus, ein junges Thier, daher klein. **18)** Raupen in aus Pflanzenstoffen zusammengesponnenen Röhren, Säcken, lebend. **19)** noctúa Eule, auch ein Vogel (S. 16, N. 11); haben einen Halskragen, ähnlich den Eulen unter den Vögeln. **20)** ἀκρό-νυχος im Anfange der Nacht, Abends (fliegend). **21)** ἐπίσημος mit einem Zeichen versehen. **22)** Raupe mit blauem (caeruleus) Kopfe (κεφαλή). **23)** auf jedem Vorderflügel mit einem brillenartigen Doppel-flecke. **24)** ἀγρότης, weiblich ἀγρότις d. h. ländlich, Landmädchen; lebt auf den Saaten (segetes). **25)** Raupe frißt an den Wurzeln der Wintersaatfrüchte. **26)** ξύλινος hölzern (ξύλον Holz); wegen der Färbung. **27)** Raupe an Graswurzeln (gramen Gras). **28)** ᾄδης Unterwelt, Hades, wegen der dunkeln Färbung. **29)** Raupe bewohnt (colere bewohnen) die Fruchtkapseln (capsulae) der Lichtnelken (lychnis). **30)** ein von Hübner aufgestellter, unerklärlicher Gattungsname. **31)** τραχύς, εῖα, υ, uneben, rauh; daher Trachëa auch ein bergiger Theil Siciliens. **32)** Kiefern (pinus silvestris) zerstörend (perdere). **33)** πλούσιος reich; wegen der Metall-flecken. **34)** hat auf den Vorderflügeln ein Zeichen, welches mit dem griechischen Buchstaben Gamma (γ) oder mit einem y oder einem Pistolenhalter Aehnlichkeit hat.

†* 42. **Triphaena**[1] pronuba[2] L. Sauerampfer-Eule[3].

* 43. **Catocäla**[ ] fraxini[ ] L. Blanes Ordensband[ ].

§. 146. VII. Fam. **Phalaenïdae**[ ] (Geomëtrae). Spanner[ ] (§. 163, 44.).

†* 44. **Amphidäsys**[9] betularia[10] L. Ast[11]- oder Birkenspanner[ ].

‡* 45. **Fidonïa**[12] piniaria[13] L. Kiefern- oder Fichtenspanner.

‡ * F. defoliaria[14] L. Blattränber[ ], Waldlindenspanner[15] (Fig. 246.).

‡ * F. wawaria[ ] L. Johannisbeerspanner (Raub auf Johannisbeeren).

‡* 46. **Acidalïa**[17] brumata[18] L. Winterspanner[ ], Obst-Spann-raupe[19], Frostschmetterling[ ].

* 47. **Cidarïa**[ ] prunata[21] L. Zwetschenspanner[ ].

†* 48. **Zerëne**[22] grossulariata[23] L. Stachelbeerspanner[ ], Dinten-fleck[24], Harlekin[25] (Fig. 247.).

* 49. **Ennömos**[ ] prunaria[27] L. Pflaumenspanner[ ].

‡* E. lituraria[28] L. Blaugrauer Kiefernspanner[ ].

* 50. **Acaena**[29] sambucaria[30] L. Hollunderspanner[ ], Spitzschwanz[ ].

§. 147. VIII. Fam. **Pyralïdae**[ ]. Zünsler ob. Lichtmotten[ ] (§.164,51.).

†* 51. **Pyrälis**[31] pinguinalis[33] L. Schmalz[ ]-Zünsler, Fettschabe[ ].

†* 52. **Scopüla**[34] frumentalis[35] L. Saat[ ]-Motte.

‡* S. margaritalis[36] Hüb. Pfeifer in der Rübsaat[37] (Fig. 248.).

†* 53. **Asopïa**[38] farinalis[39] L. Mehl[ ]-Zünsler.

†* 54. **Botys**[40] urticalis[41] Hüb. Brennnessel[ ]-Zünsler.

‡* B. forficalis[42] L. Kohl-Zünsler (Raupe auf Kohl).

§. 148. IX. Fam. **Tortricïdae**[43]. Wickler[ ] (§. 165,55.).

‡* 55. **Carpocäpsa**[44] pomonana[45]. Apfel-Wickler (Rp. in Aepfeln).

---

1) Τρι-φαινα die 3fach Leuchtende; vielleicht von τρυφαινα die Ueppige, eine Hetäre in Athen. **2)** pronuba Brautfrau, welche für die Braut bei Hochzeiten das Erforderliche besorgte, auch Beiname der Juno. **3)** Raupe lebt auf Sauer-ampfer (rumex). **4)** κάτω unten und καλός schön; auf der Unterseite schön gefärbt. **5)** Raupe auf der Eiche (fraxinus). **6)** Hinterflügel mit hellblauer Mittelbinde. **7)** φάλαινα Lichtmotte, auch Wallfisch (balaena). **8)** bewegen sich spannend d. h. mit gewölbtem Rücken. **9)** ἀμφι-δάσυς ringsum rauh, mit Trodbeln, Franzen. **10)** Raupe auf Birken (betüla). **11)** Raupe ist astähnlich gefärbt. **12)** Göttin der Lustwälder. **13)** Raupe auf Kiefern (pinus silvestris). **14)** defoliare entblättern (folium Blatt); daher Blattränber. **15)** Raupe auf Wald- und Obstbäumen. **16)** mit einem W-Zeichen auf den Flügeln. **17)** Aci-dalïa Beiname der Venus. **18)** fliegt zur Winterzeit (bruma Winter, d. h. brevissima dies), selbst noch bei Frostwetter. **19)** Raupe vorzüglich auf Obst-bäumen schädlich. **20)** Cidarïa Beiname der Ceres. **21)** Raupe auf Zwetschen (prunus). **22)** Zerene Beiname der Venus. **23)** Raupe auf Stachelbeeren (ribes grossularia). **24)** Flügel mit runden, schwarzen Flecken. **25)** wegen der bunten Färbung. **26)** ἔννομος rechtmäßig, gesetzlich. **27)** Raupe auf Pflaumen (prunus). **28)** Flügel mit einer Querbinde (Wische, litūra). **29)** ἄκαινα Stachel; wegen der geschwänzten Flügel; daher auch Spitzschwanz. **30)** Raupe auf Hollunder (sambūcus). **31)** πυράλίς Zünsler, ein Insekt, von dem die Alten glaubten, es entstehe und lebe im Feuer (πῦρ). **32)** Lichtmotten, im Bairischen Zünsler; fliegen gern dem Kerzenlichte zu. **33)** pinguis fett; Raupen von Fettwaaren, Schmalz ꝛc. lebend. **34)** kleiner Besen (scopa), Bürste, dünnes Gezweige. **35)** Raupe auf Saat- oder Getreidefeldern (frumentum Getreide). **36)** margarita Perle. **37)** Raupe frißt in die Rappsschoten Löcher, so daß sie Flöten oder Pfeifen ähneln. **38)** Asopïa Beiname der Ceres. **39)** Raupe lebt im Mehle (farina). **40)** βώτης Hirtin. **41)** Raupe auf Brennnesseln (urtica). **42)** forfex Scheere. **43)** tortor Wickler, tortrix Wicklerin; die Raupen wickeln sich zu ihrem Schutze häufig Blätter zusammen. **44)** καρπός Frucht und κάπτω zuschnappen, gierig fressen. **45)** Pomona Göttin des Obstes.

‡ * 56. **Penthina** ⁾ pruniāna ⁾ Hüb. Zwetschen ⁾ = Wickler.

‡ * 57. **Tortrix** ⁾ viridāna ⁾ L. Eichen ⁾ = Wickler (Fig. 249.).

‡ *   T. Bergmanniana ⁾ L. (rosana ⁾ Hüb.). Goldgelber ⁾ Rosen = Wickler.

† *   T. Forskaeleäna ⁾ L. Gartenrosen = Wickler (Raupe auf Gartenrosen).

‡ * 58. **Coccyx** ¹⁾ Buoliäna ¹⁾ F. Kieferntrieb ¹⁾ = Wickler.

   *   C. turionäna ¹⁾ L. Kiefernknospen = Wickler (Rp. in Kiefernknospen).

   *   C. strobiläna ¹⁾ L. Tannenzapfen = Wickler (Rp. in Fichtenzapfen).

   *   C. Hercyniana ¹⁾. Fichten-Nestwickler (Rp. im Innern d. Fichtennadeln).

   *   C. duplana Hüb. (duplex doppelt so groß).

X. Fam. **Tineädae** ⁾. Motten ⁾ od. Schaben ⁾ (§. 166,59.). §. 149.

‡ * 59. **Tinëa** ¹⁾ granēlla ¹⁾ L. Kornmotte ¹⁾, weißer Kornwurm ¹⁾ (F. 250.).

† *   T. pellionella ¹⁾ L. Pelzmotte ¹⁾, Haarschabe ²⁾ (Fig. 251.).

‡ *   T. sarcitella ²⁾ L. Kleidermotte (Raupe in Wollstoffen).

† *   T. tapetzëlla ²⁾L.. Tapeten²⁾ = od. Kutschenmotte, weißköpfige Tuchmotte²⁾.

   *   T. roborēlla ²⁾ Tr. Eichenblatt = Minirraupe ²⁾ (Fig. 252.).

‡ * 60. **Hyponomeuta** ²⁾ evonymēlla L. Spindelbaum = Schnauzen-
           motte (Raupe lebt auf dem Spindelbaume, evonymus).

‡ * 61. **Galleria** ⁾ cerēlla²⁾ Hüb. Honig ²⁾ = oder Wachsschabe ²⁾.

   * 62. **Adēla** ²⁾ de Gerēlla ²⁾ L. Degeer's ²⁾ Langfühler ²⁾.

XI. Fam. **Pterophoridae** ³⁾. Federmotten ³⁾ (§. 167,63.). §. 150.

   * 63. **Pterophorus** ³⁾ pentadactylus ³⁾ L. Fünffeder ³⁾.

IV. Ord. **Diptëra** ³⁾ (Antliāta ³⁾ F.). Zweiflügler ³⁾, §. 151.

Fliegen (4 Familien. §. 168.).

I. Proboscidëa ³⁾. Rüsselfliegen.

I. Fam. **Nematocëra** ³⁾. Mücken, Langhörner ⁾ (§. 170,1.).

---

1) Πένθος Trauer; wegen der schwärzlichen Zeichnung. **2)** Raupe auf Zwet-
schenbäumen (prunus). **3)** tortrix das Femininum von tortor (torqueo
drehen, winden). **4)** viridis grün. **5)** Raupe auf Eichen. **6)** nach Tobern
Bergmann, Prof. zu Upsala, benannt († 1784). **7)** Raupe auf Gartenrosen (rosa).
8) wegen der Farbe. **9)** nach Peter Forstal, Prof. der Naturgeschichte zu
Kopenhagen u. berühmter Reisender, benannt († 1765). **10)** κόκκυξ Kuckuck. **11)** nach
dem Eigennamen Bnol benannt. **12)** Raupe in den Trieben der Kiefer.
13) turiones Sprossen, Schößlinge. **14)** strobilus Zirbelnuß (Tannenzapfen).
15) am Harze (Hercynia) zuerst entdeckt. **16)** tinea. Motte (Motte nieder-
sächsisch mutta, verwandt mit Made, althochdeutsch mada. niedersächsisch made.
17) die Raupen verpuppen sich in abgeschabten Thier = und Pflanzenstoffen.
18) von granum Korn, Kornfrucht, worin die Raupe lebt; daher Kornmotte,
Kornwurm. **19)** pellis Haut, Pelz, pellio Kürschner ☞ S. 48. **20)** ver-
puppt sich in abgeschabten Haaren. **21)** sarcio ausbessern, flicken, sarcina zu-
sammengeschnürtes Bündel. **22)** tapete, Teppich, zur Bekleidung der Wände,
Fußböden ꝛc. **23)** Schmetterling mit weißem Kopfe und dessen Raupe in
Wolltuch und in den damit ausgeschlagenen Kutschen. **24)** robur Steineiche.
25) Raupe minirt in Eichenblättern. **26)** ὑπονομεύω ich minire. **27)** gal-
leria ein bedeckter Gang (worin die Raupen leben). **28)** Raupen leben in
Bienenhäusern in Gängen von Wachs. **29)** ἄδηλος versteckt, verborgen; Rau-
pen leben in zusammengesponnenen Säcken. **30)** nach dem verstorbenen berühm-
ten schwedischen Hofmarschall und Insektenforscher Carl de Geer benannt.
31) Fühler über 5mal länger als der Körper. **32)** πτερο-φόρος Flügel tra-
gend. **33)** mit federartig gespaltenen Flügeln. **34)** πεντα-δάκτυλος fünf-
fingerig (mit 5 Federn). **35)** jederseits mit 5 Flügeln. **36)** δί-πτερος zwei-
flüglig (πτερόν Flügel). **37)** ἀντλίον Schöpfeimer (Schöpfrüssel). **38)** νῆμα
Faden und κέρας Horn, Fühler. **39)** haben lange Fühler. **40)** proboscis,
προβοσκίς, Saugrüssel.

§. 151.

‡* 1. **Culex** [1] pipĭens [2] L. Gemeine Stechmücke (Fig. 253. u. 255.).

‡ **Mosquitos.** Spanischer Collectivname für viele verschiedene Stechmücken (musca Fliege).

* 2a. **Ceratopŏgon** [3] commūnis [4] F. Gemeine Bartmücke [3].

‡* C. pulicāris [5] L. Floh [5] = Bartmücke, Gnitzen, Griebeln [15].

* 2b. **Chironŏmus** [6] plumōsus [7] L. Federmücke [8] (Fig. 256.).

‡* 3. **Cecidomyïa** [9] pini [10]. Kiefernharz [10] = Gallmücke [9] (Fig. 257.).

* C. fagi Htg. Buchen=Gallmücke (erzeugt Gallen auf der Buche, fagus).

†* C. piri. Birnmücke (Larve in zurückgerollten Bltrn d. Birnbaums, pirus).

* C. salicīna [11]. Weiden [11] = Gallmücke.

* 4. **Psychŏda** [12] phalaenoīdes [13] L. Gemeine Schmetterlingsmücke [12].

†* 5. **Simulïa** [14] reptans [15] L. Gem. Kriebelmücke [15], Griebeln [15], Gnitzen [15].

‡ S. maculāta [16] M. Kolumbatscher [17] Mücke (Fig. 258.).

†* 6. **Bibio** [18] Marci [18] L. Marcus=Haarmücke [18].

†* B. Johannis L. Johannis-Haarmücke (erscheint um Johannis in Menge).

‡* B. hortulānus [20] L. Garten [20]=Haarmücke.

* 7. **Limnobïa** [21] nubeculōsa [22] M. Wolfige [22] Wiesenmücke [22], Schnake.

* L. punctāta M. Punktirte Wiesenmücke (punctatus mit Punkten).

†* 8. **Tipŭla** [23] pratēnsis [25] L. Wiesen [25]=, Bach [24]= oder Pferdemücke [26].

‡* T. olerācea [27] L. Gemüse [27]= od. Wiesenschnake (lebt auch auf Wiesen).

* **Sciāra** [28] Thomae [29]. Trauermücke [28], Heerwurm [30].

II. Fam. **Pulicīna** [31]. Flöhe [32] (§. 171, 9.).

‡* 9. **Pulex** [31] irrītans [32] L. Gemeiner Floh (Fig. 259.).

‡ P. penetrans [33] L. Sandfloh [34], Chique [35], Hautfloh [34], Bicho [36], Bischus [36], Tunga [36].

1) Culex Mücke, Schnake. 2) pipĭo pipen (fingen, pfeifen ꝛc.). 3) κέρας Fühler und πώγων Bart; also Bartmücken, weil die untersten Fühlerglieder beim Männchen auswärts mit langen Haaren besetzt sind. 4) commūnis gemein. 5) pulex Floh; wegen ihrer Kleinheit. 6) χειρο-νόμος Hände bewegend; halten die auffallend langen Vorderbeine beim Sitzen weit vorgestreckt und bewegen sie zuckend; daher auch Zuckmücke. 7) Fühler fein befiedert (pluma Flaumfeder). 8) wegen der federartig behaarten Fühler. 9) κηκίς Gallapfel und μυῖα Mücke, Fliege; also Gallmücke; weil sie Gallen erzeugen, wie die Gallwespen ☞ S. 57. 10) die Fliege befestigt ihren Harzcocon an Kiefernadeln. 11) Larven in den vertrockneten Zweigspitzen der Weiden (salix). 12) ψυχή Hauch, Schmetterling und εἶδος Gestalt; daher Schmetterlingsmücke. 13) phalaena Lichtmotte, Spanner und εἶδος Gestalt, einem Spannerfalter ähnlich. 14) simŭlo nachahmen, betrügen, simultas das feindliche Aneinanderkommen zweier Personen, Feindschaft. 15) kriechend; weil sie durch Kriechen auf Händen und Gesicht ein kriebelndes Gefühl verursachen; daher auch Kriebeln, Griebeln oder Gnitzen genannt (vielleicht vom Angelsächsischen gnaet oder gnat Mücke). 16) gefleckt. 17) vom Dorfe Kolumbacz in Serbien benannt. 18) biblo ein kleines, im Wein sich erzeugendes Insekt der Alten. 19) erscheint im April um den Marcustag in Menge. 20) hortulānus Gärtner; lebt in Gärten (hortus). 21) λιμνό-βιος im Sumpfe lebend (die Larve). 22) Flügel braun gewölbt (nubeculōsus, von nubes Wolken). 23) häufig auf Wiesen. 24) tipula, bei den Alten ein schnell über das Wasser laufendes Insekt, etwa Wasserspinne. 25) auf Wiesen (prata) lebend, an Bächen. 26) Pferdemücke, d. h. große Mücke. 27) die Larve zerstört in Gärten die Wurzeln der Gemüsekräuter (olus). 28) σκιαρός schattig; wegen der rußfarbigen Flügel; daher auch Trauermücke ☞ Sciūrus. 29) nach dem heiligen Thomas benannt. 30) die mitunter in großer Zahl vorkommenden Larven bilden zusammengeklebt eine einem Seile oder einer Schlange ähnliche Masse, welche als Heerwurm oder Heerschlange beim Volke bekannt ist. 31) pulex Floh. 32) irrītans aufreizend, stechend. 33) durchdringend (die Haut). 34) lebt im Sande und bohrt sich in die Haut der Säugethiere. 35) vom spanischen chico klein. 36) brasilischer Name und Tunga der peruanische Name dieses Flohes.

III. Fam. **Brachycĕra**[1]. Fliegen, Kurzfühler[1] (§.172,10). §. 152.

* 10. **Asĭlus**[2] germanĭcus[3] L. Deutsche[3] Raubfliege[4].
* 11. **Dioctrĭa**[5] rufĭpes[6]. Rothbeinige[6] Habichtsfliege[7].
* D. oelandĭca[8] L. Oeländische[8] Habichtsfliege[7].
* 12. **Conops**[12] flavĭpes[11] L. Gelbbeinige[11] Dickkopffliege[12].
* 13. **Empis**[12] tesselāta[13] F. Würfel[13]=Schnepfenfliege[14].
* 14. **Leptis**[14] scolopacĕa[16] L. Schnepfen[16]=Tanzfliege[17].
* L. tringarĭa L. (tringa Strandläufer, den Schnepfen verwandter Vogel).
* 15. **Bombylius**[18] medĭus[19] L. Mittlerer[19] Wollschweber[20] oder Schwebfliege[20].
* 16. **Anthrax**[1] semiātra[22]. Halbschwarzer[22] Trauerschweber[20], Trauerfliege[1].
+* 17. **Oxyptĕra**[1] brassicarĭa[24] F. Kohl[24]=Walzenfliege[25].
* 18. **Tachĭna**[26] grossa L. Große Raupenfliege[27] (grossus dick, groß).
* T. fera[26] L. Gemeine Raupenfliege[27].
+* 19. **Stomŏxys**[29] calcĭtrans[30] L. Gemeine Stechfliege[29], Wadenstecher[30].
+* 20. **Sarcophăga**[31] carnarĭa[1] L. Graue Fleisch[1]= oder Schmeiß= fliege[1] (Fig. 260.).
+* S. haemorrhoĭdalis[33]. After[33]=Schmeißfliege[1].
* S. mortuōrum[1] L. Leichenfliege[34].
+* 21. **Musca**[35] domestĭca[36] L. Stubenfliege[36] (Fig. 253 A.).
+* M. rudis[37] F. Filzige Stubenfliege (wegen des filzigen Thorax).
+* M. vomitorĭa[1] L. Brechfliege[38], Brummer[39], Schmeißfliege[1] (F. 261.).
* M. Caesar[40] L. Goldfliege[40], Kaiserfliege[40].
* 22. **Gymnosŏma**[41] rotundāta[42] L. Rundliche[42] Kugelfliege[42].

---

1) Von βραχύς kurz und κέρας Fühler. **2)** asilus bei Plinius eine das Vieh stechende Fliege (Viehbremse). **3)** in Deutschland lebend (germanĭcus deutsch). **4)** raubt andere Insekten. **5)** διώκτηρ Verfolger. **6)** mit rothen (rufus) Beinen (pedes). **7)** rauben gleich Habichten. **8)** auf Oeland, einer schwedischen Insel an der Ostseeküste, zuerst entdeckt. **9)** κώνωψ Stechmücke. **10)** mit gelben (flavus) Beinen (pedes). **11)** wegen des dicken Kopfes. **12)** ἐμπίς Stechmücke. **13)** gewürfelt, wegen der Würfelflecken. **14)** wegen des langen Rüssels. **15)** λεπτός schmal, dünn; wegen des schmalen Körpers. **16)** scolŏpax Schnepfe; wegen des langen Rüssels. **17)** Abends in der Luft tanzend. **18)** βομβύλιος, bombylius, ein summendes Insekt, Hummel S. 59, N. 9. **19)** die mittlere (medius) der Schwebfliegen. **20)** wegen der wolligen Behaarung und des leichten Fluges. **21)** ἄνθραξ Kohle; wegen der schwärzlichen Flügelfärbung. **22)** halb (semi) schwarz (ater). **23)** ὀξύ-πτερος spitzflüglig, schnellflüglig (wurde vorzüglich vom Habichte gebracht). **24)** die Larve lebt an den Wurzeln des Gartenkohls (brassĭca Kohl). **25)** wegen des walzigen Körpers. **26)** ταχινός oder ταχύς schnell. **27)** legen ihre Eier vorzüglich in Raupen. **28)** ferus wild; wegen des schnellen Fluges. **29)** στόμα Mund, Maul und ὀξύς spitz; also Spitzmaul, Stechfliege. **30)** calcĭtro mit den Fersen (calx) hintenausschlagen: weil sie das Vieh in die Beine sticht, so daß die Thiere hinten= ausschlagen. **31)** σαρκο-φάγος Fleisch fressend; legt ihre Eier an faulendes wie frisches Fleisch (caro Fleisch). **32)** Schmeißen heißen die Eier und Larven der Schmeißfliege, weil sie das Fleisch beschmitzen oder beschmutzen (Geschmeiß oder Schmutz). **33)** αἱμόρ-ροια Blutfluß, Hämorrhoiden, weil die Afterspitze blutroth ist S. 46, N. 17. **34)** mortui Todte; die Fliege legt ihre Eier zu= weilen an menschliche Leichen; deren Larven heißen Leichenwürmer. **35)** musca Fliege, Gemeinfliege, die bekannteste, gemeinste Gattung. **36)** in Häusern (domus), namentlich in Stuben häufig. **37)** roh, wild. **38)** vomĕre würgen, erbrechen; soll das Genossene leicht wieder ausbrechen können. **39)** summt stark. **40)** caesar Kaiser; daher Kaiserfliege; wegen des Goldglanzes. **41)** mit nacktem, unbehaartem (γυμνός) Körper (σῶμα). **42)** zugerundet oder rundlich (rotŭndus rund); daher Kugelfliege.

§. 152.

+ * 23. **Psila**[1] rosae F. Rofen = Nachtfliege[1] (rosa Rofe; weßhalb?).

* 24. **Anthomyïa**[1] lardaria[3] F. Fleifch[1] = Blumenfliege[1].

*   A. meteorica[1] L. Gewitterfliege[1].

*   A. pallida F. Blaffe Blumenfliege[1] (pallidus blaßgelb).

+ *   A. cepärum. Zwiebelfliege (die Larven leben in Zwiebeln, allium cepa).

+ * 25. **Piophila**[1] casëi[1] L. Gemeine Käfefliege[1].

* 26. **Scatophäga**[7] stercoraria[1] L. Mift[8] = Dungfliege[1].

*   S. merdaria F. Koth = Dungfliege[1] (merda Koth).

*   S. furcäta[9] F. Gabel = Dungfliege[1].

* 27. **Xylöta**[10] pipiens[11] L. Gem. Sägefliege (hat ftachlige Hinterfchenkel).

+ * 28. **Merödon**[12] narcissi[13] F. Narciffen[13] = Schenkelfliege[12].

* 29. **Eristälis**[14] tenax[15] L. Zähe[15] Schlammfliege[10] (Fig. 262.).

*   E. intricarius L. (intricarïus ein Verwirrer, intrïco verwirren).

*   E. arbustörum[17] L. Garten[17] = Schlammfliege.

*   E. florëus L. Blumen = Schlammfliege (auf Blumen, flores, lebend).

* 30. **Syrphus**[18] pirastri[19] L. Birnbaum[19] = Schwebfliege[20] oder Blattlausfliege[21].

*   S. ribesii[22] L. Johannisbeer[22] = Schwebfliege.

*   S. balteätus. Gürtel = Schwebfliege (mit Gürteln; balteätus umgürtet).

*   S. taeniätus M. Band = Schwebfliege (mit Binden; taenïa Binde).

+ * 31. **Oestrus**[23] ovis[24] L. Schafbremfe[23], Schafdaffelfliege[23] oder Schafbicsfliege[25].

+ *   O. bovis L. Rinderbremfe (bos Dchs, Rind).

+ * 32. **Gastrus**[27] equi[28] F. Pferdebremsfliege[26].

+ *   G. haemorrhoidälis[29] F. After = oder Maftbarmbremfe[30].

* 33. **Stratiömys**[31] chamaeleon[32] L. Gemeine Waffenfliege[31].

*   S. hydroleon[33] L. Waffer[33] = Waffenfliege[1].

---

1) Ψίλος kahl, nackt; mit nacktem Untergefichte. **2)** ἄνθος Blume und μυῖα Fliege; alfo Blumenfliege; leben meift auf Blumen. **3)** lardarïus Speckhändler (☞ Dermestes S. 48), legt ihre Eier auch an Speck (larduin) oder Fleifch. **4)** meteorifch, von μετέωρα, die Erfcheinungen am Himmel, in der Luft, die Witterungsveränderungen betreffend, wozu auch Gewitter gehören, bei deren Herannahen fie dem Viehe vorzüglich läftig werden. **5)** πίον Fettigkeit, fette Milch und φίλη Liebhaberin. **6)** die Larven (Maden) leben im Käfe (caseus). **7)** σκατο-φάγος Koth oder Dünger freffend; daher Dungfliege. **8)** die Larven leben im Mifte (stercus). **9)** furca Gabel, wegen der 2 Borften auf dem Schildchen. **10)** ξύλον Holz; die Larven leben meift in faulendem Holze. **11)** pipïo pipen (fingen). **12)** μηρός Schenkel und ὀδός Zahn: Hinterfchenkel verdickt und an der Spitze mit einem Zahne. **13)** die Larve frißt die Zwiebeln der Narciffe (narcissus) aus. **14)** eristälis bei Plinius ein unbekannter Edelftein (Opal?); weßhalb? **15)** tenax zähe; wegen der Zähigkeit der Larven, von denen Geoffroy angiebt, daß fie einft in der Papiermaffe einer Papiermühle unverfehrt geblieben feien, obgleich die Stampfen beftändig wirkten und die Papiermaffe mit den Larven herumtrieben. **16)** Larven im Schlamme, Gaffenkothe, moderndem Holze ꝛc. **17)** in Baumgärten (arbusta) lebend. **18)** σύρφος oder σέρφος, ein kleines, geflügeltes Infekt, eine Mückenart oder geflügelte Ameife. **19)** piräster wilder Birnbaum. **20)** können lange an derfelben Stelle in der Luft fchweben bleiben. **21)** die Larven der Schwebfliegen gehören zu den nützlichften Blattlausvertilgern. **22)** Larve auf Johannisbeeren (ribes). **23)** oestrus, οἶστρος, Viehbremse. **24)** ovis Schaf. **25)** Dafe oder Bremfe, von dasen oder tosen. **26)** Biesfliege, von biffen (fchweizerifch hiesen, brummen, fummen), ein Ton-nachahmendes Wort wie piffen. **27)** γαστήρ Bauch (Larven im Magen u. Darmkanale des Bauches anderer Thiere). **28)** Larve im Magen des Pferdes (equus). **29)** ☞ S. 67, N. 33. **30)** die Larven leben im Maftdarme des Pferdes und werden fpäter durch den After ausgeworfen. **31)** στράτιος kriegerifch und μυῖα Fliege; wegen der 2 Dornen auf dem Schildchen. **32)** λέων, ein Löwe auf der Erde (χαμαί); daher Chamaeleon S. 29. **33)** λέων ein Löwe im Waffer (ὕδωρ); Larve lebt im Waffer.

†*34. **Chrysops**[1] caecutiens[2] L. Gemeine Blindbreme[3].
†*35. **Tabānus**[4] bovinus[5] L. Ochsen= oder Rindsbreme[6] (Fig.263.).
†*36. **Haematopōta**[7] pluvialis[8] L. Regenbreme[9].

*II. **Eproboscidĕa**[29]. Rüssellose Fliegen (Parasiten).* §. 153.

IV. Fam. **Pupipāra**[9]. Lausfliegen (§. 173,37.).

†*37. **Hippobōsca**[10] equina L.. Pferdelausfliege (equus Pferd).
‡*38. **Melophāgus**[11] ovinus[12] L. Schaflaus[13], Zeke[13] ob. Teke[13].

V. Ord. **Neuroptĕra**[14]L. **Netz**[15]=ob. **Gitterflügler**[15] §. 154.
(3 Familien. §. 174.).

I. Fam. **Subulicornĭa**[15]. Pfriemenhörner[16] (§.176,1.).

* 1. **Libellŭla**[16] deprēssa[17] L. Plattbauch[17].
* L. quadri-maculata[18] L. Vierfleckige[18] Wasserjungfer[19].
* L. puella[20] L. Gemeine Wassernymphe[21].
* L. vulgata[22] L. Gemeine Wasserjungfer[19].
* L. virgo[23] L. Gemeine Schlankjungfer (wegen des schmalen Körpers).
* 2. **Ephemĕra**[24] vulgāta[22] L. Gemeine Eintagsfliege[24] (Fig.264.).
* E. diptera L. Zweiflüglige Eintagsfliege (δί-πτερος zweiflüglig).

II. Fam. **Longicornĭa**[25]. Langhörner[25] (§. 177,3.). §. 155.

* 3. **Perla**[26] virĭdis F. Grüne After=Frühlingsfliege[27] (viridis grün).
* P. bicaudāta[28] L. Zweischwänzige[28] After=Frühlingsfliege[27].

---

1) Χρυσός; Gold und ὤψ Gesicht, Augen; haben goldgrüne Augen. 2) caecutio blind sein, schlecht sehen. 3) weil sie sich, wenn sie erst zu saugen angefangen haben, leicht fangen lassen, ohne fortzufliegen. 4) tabanus Bremse oder Stechfliege. 5) bovinus, Eigenschaftswort von bos Rind, Ochs. 6) Bräme oder Bremse, nach ihrem summenden Tone benannt. Da die Gattung Oestrus denselben Namen führt, so schlug Statius Müller in seiner Uebersetzung der 12. Ausgabe Linné's für Tabanus den Namen Breme und für Oestrus Bremse vor, was jedoch wenig Beachtung fand. 7) αἵματο-πότης Bluttrinker. 8) ist vorzüglich sehr lästig vor Gewitterregen (pluvia Regen). 9) Puppen (pupa) gebärend (pario ich gebäre). 10) ἱππο-βοσκός Rosse verpflegen (βόσκω weiden — sich darauf ernähren). 11) μηλο-φάγος Schaffleisch essend, von μῆλον Schaf (Wolle) und φαγεῖν fressen. 12) lebt auf Schafen (oves), deren Wolle sie frißt; daher Schaflaus. 13) Zäcke, Zecke, niedersächsisch teke. von zecken benannt, als ein sich in die Haut beißendes und blutsaugendes Insekt. 14) νεῦρον Sehne, Nerv und πτερόν Flügel; also Nerven oder Netz- oder Gitterflügler. 15) subula Pfriemen und cornu Fühler. 16) Verkleinerungswort von libella Wasserwage, weil die Flügel im Fluge wasserrecht oder wagerecht ausgespannt sind. 17) mit niedergedrücktem (depressus) Bauche. 18) mit vier (quatuor) Flecken (macŭla). 19) wegen ihres schlanken Körpers und Aufenthalts am Wasser, im französischen la demoiselle. (Geoffroy gab den verschiedenen Arten Frauenzimmernamen: Louise, Ulrique, Sophie ꝛc. 20) puella Mädchen. 21) Nymphe, nympha. νύμφη, Geliebte, Braut, Mädchen, junge Frau. Unter- oder Halbgöttinnen, welche die nach ihnen benannten Naturgegenstände beseelen und beherrschen, als Najaden und Potamiden (Quell- und Flußnymphen), Dryaden (Baumnymphen), Nereiden und Oceaniden (Wasser- und Meernymphen), Limnaden (Sumpf-, See- oder Teichnymphen); auch Insektenpuppen werden Nymphen genannt. 22) vulgatus verbreitet, allgemein, gemein. 23) virgo Jungfrau. 24) ἐφ-ήμερον nur einen Tag dauernd, bei Aristoteles das Tagthierchen, Uferaas, auch Hemerobius genannt (☞ S. 70). 25) longus lang und cornu Horn. 26) perla Perle (Perlfliege; wegen der runden, perlförmigen Flecken oder Augen einiger Frühlingsfliegen). 27) After, der Hintere, von after hinten, in Zusammensetzung was an Gestalt und Werth einem andern Dinge ähnelt, aber schlechter ist, als dieses. 28) bis zwei und cauda Schwanz. 29) ohne (e) Rüssel (proboscis).

* Perla⁹⁾ cephalōtes⁹⁾ Burm. Großköpfige⁹⁾ Uferfliege⁹⁾ (Fig. 265.).
* 4. **Phryganëa**⁹⁾ grandis⁹⁾ L. Große⁹⁾ Frühlingsfliege⁹⁾.
* Ph. rhombĭca⁹⁾ L. Gemeine Frühlingsfliege, Köcherfliege⁹⁾ (Fig. 267).
* 5. **Rhaphidïa**⁹⁾ ophiōpsis¹⁰⁾ L. Gemeine Kameelhalsfliege¹⁰⁾.
* 6. **Panŏrpa**¹¹⁾ commūnis¹²⁾ L. Gem. Scorpionsfliege¹¹⁾ (Fig. 268.).
* 7. **Sïális**¹³⁾ lutarïa¹⁴⁾ L. Gemeine Schlammfliege¹³⁾.
* 8. **Hemerobïus**¹⁵⁾ perla⁹⁾ L. Gemeine Florfliege¹⁶⁾ oder Perl= haft⁹⁾ (Fig. 269.).
* H. chrysops L. Goldauge (χρυσώψ Goldauge, χρυσός Gold u. ὄψις Auge).
* 9. **Osmȳlus**¹⁷⁾ maculatus¹⁸⁾ L. Gemeine Blattlausfliege¹⁹⁾.
* 10. **Myrmecolëon**²⁰⁾ formicarïus²¹⁾ L. Ameisenlöwe²⁰⁾ (Fig. 270.).

§. 156.   III. Fam. **Corrodentïa**²²⁾. Nager²²⁾ (§. 178, ii.).

‡ 11. **Termes**²²⁾ fatālis²⁴⁾ F. Weiße Ameise²³⁾, Termite²³⁾.
‡ T. destrūctor²⁶⁾ F. Zerstörende²⁷⁾ Termite²³⁾.
* 12. **Psocus**²⁸⁾ domestïcus²⁹⁾ Burm. Gemeine Holzlaus²⁹⁾.
†* 13. **Troctes**³⁰⁾ pulsatorïus³¹⁾ L. Klopfende²⁹⁾ Bücherlaus²⁹⁾, Pa= pierlaus²²⁾.

§. 157.   VI. Ord. **Orthoptĕra**³³⁾. **Grabflügler**³³⁾, **Helm= kerfe**³⁴⁾ (6 Familien. §. 179.).

1) Perla Perle (Perlfliege; wegen der runden, perlförmigen Flecken ob. Augen einiger Frühlingsfliegen). **2)** κεφαλωτός: mit einem (großen) Kopfe versehen. **3)** häufig an Ufern. **4)** φρύγανον Reisigbündel; wegen der Bildung der Larvenhüllen aus kleinen Stückchen von Zweigen. **5)** grandis groß. **6)** besonders im Frühlinge erscheinend. **7)** wegen des rautenförmigen Flecks auf den Vorderflügeln. **8)** die Larven bauen sich Röhren oder köcherförmige Hüllen (Hülsen). **9)** ῥαφίς Nadel, wegen der Schwanzspitze. **10)** ὄψις Schlange und ὄψις Ansehen, weil der emporgehobene Kopf mit dem schlangenartigen Halse einer Schlange ähnelt, weniger einem Kameelhalse. **11)** πᾶς ganz und ὀρπή oder ἀρπή Sichel, Stachel mit Widerhaken; weil der Schwanz des Männchens einem Scorpionsschwanze ähnelt. **12)** commūnis häufig. **13)** σίαλον Speichel; kleben ihre Eier auf Blätter von Wassergräsern ꝛc. in Menge nebeneinander. **14)** verpuppen sich im Schlamme (lutum). **15)** ἡμερό-βιος nur einen Tag lebend (bei den Alten der Name für Eintagsfliegen S. 69). **16)** wegen der Flor-artigen Flügel. **17)** ὀσμύλη ein stark riechender Meerpolyp (ὀσμή Geruch), auf dieses Thier übertragen, weil die Larven ihren Koth und die ausgesogenen Blattlaushäute auf ihren Rücken werfen, wie die Larven des Lilienkäfers (S. 53). **18)** maculatus gefleckt. **19)** die Larven leben von Blattläusen. **20)** μύρμηκο-λέων Ameisenlöwe (μύρμηξ Ameise und λέων Löwe). **21)** die Larven machen Trichter in den Sand, um Ameisen (formica) darin zu fangen, welche sie aussaugen. **22)** corrodĕre zernagen. **23)** tarmes oder termes, termitis, ein Holzwurm (Termite). **24)** fatalis das Schicksal (fatum oder fatus Wort, Weissagung) betreffend, daher auch verderblich, tödtlich; weil früher auch die Bücherlaus (Psocus pulsatorïus) dazu gerechnet wurde, welche mit dem Klopfkäfer (Anobïum pertĭnax S. 46) verwechselt wurde, dessen Klopfen einen nahen Todesfall in Häusern vorher ankündigen sollte. **25)** wegen Farbe und Aehnlichkeit mit Ameisen. **26)** destrūctor Zerstörer, des Holzes nämlich. **27)** ψώχω zerreiben, zerschroten. **28)** in Häusern (domus) lebend. **29)** wegen der äußern Aehnlichkeit mit eigentlichen Läusen und ihrer Lebensart in Holzgeräthen und Bäumen. **30)** τρώκτης Nager; die Larven zernagen Papier und Insektensammlungen. **31)** pulsare klopfen; ist fälschlich diesem Thiere zugeschrieben (☞ Anobïum Klopfkäfer S. 46). **32)** häufig in alten Büchern und Papier. **33)** ὀρθό-πτερος mit gerade (ὀρθός) aufliegenden Flügeln (πτερόν). **34)** Kerfe (Kerbthiere), mit häutigem, die Unterkiefer bedeckendem Helme.

A. ***Orthoptera***[1]. Geflügelte Grabflügler[1].

I. Fam. **Saltatoria**[2]. Springer[2], Henschrecken[3] (§. 181, 1.).

* 1. **Tetrix**[4] bipunctata[5] L. Gemeiner Grashüpfer[6].
* T. subulata[7] L. Pfriemenförmiger[7] Grashüpfer.
‡* 2. **Acridium**[8] grossum[9] L. Gemeine Schnarrheuschrecke[10].
‡* A. stridulum[11] L. Rothflüglige Schnarrheuschrecke.
‡* A. caerulescens[12] L. Bläuliche[12] Schnarrheuschrecke.
‡* A. migratorium[13] L. Wander[13] oder Zughenschrecke[13].
‡* 3. **Gryllus**[14] campestris[15] L. Feldgrylle.
‡* G. domesticus[16] L. Hausgrylle[17], Heimchen[17] (Fig. 272.).
‡* 4. **Gryllotalpa**[18] vulgaris[19] Latr. Maulwurfsgrylle[18], Werre.
* 5. **Locusta**[20] viridissima[21] L. Grüne[21] Laub-[22] oder Säbelheuschrecke[22], großes Heupferdchen[23] (Fig. 273.).
†* 6. **Decticus**[24] verrucivorus[24] L. Warzenbeißer[24].

II. Fam. **Cursoria**[25]. Läufer[25] (§. 182, 7.).   §. 158.

* 7. **Mantis**[26] religiosa[27] L. Fanghenschrecke[27], Gottesanbeterin[27].
·‡* 8. **Blatta**[28] orientalis[29] L. Küchenschabe[30], Schwabe[31], Preuße[32], Brotschabe[28], Bäckerschabe[30], Kakerlak[33] (Fig. 274.).
* B. germanica L. Deutsche Schabe (in Deutschland, germania, lebend).
‡* B. lapponica[34] L. Lappländische[34] Schabe.

---

1) Ὀρθό-πτερος mit gerade (ὀρθός) aufliegenden Flügeln (πτερόν). **2)** saltator Tänzer, Springer. **3)** oder Heuspringer (schrecken d. h. springen), hält sich gern auf Wiesen auf, vorzüglich zur Zeit, wenn Heu gemacht wird. **4)** τέτριξ der kleine Auerhahn, Birkhahn (S. 22). **5)** mit 2 (bi-) Punkten (punctum). **6)** hüpfen im Grase umher. **7)** pfriemlich (subula Pfriemen). **8)** ἀκρίδιον bei Dioscorides eine kleine Heuschrecke. **9)** grossus (crassus?) dick, groß. **10)** wegen des schnarrenden Tons. **11)** stridulus schwirrend. **12)** caerulescens bläulich. **13)** migrator Auswanderer; weil sie von ihrem Vaterlande, der Tartarei aus, in weitentfernte Länder wandert. **14)** gryllus bei Plinius der Grashüpfer, die Heuschrecke, Grylle; soll den schrillenden Ton dieser Insekten ausdrucken (γρύλλος eigentlich Ferkel, von γρυλίζω grunzen). **15)** auf offenen Feldern (campus) lebend. **16)** in Häusern (domus) lebend. **17)** Heimchen, von heim Heimath, Haus, die Hausgrylle. **18)** eine Grylle mit maulwurfs-ähnlichen (talpa Maulwurf) Beinen. **19)** vulgaris gemein. **20)** locusta Heuschrecke, vielleicht von loquax, geschwätzig; wegen des anhaltenden Gezirpes. **21)** im höchsten Grade grün (viridis) wie Laub. **22)** wegen der langen, säbelförmigen Legescheide des Weibchens. **23)** wegen entfernter Aehnlichkeit des Kopfes mit einem Pferdekopfe. **24)** δηκτικός bissig; beißen sehr stark, wenn man sie anfaßt und sollen daher den Namen Warzenbeißer (verruca Warze und voraro beißen) erhalten haben, weil sich das Landvolk von ihnen die Warzen an den Händen abbeißen ließe. **25)** cursor Läufer. **26)** Mantis, bei Theophrast eine Wahrsagerin, auch eine Heuschrecke; wegen der weissagenden Gabe dieser Thiere nach dem Volksglauben. **27)** religiosus gottesfürchtig; wegen der zum Fangen der Insekten so gestellten Vorderbeine, wie Betende die Hände zum Beten erheben; daher Gottesanbeterin, besser Fanghenschrecke genannt. **28)** blatta Schabe (schaben, mit einer Schneide abreiben), weil sie allerlei Gegenstände, z. B. Brot, abschabt. **29)** stammt aus dem Oriente. **30)** lebt häufig in Küchen, besonders in Bäckerhäusern. **31)** verdrehet aus Schabe. **32)** Name des Thieres in Rußland, wohin sie aus Preußen eingewandert ist. **33)** Kakerlak oder kakerlak, indischer Name für die aus Asien eingewanderten Schaben, welche das Licht scheuen, weshalb man auch spottweise Menschen und Thiere, welche das Tageslicht nicht aushalten können, Kakerlaken nennt. **34)** in Lappland (lapponia), wo sie an den Fischvorräthen sehr schadet.

III. Fam. **Forficulīna**[1]. Ohrwürmer[2] (§. 183,9.).

†* 9. **Forficŭla**[2] auriculariă L. Gemeiner Ohrwurm (auris Ohr).
* F. minor. Kleiner Ohrwurm (minor der kleinere).

IV. Fam. **Physapŏda**[3]. Blasenfüße[3] (§.184,10.).

†*10. **Thrips**[3](Physăpus[3]) haemorrhoidalis[4]. Gemeiner Blasenfuß[3].
* T. fasciatus L. Baubirter Blasenfuß (mit Binden, fascīa).

§. 159. **B. Aptĕra**[5]. Ungeflügelte, unechte Grabflügler (§.185.).

V. Fam. **Thysanūra**[6]. Lappenschwänze[7] (§. 185,11.).

*11. **Podūra**[6] aquatīca[8] L. Wasser=Springschwanz[7].
* P. plumbĕa[10] L. Bleigrauer[10] Springschwanz.
* P. villōsa[11] L. Haariger[11] Springschwanz (Fig. 275.).
*12. **Lepisma**[12] saccharīnum[13]L. Zuckergast[13], Fischchen[14] (Fig.276.).

VI.Fam.**Mallophăga**[15].Pelzfresser[16],Thierläuse[16](§.186,13).

†*13. **Philoptĕrus**[17] commūnis[18] N. Gem. Federling[17], Vogellaus[19].
†* P. falcicornis[20]. Pfauen=Federling (lebt auf Pfauen). (Fig. 277.)
†*14. **Trichodĕctes**[21] latus[22] N. Hunde[23]=Haarling[24] (Fig. 278.).
†*15. **Liothĕum**[25] pallĭdum N. Blasser Haftfuß (pallĭdus blaß).

§. 160. VII. Ord. **Hemiptĕra**[25] L. (Rhynchōta[26] F.). **Halb=**
flügler[25], **Schnabelkerfe**[27] (6 Familien. §. 187.).

I. Fam. **Geocŏres**[27]. Landwanzen[27] (§. 189,1.).

* 1a. **Tetȳra**[28] hottentötta[29] L. Hottentotten=Wanze (Fig. 281.).
†* 1b. **Cydnus**[30] bicŏlor[31] L. Zweifarbige[31] Dickwanze[32].

---

1) Forficula kleine Scheere; wegen der Schwanzzange. **2)** kriechen gern in
Löcher, ohne gerade für die Ohrenlöcher eine besondere Vorliebe zu haben.
3) φυσάω ich blase (φῦσα Blase) und πούς Fuß; daher Bla'enfuß, weil sie an
den Füßen statt der Krallen große Haftlappen (Blasen) haben. **4)** ☞ S. 67,
Note 33. **5)** ά-πτερος flügellos. **6)** φυσάν-ουρος mit zottigem Schwanze.
7) Hinterleibspitze mit lappigem Anhange, mit einer Springgabel zum Springen.
8) πούς Fuß und ουρά Schwanz; also Fußschwanz, Springschwanz. **9)** auf
Wasser (aqua) lebend. **10)** von Farbe des Bleies (plumbum). **11)** villōsus
haarig, zottig. **12)** λέπισμα Schuppe, weil der Körper mit silbergen Schuppen
bedeckt ist, welche so schlüpfrig wie Fischschuppen sind. **13)** findet sich am häu=
figsten in etwas feuchten Zuckerkasten (sacchārum Zucker). **14)** Fischen in
Form ähnlich. **15)** μαλλο-φάγος Wolle fressend. **16)** fressen die Thierhaare
oder Pelze der lebenden Thiere und gleichen äußerlich den Läusen. **17)** φίλος
Freund und πτερόν Flügel, Federn; daher Federling. **18)** commūnis häufig.
19) lebt nur auf Vögeln. **20)** falx Sichel und cornu Fühler; wegen Form
der Fühler. **21)** θρίξ Haar und δήκτης beißend; beißen den Säugethieren die
Haare ab; daher Haarling. **22)** latus breit. **23)** lebt auf Hunden. **24)** auf
glatten (λεῖος) Haaren laufend (θέω oder θε’ω). **25)** ἥμι halb und πτερόν
Flügel; also Halbflügler, weil bei den meisten dieser Thiere die Flügel am
Grunde hornig und an der Spitze häutig sind. **26)** ῥύγχος Rüssel, Schnabel;
wegen ihres Saugrüssels. **27)** γέα oder γῆ, Erde und κόρις Wanze, also Land=
oder Erdwanze. **28)** ein von Fabricius gegebener Gattungsname von unbe=
kannter Abstammung. **29)** nach der schwarzbraunen Farbe der Hottentotten.
30) κυδνός oder κυδρός ruhmvoll, herrlich (ob wegen der Färbung) oder wohl
gar von Kύδνος, Cydnus, ein Fluß Siciliens. Vielleicht hat sich Fabricius,
wie so oft, gar nichts bei diesem Namen gedacht (☞ Vorrede). **31)** mit
zwei (bi-) Farben (color). **32)** wegen des gewölbten Körpers. **33)** θρίξ
Holzwurm (τρῶξω zerschroten).

* 2. **Acanthosóma**¹⁾ haemorrhoidále²⁾ L. Gemeine Kielwanze³⁾, Rothafter⁴⁾.
* 3. **Cimex**⁴⁾ rufípes⁵⁾ L. Gemeine Schildwanze⁶⁾ oder rothbeinige⁷⁾ Wanze (Fig. 279.).
* C. nigricórnis⁷⁾ F. Schwarzfühlerige⁷ Schildwanze⁹⁾ (Fig. 282.).
* C. dissimilis F. Unähnliche Schildwanze⁹⁾ (dissimilis unähnlich).
† * C. baccárum⁹⁾ L. Qualster⁹⁾, Beerenwanze⁹⁾ (Fig. 280.).
† * C. oleraceus¹⁰⁾ L. Kohlwanze¹⁰⁾.
* C. acuminátus¹¹⁾ L. Spitzkopf¹¹⁾.
* 4. **Coréus**¹²⁾ marginatus¹³⁾ L. Gemeine Randwanze¹³⁾.
* 5. **Pyrrhocóris**¹⁴⁾ aptérus¹⁵⁾ L. Ungeflügelte ob. gem. Rothwanze¹⁴⁾.
* 6. **Pachymérus**¹⁶⁾ pini¹⁷⁾ L. Gemeiner Dickschenkel¹⁶⁾.
* 7. **Phytocóris**¹⁸⁾ bifasciátus¹⁹⁾ F. Zweibindige¹⁹⁾ Pflanzen= oder Wiesenwanze (Fig. 283.).
* P. dolabratus L. Hobelwanze (dolabra Hacke, Brecheisen, Hobel).
* P. pabulinus L. Futterwanze (pabulum Futter).
‡ * 8. **Acanthia**²⁰⁾ lectularia²¹⁾ L. Hauswanze²²⁾, Bettwanze²¹⁾, Wandlaus²²⁾ (Fig. 284.).
* 9. **Nabis**²³⁾ vagans²⁴⁾ F. Umherschweifende²⁴⁾ Schnabelwanze²⁵⁾.
* 10. **Reduvius**²⁶⁾ personatus²⁷⁾ L. Kothwanze²⁷⁾ od. gem. Schreitwanze²⁵⁾.
* 11. **Hydrométra**²⁹⁾ lacústris³⁰⁾ L. Gemeiner Wasserläufer²⁹⁾, Schuster³⁰⁾ (Fig. 285.).
* 12. **Velia**³¹⁾ currens³²⁾ F. Weißfleckige Ruderwanze³¹⁾.

II. Fam. **Hydrocóres**³³⁾. Wasserwanzen³³⁾ (§. 190, 13.).   §. 161.

* 13. **Nepa**³⁴⁾ cinerea³⁵⁾ L. Scorpion=Wasserwanze (Fig. 286.).
* 14. **Naucóris**³⁶⁾ cimicoídes³⁷⁾ L. Gemeine Wasserwanze³⁸⁾.

---

1) ᾿Ακανθα Stachel und σωμα Körper; weil das erste Bauchsegment einen dornartigen Fortsatz hat und der Brustschild beiderseits zugespitzt ist. 2) ☞ S. 67, N. 33. 3) weil das Brustbein gekielt ist. 4) cimex der Name der Alten für Wanze; diese Gattung enthält die bekanntesten Arten. 5) mit rothen (rufus) Beinen (pedes). 6) wegen des großen Schildchens. 7) niger schwarz und cornu Fühler. 8) bacca Beere; lebt gern auf Beerenfrüchten. 9) wegen des dicken Körpers. 10) olus Gemüsekraut, auch Kohl, worauf sie häufig. 11) acuminatus zugespitzt; wegen des keglig zugespitzten Kopfes. 12) κόρις. coris. Wanze, auch eine Art Johanniskraut (hypericum). 13) Körper mit scharfen Seitenrändern (margo Rand). 14) πυρρός feuerfarbig und κόρις Wanze; also Feuerwanze, wegen der rothen Flügeldecken. 15) ἄπτερος flügellos, weil Unterflügel und Endhäutchen der Oberflügel meist fehlen. 16) mit dicken (παχύς) Schenkeln (μηρός). 17) pinus Kiefer, Fichte. 18) φυτόν Pflanze und κόρις Wanze; weil sie auf Pflanzen, besonders auf Wiesen leben. 19) mit 2 Binden (fascia Binde). 20) ἄκανθα Dorn, Stachel; vielleicht wegen ihres stechenden Saugrüssels, mit welchem sie die Menschen belästigen. 21) lectulus Bettchen (leben am liebsten in hölzernen Bettstellen). 22) leben nur in Häusern und heißen schon im Mittelalter Wandläuse, weil sie ungeflügelt sind (Läuse) und häufig Morgens an Wänden umherkriechen. 23) Ob wegen des langen Schnabels mit dem Giraffen (nabun) zusammenhängend? 24) umherschweifend. 25) mit großem Schnabel. 26) reduvius, d. h. redivivus. wiederauflebend; wegen des sehr zähen Lebens. 27) verlarvt, weil die Larve im Schmutze lebt und oft von Kehricht und Koth so bedeckt ist, daß sie kaum zu erkennen ist. 28) wegen ihrer langsamen Bewegung. 29) ὕδωρ Wasser und μετρέω messen; läuft geschickt auf Gewässern umher, namentlich auf Teichen (lacus). 30) wegen des stoßweisen Ruderns. 31) velia von velum Segel; wegen des geschickten Ruderns. 32) currens laufend — auf dem Wasser. 33) ὕδωρ Wasser und κόρις Wanze. 34) nepa Scorpion; wegen der scorpionartig gebildeten Vorderbeine. 35) aschgrau (cinis Asche). 36) ναῦς Schiff und κόρις Wanze; wegen des breiten, das Schwimmen (Schiffen) erleichternden Hinterleibes. 37) cimex Wanze und εἶδος ähnlich; also wanzenähnlich. 38) lebt auf dem Wasser.

†*15. **Notonecta**[1] glauca[3] L. Grauer Rückenschwimmer[1] (Fig. 287.).
*16. **Corixa**[1] striata[4] L. Querstreifige Schwimmwanze[1].

III. Fam. **Cicadīna**[6]. Zirpen[7] (§. 191,17.).

17. **Fulgōra**[8] laternaria[9] L. Surinamscher[10] Laternenträger[8].
F. candelaria[11] L. Chinesischer[12] Laternenträger (wegen des Leuchtens).
* F. europaea. Europäischer Laternenträger (europaeus europäisch).
†⚥ *18. **Cicāda**[6] orni[13] L. Eschen[13]-Singzirpe[7]. Manna-Cicade[14] (F.288.).
†*19. **Aphrophōra**[15] spumaria[15] L. Schaumzirpe[15] (Fig. 289.).
* A. bifasciata L. Zweibändrige Schaumzirpe[15] (mit 2 Binden, fascia).

§. 162. IV. Fam. **Aphidīna**[16]. Pflanzenläuse[16] (§. 192,20.).

*20. **Psylla**[17] alni L. Erlen-Blattfloh (lebt auf Bltrn der Erle, alnus).
†*21. **Aphis**[16] ceräsi F. Kirschbaum-Blattlaus (ceräsus Kirschbaum).
†* A. mali F. Grüne Apfel-Blattlaus (malus Apfelbaum).
†* A. rosae L. Rosen-Blattlaus (rosa Rose).
†* A. tanacēti L. Rainfarn-Blattlaus (tanacētum Rainfarn).
‡* A. brassīcae L. Kohl-Blattlaus (brassīca Kohl).
†* A. sambūci L. Flieder-Blattlaus (sambūcus Flieder).
* A. vitellinae[18] Schk. Dotterweiden[18]-Blattlaus.
* A. salīcis. Weiden-Blattlaus (salix Weide).
‡*22. **Schizoneura**[19] lanuginōsa[20] Htg. Rüster[20]-Haargallen[20]-Blattlaus.
‡* S. lanigēra[21] Htg. Wollige[21] Apfel-Blattlaus[21], **Blutlaus**[21].
‡*23. **Pemphigus**[24] bursarīus[25] L. Pappel-Blasen[24]-Blattlaus.
†* P. affĭnis[24] Kalt. Verwandte[24] Blasen[24]-Blattlaus (lebt in Blasen).
†*24. **Chermes**[27] coccinēus[28] Rtz. Rothe[28] Fichtenrindenlaus[27].
‡* C. virĭdis[30]. Grüne Tannen- oder Fichtenrindenlaus[27] (Fig.290.).
†* C. larīcis[31] Htg. Lerchenlaus[31], Lerchen[31]-Blattsauger.

§. 163. V. Fam. **Coccīna**[32]. Scharlachläuse[32] oder Schildläuse[33] (§. 193,25.).

†⚥ 25. **Coccus**[32] cacti[34] L. Echte Cochenillelaus (Fig. 291.).

---

1) Νῶτος Rücken und νήκτης Schwimmer; schwimmt auf dem Rücken. **2)** glaucus bläulichgrau. **3)** κόρις Wanze. **4)** mit Streifen (stria). **5)** schwimmt sehr gut. **6)** cicada Zirpe. **7)** zirpen, d. h. einen schrillenden Ton hervorbringen. **8)** fulgur Blitz, das Wetterleuchten; daher Fulgöra Göttin des Blitzes. **9)** laternarius Laternenträger. **10)** lebt in Surinam. **11)** candēla Kerze. **12)** lebt in China. **13)** ornus Bergesche (ὄρος Berg); hier fraxĭnus ornus Manna-Esche. **14)** bewirkt durch ihren Stich den Manna-Ausfluß aus der Manna-Esche. **15)** ἀφρο-φόρος schäumend; weil sie unter dem aus dem After hervorgetriebenen Schaume (spuma) sich verbergen. **16)** aphis Blattlaus; vielleicht von ἀφύω schöpfen. **17)** ψύλλα Floh (Blattfloh). **18)** salix vitellina Dotterweide (vitellus Eidotter). **19)** σχίζω spalten und νεῦρον Nerv; wegen der zweizackigen oder gespaltenen Gabelader in den Flügeln. **20)** lanuginōsus wollig (lanūgo Wolle), weil sie wollige oder haarige Blattgallen an Rüstern bewirkt. **21)** laniger Wolle tragend; weil der Hinterleib überall mit flockiger Wolle bedeckt ist. **22)** lebt auf Apfelbäumen. **23)** lassen zerdrückt einen blutrothen Fleck zurück. **24)** πέμφιξ, ῑγος Brandblase (leben in Blasen, Gallen, auf Pappelblättern). **25)** bursa Börse, Beutel (Beutelgalle). **26)** verwandt; ist einer andern Art sehr ähnlich. **27)** von Linné nach dem arabischen kermesi oder kermes. Kermesbeere, gegilbet. Das arabische karmil bedeutet Wurmroth. **28)** κόκκος Gehäuse, Schale, auch das Cochenille-Insekt; daher coccinēus cochenillroth oder scharlachroth. **29)** in Gallen junger Fichtentriebe. **30)** virĭdis grün. **31)** pinus larix Lerchentanne; lebt an Lerchentannen-Nadeln. **32)** liefern Scharlachfarbe. **33)** die Weibchen sind von einem Schilde ganz bedeckt. **34)** lebt auf cactus opuntĭa, der gemeinen Fackeldistel.

꓅ꔇ Coccus⁹⁾ lacca⁹⁾. Gummilack⁹⁾-Schildlaus, Schellack⁹⁾=Schildlaus.
C. manniparus⁴⁾ E. Manna⁹⁾=Schildlaus.

C. ilīcis L. Kermes⁹⁾=Schildlaus (quercus ilex, richtiger q. cocci-
fera, Kermes-Eiche).

* C. polonīcus⁹⁾ L. Polnische⁹⁾ ob. deutsche⁹⁾ Cochenille, Johannisblut⁹⁾.
‡* C. hespērīdum⁹⁾ L. Orangen-Schildlaus (lebt auf Orangen).
†* C. racemōsus⁹⁾Rtz. Fichtenquirl-Schildlaus (in d.Astquirlen d.Fichten).
†* C. persīcae Schk. Pfirschen=Schildlaus (persīca Pfirsche).
‡* C. adonīdum⁹⁾ L. Kaffee⁹⁾=Schildlaus.

VI. Fam. **Pediculīna**⁹⁾. Läuse (§. 194,26.). §. 164.

†*26. **Pediculus**⁹⁾ pubis⁹⁾ L. Filzlaus⁹⁾ (Fig. 292, d.).
†* P. capītis⁹⁾ L. Kopflaus⁹⁾ (Fig. 292, a. u. b.).
†* P. vestimenti⁹⁾ N. Kleider⁹⁾- oder Leiblaus⁹⁾ (Fig. 292, c.).
†* P. suis L. Schweinelaus (sus Schwein).
†* P. tabescentīum⁹⁾. Läusesuchtelaus⁹⁾.

VI. Klasse. **Arachnoïdĕa**⁹⁾. **Spinnenthiere**⁹⁾ §. 165.
(6 Ordnungen. §. 195. Fig. 293—303.).

I. Ord. **Arthrogāstra**⁹⁾ (Gliedleibige⁹⁾). **Scor-
pione**⁹⁾ (§. 197.).

† 1. **Scorpio**⁹⁾ europaeus⁹⁾ L. Europäischer Scorpion (Fig. 293.).
‡ 2. **Buthus**⁹⁾ afer L. Afrikanischer Scorpion (afer afrikanisch).
* 3. **Chelifer**⁹⁾ cancroïdes⁹⁾ L. Gem. Bücherscorpion⁹⁾ (Fig. 294.).
‡? 4. **Galeōdes**⁹⁾ araneoïdes⁹⁾ F. Walzenspinne⁹⁾.

1) Kóxxos Gehäuse, Schale, auch das Cochenille=Insect. 2) persisch lak, lateinisch lacca, Lack, Gummilack. 3) bewirkt durch ihre Stiche den Ausfluß des Schellacks aus Ficus religiosa und ähnlichen Bäumen Ostindiens. 4) manna Körnchen, das Wüsten-Manna der Hebräer und parto erzeugen (das Weibchen lebt in der Umgegend des Berges Sinai auf der Manna-Tamariske, durch deren Anstechen sie Manna-Ausfluß bewirkt. 5) ☞ S. 74, N. 27. 6) lebt in Polen und auch in Deutschland an Wurzeln einiger Pflanzen und wurde früher zur Färberei gesammelt. 7) die Eiersäcke finden sich vorzüglich um Johannis und haben einen blutrothen Saft. 8) Adonis, Geliebter der Venus, Ἀδώνιδος κῆποι Gärten des Adonis. Treibhäuser oder Töpfe, in welchen schnell auf-schießende Gewächse getrieben wurden, auch botanische Gärten. 9) lebt in Treib-häusern auf Kaffeebohnenbäumen ꝛc. 10) Hesperídes oder Hesperíden, d. h. Nymphen, welche auf einer Insel am äußersten Westrande der Erde einen Garten mit goldenen Aepfeln (Orangen) bewachten. 11) racemōsus traubig; weil die Bläschen traubig zusammensitzen. 12) pediculus als Verkleinerungswort von pes, das Füßchen und auch als Verkleinerungswort von pedis Laus, eine kleine Laus. 13) pubes Schamgegend; daher Filzlaus. 14) caput Kopf; lebt nur auf dem Kopfe des Menschen. 15) vestimentum Kleid; nur in Kleidern auf dem Leibe. 16) tabescere schwinden, tabes Abzehrung, Schwindsucht. 17) ἀραχνο-ειδής Spinnen – artig; daher Spinnenthiere. 18) ἄρθρον Glied und γαστήρ Bauch; also gliedleibig; weil der Hinterleib geringelt ist. 19) scor-pio Scorpion. 20) in Europa lebend. 21) φόος Ochs und θοός gefährlich, schnell eindringend; etwa Ochsenstachel. 22) χηλή, chele, Scheere und ferre tragen; also Scheerenträger; wegen der scheerenförmigen Fangarme. 23) καρ-κίνος, cancer, Krebs und -ειδής ähnlich. 24) ähnelt hinsichtlich der Fangarme einem Scorpione, frißt Papierläuse und findet sich deshalb häufig zwischen alten Papieren und Büchern. 25) γαλεώδης, nach Aristoteles dem γαλεός, einem fleckigen Haifische, ähnlich (γαλεός und εἶδος Gestalt, auf diese Scorpionspinne von Latreille übertragen). 26) aranéa Spinne und εἶδος Ansehen; also Spinnen-ähnlich. 27) wegen des walzigen Körpers.

§. 166. II. Ord. **Araneīna**[9]. **Spinnen** (§. 198.).

† 5. **Theraphōsa**[9] avicularia[9] L. Vogelspinne[?], Buschspinne[9].
Th. caementaria[9] Latr. Maurerspinne[9], Minirspinne[9].
* 6. **Thomīsus**[9] citreus. Gelbe Krabbenspinne[?] (citreus gelb).
* 7. **Saltīcus**[9] scenīcus[9] L. Gemeine Tigerspinne[19].
* 8. **Lycōsa**[19] saccāta[19] L. Sackspinne[19].
L. tarantūla[19] l.. Tarantel[19] (Fig. 295.).
5* 9. **Tegenaria**[19] domestīca[19] L. Hausspinne[19], Fenster = oder
Winkelspinne[19].
* 10. **Argyronēta**[19] aquatīca L. Gemeine Wasserspinne (aqua Wasser).
* 11. **Theridium**[19] redimītum[19] L. Gemeine Weberspinne.
5*12. **Epeīra**[19] diadēma[19] L. Kreuzspinne[19] (Fig. 15.).
* 13. **Tetragnātha**[27] extēnsa[27] L. Sommerspinne[27].

III. Ord. **Opilionīna**[27]. **Afterspinnen**[27] (§. 199.).
* 14. **Phalangium**[27] opilio[27] L. Gemeiner Weberknecht[26].
* 15. **Trogūlus**[27] tricarinatus[27] L. Gekielte[27] Stachelspinne[27].

§. 167. IV. Ord. **Acarīna**[27]. **Milben, Milsen** (§. 200.).
* 16. **Trombidium**[37] holosericeum[37] L. Rothe Erdmilbe[39] (F. 296.).
* 17. **Cheilētus**[37] eruditus[37] Schk. Büchermilbe[37].
* 18. **Hydrarāchna**[37] aquatica[27] l.. Gemeine Wassermilbe[36].

---

1) Aranea Spinne. **2)** θήρ Thier, vorzüglich wildes Thier und ἀφ-οπόω sich durch Sühnopfer von etwas reinigen, daher auch verabscheuen, etwa ein zu verabscheuendes Thier (θηράω erjagen). **3)** avicula kleiner Vogel (avis); fängt kleine Nestvögel aus. **4)** lebt in Gebüschen. **5)** caementarius Maurer, von caementum (eigentlich caedimentum, von caedere behauen) rauhe Steine, Maursteine; macht senkrechte Gänge in die Erde, minirt unter der Erde. **6)** θωμίσσω binden, fesseln; macht keine Gewebe, zieht nur Fäden. **7)** Krebs (Krabben)-ähnliche Spinnen. **8)** saltare tanzen, hüpfen. **9)** Schauspieler, Tänzer. **10)** überfallen ihre Beute im Sprunge, wie Tiger. **11)** λύκος Wolf; machen Jagd auf andere Insekten. **12)** tragen ihren Eiersack (saccus) mit sich umher. **13)** lebt vorzüglich um Tarent (Taranto). **14)** τέγος Dach, Zimmer; spannt ihre Netze gern in Häusern (domus) in Fenstereken und in Winkeln auf. **15)** ἄργυρος Silber und νητός gesponnen, gedrehet; spinnt ein trichteriges Gewebe, worin sie unter dem Wasser lebt. **16)** θηρίδιον kleines Thier, auf diese Spinnengattung übertragen. **17)** redimitus bekränzt; wegen der Zeichnung. **18)** ἤπειρος festes Land (ἄπειρος unbegrenzt, undurchdringlich); wegen ihrer festen Netze. **19)** διάδημα königlicher Kopfputz, Diadem; wegen der schönen, kreuzförmigen Zeichnung. **20)** τέτρα- vier und γνάθος Kinnbacken, Zähne, Gebiß. **21)** ausgestreckt; ihre weit vorgestreckten Beine sind von doppelter Körperlänge. **22)** die Jungen fliegen im Herbste mit ihrer Gespinnstmasse als fliegender Sommer umher. **23)** opilio oder ovilio, οἰοπόλος, Schäfer (Schafhirtenspinne). **24)** ☞ S. 69, N. 27. **25)** φαλάγγιον bei den Alten eine für giftig gehaltene Spinne. **26)** weil die leicht ausreißenden Beine sich noch lange nach dem Ausreißen bewegen, ähnlich den Beinen beim Weben der Weber. **27)** τρώγων nagend, knuppernd; wegen des zernagten, rauhen Ansehens; daher auch Stachelspinne. **28)** mit 3 (tres) kielförmigen Erhabenheiten (carina Kiel). **29)** acārus, ἄκαρι, Milbe (ἀ-κείρω nicht theilen; weil ihr Körper nicht in Ringel getheilt ist; wohl nicht deshalb, weil die Alten glaubten, ihr kleiner Körper könne nicht mehr getheilt werden. **30)** τρομ-ώδης erschroken, bebend. **31)** ganz seidig; wegen ihrer sammet= oder seidenartigen Haut. **32)** Frühjahrs auf der Erde zwischen Grablande lebend. **33)** χεῖλος Lippe oder χηλή Klaue, Scheere; wegen der knieförmig gebogenen Taster. **34)** eruditus gelehrt; daher Büchermilbe. **35)** ὕδωρ Wasser und ἀράχνη Spinne (Milbe); also Wassermilbe. **36)** lebt im Wasser (aqua).

‡ * 19. **Acārus**[1] siro[2] L. Käsemilbe (lebt in altem Käse häufig). (Fig. 297.)
†* A. telarīus[3] L. Milbenspinne (Milben, welche Gespinnste machen).
†* A. farīnae. Mehlmilbe (lebt im Mehle, farina).
‡* 20. **Sarcōptes**[4] exulcērans[4] L. Krätzmilbe des Menschen (Fig. 298.).
‡* S. equi[5]. Pferde[5]=Krätzmilbe.
* 21. **Gamāsus**[6] coleopteratōrum L. Käsermilbe (coleoptéra Käfer).
†* 22. **Dermanyssus**[7] avīum. Vogelmilbe (aves Vögel). (Fig. 299.).
* **Comedōnen**[8]= oder Balgmilbe[9] (Fig. 300.).

V. Ord. **Ixodēa**[10]. **Holzböcke**[10] (§. 200,23.). §. 168.
†* 23. **Ixōdes**[10] ricīnus[11] L. Gemeiner Holzbock, Zecke[10].
†* I. marginatus[10] Latr. Gerandeter[12] Holzbock (Fig. 301.).
‡ **Argas**[13] persīcus[14]. Giftmilbe Persiens (wird für sehr giftig gehalten).

VI. Ord. **Krustenspinnen** (mit harter Körperbedeckung). (§. 200,24.)
* 24. **Pycnogōnum**[15] balaenārum[16] Müll. Spindelassel[17] der Wale (Fig. 302.).
* 25. **Emydium**[18] testūdo[19]. Schildkröten[19]=Wasserbär=Thierchen (Fig. 303.).

VII. Klasse. **Crustacēa**[19]. **Krustenthiere**[20], §. 169.
Krebse (11 Familien. §. 201.).

I. Fam. **Decapōda**[21]. Echte Krebse, Zehnfüßer[21] (§. 203,1.).
* 1. **Astācus**[22] fluviatīlis[23] F. Gemeiner Flußkrebs[24] (Fig. 304.).
* 2. **Homārus**[24] vulgaris Edw. Hummer[24] (vulgaris gemein).
* 3. **Crangon**[25] vulgaris F. Garneele[25], Garnate[25] (vulgaris gemein).
4. **Palaemon**[26] squilla[27] L. Französische Garneele (Salicoques[28]).

---

1) Acārus, ἄκαρι, Milbe ☞ S. 76, N. 29. **2)** siro auch mita im Mittellatein, die Milbe, Miete, Miethe; le ciron der Franzosen. **3)** tela Gewebe, Gespinnste. **4)** σάρξ Fleisch und κόπτω verwunden; weil sie sich in die Haut der warmblütigen Thiere einbohren und dieselbe zum Eitern bringen (exulcerare). **5)** verursachen den Pferden (equus) die Räude oder Krätze. **6)** ein von Latreille fabricirter Name. Ob von γάμος (in Zusammensetzungen) vereint, verwachsen; weil Hinterleib und Bruststück verwachsen sind? **7)** δέρμα Haut und νύσσω stechen (saugen Nachts schlafenden Vögeln Blut aus). **8)** werden oft mit den sogenannten Mitessern (comedones, von con mit und edere essen), einer Hautschmiere in den Poren der menschlichen Haut, verwechselt. **9)** leben in den Haarsäcken oder Haarbälgen der Menschen. **10)** ἰξ-ώδης klebrig (ἰξός Mistel, ἰξοειδής oder ἰξώδης Mistel–ähnlich, welche zu Vogelleim benutzt werden); die Griechen nannten den Holzbock κρότων ☞ Crotophāga S. 16, N. 31. **11)** ricīnus, κίκι, Wunderbaum, mit dessen Samen ein vollgesogener Holzbock Aehnlichkeit hat. Heißt im Mittellatein auch teca, woher vielleicht das deutsche Tele oder Zele S. 69, N. 13. **12)** Hinterleib schmal gerandet (margo Rand). **13)** ἀργής weiß, glänzend; ἀργᾶς Schlange. **14)** in Persien lebend. **15)** πυκνός dichtstehend und γόνυ, γόνατος Knie, Knoten; wegen der knotigen Beinglieder. **16)** auf Walfischen (balaena) schmarotzend. **17)** wegen der spindelförmigen Körperform. **18)** ἐμύς Wasser- oder Sumpfschildkröte. **19)** testūdo Schildkröte; wegen der schildkrötenartigen Bedeckung. **20)** mit einer crusta, Rinde, Schale, bedeckt. **21)** δεκά-πους zehnfüßig (eigentlich 10 Fuß lang oder breit). **22)** astācus, ἀστακός, eine Art Meerkrebs der Alten. **23)** in Flüssen (fluvii) lebend. **24)** homārus im Neulateinischen Hummer, von κάμμαρος, cammarus oder gammarus Meerkrebs. **25)** κραγγών kleiner Seekrebs, Garnäle, Garneele, Garnate (garneel oder garnaat der Holländer). **26)** Palaemon, ein Meergott, dem zu Ehren die isthmischen Spiele gefeiert wurden; wurde als ein von Delphinen getragener Knabe dargestellt. **27)** squilla oder scilla, σκίλλα, ein unbekannter Seekrebs, auch Meerzwiebel. **28)** aus dem französischen Salikoken, d.h. im Salze (sale) gekocht (cocti).

* 5. **Pagŭrus**[1] Bernhārdus[2] L. Bernhardskrebs[2], Eremiten[2]= oder Diogeneskrebs[2], gemeiner Nachtschwanz[2].

꓅ 　* 6. **Cancer**[3] pagŭrus[3] L. Breiter Taschenkrebs[3] (Fig. 305.).

꓅ 　* 7. **Portŭnus**[3] puber[6] L. Sammetkrabbe[6].

꓅ 　　P. Maenas[7] L. Gemeine Krabbe[7] (Fig. 306.).

　* 8. **Pinnothēres**[7] pisum[10]L. Erbsenförm. Pinnenwächter[7] (F.307).
　　P. vetérum[7]. Pinnenwächter der Alten (schon den Alten, vetĕres, bekannt).

꓅ 3 　9. **Gecarcinus**[11] ruricŏla[11] L. Turluru[11] oder Landkrabbe[11].

꓅ 　10. **Maja**[11] squinado[15] oder cornŭta[11] F. Meerspinne[11].

　11. **Dromĭa**[11] Rumphti[19] F. Rumph's[19] Rückenfüßer[20].

§. 170.　II. Fam. **Stomatopŏda**[21]. Maulfüßer[21] (§. 204, 12.).

　12. **Squilla**[22] mantis[23] L. Bärenkrebs, Meerheuschrecke[23].

III. Fam. **Amphipŏda**[24]. Flohkrebse oder Doppelfüßer[24] (§. 205, 13.).

* 13. **Gammārus**[25] fossārum[26]. Flußgarneele[26].

* 　G. pulex[27] F. Gemeiner Bach[26]=Flohkrebs[27] (Fig. 308.).

* 14. **Corophĭum**[28] longicŏrne[29] F. Langfühleriger[29] Wälzer[29].

IV. Fam. **Laemodipŏda**[30]. Kehlfüßer[31] (§. 206, 15a.).

* 15a. **Cyāmus**[32] ceti L. Walfischlaus (cetus Walfisch). (Fig. 309.)

* 15b. **Leptomēra**[33] pedāta[33] Müll. Langfüßige[33] Fadenassel[33] (F.310).

---

1) Πάγ-ουρος ein unbekannter Meerkrebs, wohl unser Taschenkrebs. **2)** lebt wegen seines nackten Schwanzes in leeren Muschelschalen, wie Bernhard der Eremit in seiner Höhle oder wie Diogenes in seiner Tonne. **3)** cancer Krebs, versetzt aus καρκίνος Krebs. **4)** wegen der Taschenform. **5)** Portŭnus (nicht Portunnus) Schutzgott der Häfen, auch Palaemon, Παλαίμων genannt. **6)** puber weich, behaart; wegen des sammetartigen Ueberzuges. **7)** Maenas oder Μαινάς, begeisterte Weissagerin, Seherin; μαίνη ein Meerfisch. **8)** κάραβος, carābus (S. 45, N. 22), ein Käfer und auch eine Krebsart, im Schwedischen krabba, im Französischen crab, womit das Wort Krebs zusammenhängt. Krabbeln bezeichnet die Bewegung dieser Thiere. **9)** πιννο-τήρης der Pinnenwächter, weil er in den Muschelschalen lebender Stecknuscheln (pinna) ꝛc. lebt. **10)** pisum Erbse; wegen der Form. **11)** γῆ Erde und καρκίνος Krebs; also Erdkrebs. **12)** Land bewohnend, Landmann (Landkrabbe). **13)** tourlouroux französischer Name für Landkrabbe. **14)** Maja, Μαῖα, die schönlockige Nymphe, bei Aristoteles eine Krebsart. **15)** nach Herbst heißt dieser Krebs in der Provence Squinado oder Squaranchon, auch Grampella. **16)** Stirn mit 2 Stacheln (cornu, Horn). **17)** wegen entfernter Aehnlichkeit. **18)** δρομία eine Art Krebs, so viel wie δρομεύς Läufer. **19)** nach Rumph benannt, der als Kaufmann und Intendant längere Zeit auf Amboina lebte und die dortigen Naturproducte beschrieb. **20)** mit kürzern Füßen auf dem Rücken. **21)** mit Füßen (πούς) neben dem Maule (στόμα); daher Maulfüßer. **22)** squilla, scilla, σκύλλα, eine Art Seekrebs, Garneele (auch die Meerzwiebel). **23)** Mantis, eine Wahrfagerin, auch eine Heuschrecke; wegen der weiffagenden Gabe dieser Thiere, wie das Volk glaubt. **24)** ἀμφί ringsum und πούς Fuß; wegen der ringsum stehenden, verschiedenartigen Füße und fußartigen Anhänge; daher Doppelfüßer. **25)** Gammārus, κάμφος oder κάμμαρος, eine unbekannte Krebsart, etwa Flußgarneele. **26)** in Wassergräben (fossa) und in Bächen oder kleinen Flüssen lebend. **27)** pulex Floh; weil sie außer dem Waffer geschickt springen können. **28)** nach dem französischen corophie, vielleicht vom franz. cor Horn, Fühler und ophidien oder ophi (in Zusammensetzungen) Schlangen. **29)** mit langen (longus) Fühlern (cornŭa). **30)** mit walzigem Körper. **31)** λαιμός Kehle und δίπους zweifüßig; weil das erste der 7 Fußpaare an der Kehle steht. **32)** κύαμος Bohne, Saubohne; ob wegen entfernter Aehnlichkeit? **33)** λεπτός schlank und μέρος Theil (Körpertheil) oder μηρός Schenkel; daher Fadenassel. **34)** mit langen Beinen (pedes) versehen.

V. Fam. **Isopŏda**[1]. Aſſeln[2], Gleichfüßer (§. 207,16.). §. 171.

*16. **Asĕllus**[2] aquatĭcus[3] L. Gemeine Waſſeraſſel (lebt im Waſſer).
*17. **Armadillo**[4] vulgaris[5]. Gemeine Roll[6]= oder Kugelaſſel[7].
5   A. officinarum[7]. Officinelle Kugelaſſel[7].
*   A. pulchĕllus Pz. Schöne Kugelaſſel[7] (pulchĕllus gar ſchön).
*18. **Porcellĭo**[8] scaber[9]. Rauher[9] Kelleresel oder Kellerwurm[10].
*   P. pictus. Bunter Kelleresel (pictus ſchön gefleckt, bunt, eigentlich bemalt).
†*19. **Onĭscus**[8] asĕllus[2] L. Maueraſſel ob. Maueresel[2], Schweinigel[8]
     (Fig. 311.).

VI. Fam. **Myriopŏda**[11]. Tauſendfüßer[11] (§. 208,20.). §. 172.

*20. **Julus**[12] terrēstris[13] L. Gemeiner Tauſendfuß[11].
*   J. sabulōsus L. Sandaſſel (an ſandigen Stellen lebend; sabŭlum Sand).
*21. **Polydĕsmus**[14] complanātus[15] Leach. Platter[15] Vielringler[14],
     Randaſſel[16] (Fig. 312.).
*22. **Scolopĕndra**[17] forlicāta[18] L. Gemeiner Scolopender[17].
*   S. morsĭtans[19] L. Beißender[19] Scolopender (Fig. 313.).
*23. **Glomĕris**[20] pustulata[21] F. Gemeine Schalenaſſel[22].
*   G. marginata[23] Leach. Gürtel[23]=Schalenaſſel.

VII. Fam. **Pœcilopŏda**[24]. Stachelfüßer[24] (§. 209,21.). §. 173.

24. **Limŭlus**[26] Polyphēmus[27] L. Moluttiſcher[28] Krebs (Fig. 314.).

VIII. Fam. **Phyllopŏda**[29]. Blattfüßer[29] (§. 210,25.). §. 174.

*25. **Apus**[30] cancriformis[31] Leach. Gemeiner Blattfuß.
Q*   **Calymēne**[32] Blumenbachi. Blumenbach's Trilobit[33] (Fig. 315.).
     (Entomolithes[34] paradōxus[35] Blbch.)

---

1) ἴσος gleich und πούς Fuß. 2) asĕllus, ein kleiner Eſel (asĭnus), ὀνίσκος der Griechen, unſer Kelleresel, Kelleraſſel, Aſſel. 3) im Waſſer (aqua) lebend. 4) Armadill, wegen der Aehnlichkeit mit den Gürteln eines Armadill ☞ S. 9, N. 41. 5) vulgaris gemein. 6) kann ſich zuſammenrollen und kugeln. 7) in der officina oder Apotheke früher gebräuchlich. 8) porcellĭo im Lateiniſchen der Kellerwurm, Kelleresel (porcĕllus Schweinchen; daher vielleicht Schwein= igel, worunter aber beſonders die ſich kugelnden Aſſeln verſtanden werden, welche an unreinen Orten leben und Unreinlichkeit lieben, wie die Schweine (S. 11. N. 16). 9) rauh; wegen der grobgekörnelten Ringel. 10) lebt vorzüglich an dunklen Orten, in Kellern. 11) mit tauſend, μυρίος d. h. mit ſehr vielen Füßen (πούς). 12) ἴουλος, iulus, der Wollige, eigentlich Milchhaar, Barthaar, auch das Kätzchen an Bäumen; hier der Vielfuß. 13) auf der Erde (terra) lebend. 14) πολύ= δεσμος mit vielen Gürteln (δεσμος), eigentlich ſehr geſeſſelt; wegen der zahlreichen Körperringel. 15) complanatus flach, platt, abgeplattet. 16) Randaſſel, wegen der ſeitlich ſcharf gerandeten Körperringel. 17) σκολόπενδρα bei Aristo= teles Tauſendfuß, Aſſel; auch ein Meerwurm, vielleicht Nereis, auf dies Thier von Linné übertragen. 18) mit einer Scheere (forfex); wegen des ſcheeren= förmig hintenausſtehenden letzten Fußpaars. 19) morsitans beißend. 20) glo= mĕro zuſammenknäueln; können ſich zuſammenrollen. 21) blatterfleckig (pustŭla Bläschen, Blatter). 22) Schalenaſſel; weil der Körper unterſeits ſchalenartig ausgehöhlt iſt. 23) Ringel hinten ſafrangelb gerandet (margo Rand) oder mit gelben Gürteln; daher auch Gürtel=Schalenaſſel genannt. 24) ποικίλος mannig= faltig gebildet und πούς Fuß. 25) Beine mit ſtachligen Hüftgliedern. 26) limus ſchräg, ſchielend, limŭlus ein wenig ſchielend, wegen der zwei dicht zuſammen= ſtehenden Augen. 27) der einäugige Cyclop auf Sicilien. 28) an den moluttiſchen Inſeln lebend. 29) φύλλον Blatt und πούς Fuß. 30) ἄ=πους ohne Fuß; bekommen erſt durch die Häutungen die zahlreichen Füße. 31) krebs= förmig (cancer Krebs und forma Form). 32) καλός ſchön und ὑμήν Häutchen, Hülle. 33) τρί-λοβος dreilappig; Körper durch Längsfurchen 3theilig. 34) ἔντομον Inſekt und λίθος Stein, weil Blumenbach das Thier für ein verſteinertes Inſekt hielt. 35) wunderbar, auffallend.

IX. Fam. **Lophyropŏda** [1]. Büschelfüßer [1] (§. 211,26.).

*26. **Cypris** [2] conchacĕa [3] L. Gemeiner Muschelkrebs [3].
* C. unifasciata [4]. Einbindiger [4] Pinselfloh [1] (Fig. 316.).
*27. **Cyclops** [5] quadricornis [6] L. Vierhörniger [6] Hüpferling [5] (Fig.317.).
*28. **Daphnia** [8] pulex [9] L. Gemeiner Wasserfloh [9] (Fig. 318.).

§. 175. X. Fam. **Parasita** [11]. Schmarotzerkrebse [11], Fischläuse [11] (§. 212,29.).

29. **Caligus** [12] curtus [13] Müll. (piscinus [14] L.?). Gemeine Fischlaus.
Lernaea [15] branchialis [16] L. Kiemenlaus [16].

XI. Fam. **Cirripedia** [17]. Rankenfüßer [17] (§. 213,30.).

*30. **Anatifĕra** [18] levis [19] Lam. Glatte [19] Entenmuschel [18] (F. 319. u. 320).
31. **Balānus** [20] tintinnabulum [21] L. Seetulpe [21], Meerglocke [20].
* B. sulcatus [23] Lam. Gefurchte [23] Seetulpe [21] (Fig. 321.).
32. **Coronŭla** [24] balaenaris [25] Gm. Walfischpocke [25].
*33. **Otion** [26] auritum [27] L. Gemeiner Langhals [28].

§. 176. VIII. Klasse. **Vermes** [29]. Würmer [29] (Ringelwürmer und Eingeweidewürmer). (§. 214.)

Uebersicht der IV Ordnungen der Würmer (§. 215.).

1. Annulata [30]. Ringel [30]- oder Gliederwürmer.
2. Turbellaria [31]. Strudelwürmer [31].
3. Helmintha [32] oder Entozōa [33]. Eingeweidewürmer [33].
4. Rotatoria [34]. Räderthierchen [34].

§. 177. I. Ord. **Annulāta** [30]. Ringel [30]-, Glieder- oder Rothwürmer [35] (4 Familien. §. 216.).

I. Fam. **Antennāta** [36]. Fühlerwürmer [36] (§. 216, 1.).

---

1) λόφουρος langhaarig, büschlig und πούς Fuß; also Büschelfüßer. **2)** Beiname der Venus, welche auf Cypern (Κύπρος) vorzüglich verehrt wurde. **3)** einer zweischaligen Muschel (concha) ähnlich. **4)** mit einer (unus) Binde (fascia). **5)** die Beine endigen in Vorstenpinsel. **6)** κύκλ-ωψ rundäugig, Cyclop, Schmiedeknecht Vulcan's im Aetna. **7)** mit 4 (quatuor) Hörnern, Fühlern (cornua). **8)** bewegt sich stoßweise, hüpfend. **9)** Daphne, Tochter des Stromgotts Peneios. **10)** Floh; wegen der hüpfenden Bewegung. **11)** παράσιτος, parasitus, mit oder bei einem Andern essend, auf Anderer Kosten lebend, Schmarotzer (schmarotzen an Fischen). **12)** caligo Finsterniß (Blödsichtigkeit?); ob wegen der 2 kleinen, kaum wahrnehmbaren Augen? **13)** kurz, verstümmelt. **14)** an Fischen (piscis) lebend. **15)** lernaeus, lernäisch (lernäische Schlange), vielleicht wegen der S- oder schlangenförmigen Krümmung des Thieres. **16)** an den Kiemen (branchiae) lebend. **17)** cirrus Haarlocke, Ranke und pes Fuß. **18)** anas Ente und ferre tragen, also Enten tragend, weil die Alten glaubten, daß aus ihnen sich Bernickelenten oder Ringelgänse bildeten. **19)** mit glatter (levis) Schale. **20)** βάλανος Eichel, Seeglocke. **21)** Glocke, Schelle. **22)** wegen der Aehnlichkeit. **23)** mit gefurchter (sulcatus) Schale. **24)** kleine Krone. **25)** auf dem Walfische (balaena) lebend. **26)** ωτίον Oehrchen. **27)** auritus geöhrt. **28)** wegen des langen Stiels. **29)** vermes Wurm. **30)** geringelt (annūlus Ring). **31)** turbella kleine Aufregung, Strudel (turbāre aufregen, verwirren). **32)** ἕλμις Wurm, Eingeweidewurm. **33)** ἐντός innerhalb und ζῶον Thier. **34)** rotator der Dreher, Räderer (rotare sich rad- oder kreisförmig herumdrehen). **35)** sind meist roth, während die Eingeweidewürmer weiß sind. **36)** antennae Fühler (der Insekten und Würmer).

* 1. **Aphrodite**[1] aculeāta[1] L. Goldraupe[1] (Fig. 322.).
* 2. **Nerëïs**[3] pelagīca[3]. Gemeiner Meerscolopender[6].

II. Fam. **Tubicŏlae**[7]. Röhrenwürmer[7] (§. 216,3.). §. 178.

* 3. **Arenicŏla**[8] piscatōrum[8] Lam. Pier[9] oder Fischer[9]=Sand=
wurm[9] (Fig. 17.).
* 4. **Sabélla**[10] penicillus[11] l.. Meerpinsel[12] ob. gemeiner Sandlöcher[11].
* 5. **Spirórbis**[12] nautiloides[13] Lam. Gem. Scheibenröhre[15] (F. 472.).
* 6. **Serpŭla**[7] vermicularis[7] Gm. Gemeine Wurmröhre[7].
* **♀**   S. triserrāta[18] Sow. Dreisägige[18] Wurmröhre (Fig. 323.).
* **♀**   S. coacervāta[19]. Zusammengehäufte[19] Wurmröhrchen (Fig. 324.).

III. Fam. **Terricŏlae**[20]. Erdwürmer[20] (§. 216,7.). §. 179.

* **≠** 7. **Lumbricus**[21] terrēstris[22] L. Gem. Regenwurm[21], Thauwurm[23].
* 8. **Tubifex**[24] rivulorum[25] Blainv. Bach[25]=Schlammwurm[26].
* 9. **Naïs**[27] proboscidea[27] Müll. Gezüngelte Naide[27] (Fig. 325.).

IV. Fam. **Apŏda**[28]. Glattwürmer[28] (§. 216,10.). §. 180.

* **♂♀** 10. **Hirŭdo**[31] medicinālis[31] L. Medicinischer[32] oder deutscher Blut=
egel[31] (Fig. 326.).
* **♂**   H. officinālis[33]. Ungarischer[34] Blutegel[31].
* **†** 11. **Haemöpis**[35] vorax[36]. Pferdeegel[37].
* *****   H. nigréscens[39]. Falscher Pferdeegel[37].
* *****   H. vulgaris[39] Müll. Achtängiger Pferdeegel[37].
* 12. **Sipuncŭlus**[40] nudus[41] Lam. Nackter[41] Heberwurm[42].
* *****   S. edūlis[43] Pall. Eßbarer[43] Heberwurm[40].

II. Ord. **Turbellaria**[44]. Strudelwürmer[44] (1 F. §. 217.). §. 181.

V. Fam. Strudelwürmer[44] (§. 217,13.).

13. **Nemértes**[45] (Borlasia[46]) Angliae[47] Ok. Riesen=Schnurwurm[48].

---

1) Göttin der Liebe bei den Griechen, aus Schaum (ἀφρός) entstanden, die Venus bei den Römern. **2)** stachlig (aculeus Stachel). **3)** spielt in Regen=bogenfarben. **4)** Nerëïs, Nereïde, Meernymphe. **5)** im Meere (pelagus) lebend. **6)** einem Scolopender (§.172.) ähnlich. **7)** Röhrenbewohner (tuba Röhre und colere bewohnen). **8)** Sandbewohner (arēna Sand und colere bewohnen). **9)** piscator Fischer. **10)** heißt im Dänischen pyr. **11)** lebt in einer Röhre von Sand (sabŭlum). **12)** Schwänzchen, Pinsel. **13)** spira Windung und orbis Kreis. **14)** einem Nautilus (S. 84, N. 22) ähnlich (εἶδος Gestalt). **15)** ist scheibenförmig zusam=mengewunden. **16)** kleine Schlange (serpens Schlange), Wurm. **17)** wurm=förmig (vermis Wurm). **18)** dreisägig (tres drei und serra Säge). **19)** zu=sammengehäuft. **20)** Erdbewohner (terra Erde und colere bewohnen). **21)** Ein=geweidewurm, Regenwurm. **22)** auf der Erde (terra) lebend. **23)** erscheinen vorzüglich nach starkem Thauen. **24)** tubus Röhre und facere machen. **25)** rivulus kleiner Bach. **26)** machen sich Röhren im Schlamme. **27)** Naïs, Quellen=Nymphe, Naide. **28)** mit einem Rüssel (proboscis). **29)** ☞ S. 41, N. 35. **30)** ohne Borsten, Fußhöcker rc. **31)** Blutegel, saugt Blut; hirudo viel=leicht von haerendo, weil sie sich anhängen. **32)** wird in der Medicin (als Arznei=mittel) gebraucht. **33)** in der Apotheke (officīna) gebräuchlich. **34)** lebt in Ungarn. **35)** αἷμα Blut und ὀπίζω saugen. **36)** gefräßig (stark Blut saugend). **37)** Pferd bedeutet in der Zusammensetzung wie hier so viel wie schlecht, gemein, von geringerm Werthe. **38)** schwärzlich. **39)** gemein, häufig. **40)** kleine Wasser=röhre, wegen der Aehnlichkeit. **41)** nackt. **42)** ähnlich einem Heber, dem kleinen In=strumente, womit man Flüssigkeiten, z. B. Wein, aus dem Fasse hebt. **43)** eßbar. **44)** turbella kleine Aufregung, Strudel (turbare aufregen, verwirren). **45)** Ne=mertes (Νημερτής), eine der Nereïden, Tochter des Nereus und der Doris, oder von νῆμα Faden, Schnur. **46)** nach Wilhelm Borlase, Pfarrer in Cornwals, welcher 1772 starb und durch seine Naturgeschichte von Cornwallis bekannt ist. **47)** Englands. **48)** kann sich auf 22 Fuß Länge ausdehnen.

* 14. **Planaria**[1] lactea[2] Müll. Milchweißer[2] Plattwurm[1] (Fig. 327).

§. 182. III. Ord. **Helmintha**[3] (Entozōa[4]). **Binnen**[4]= oder **Eingeweidewürmer**[3] (3 Fam. §. 217.).

VI. Fam. **Nematoīdēa**[5]. Faden[5]= oder Rundwürmer[5] (§. 217,13.).

‡ 15. **Filaria'** medinēnsis[7] Gm. Medina[7]=Fadenwurm[6], Nestelwurm[8].
  * F. erucārum[9] Schk. Raupen[9]=Fadenwurm.
†*16. **Strongylus**[10] gigas[11] R. Riesen=Pallisadenwurm.
†* St. armatus[12] R. Pferdewurm (großer Wurm im Pferde).
‡* St. filaria[6] R. Schafwurm (klumpenweise in der Luftröhre der Schafe).
†*17. **Ascaris**[13] lumbricoīdes[14] L. Gemeiner Spulwurm[15], Schlauch=wurm[13].
‡* A. vermiculāris[16] L. Kleiner Spulwurm[15], Aftermade[17], Kinderwurm[17].
* 18. **Gordius**[18] aquaticus[19] L. Wasser[19]=Fadenwurm[20], Wasserkalb[21].
  * G. lacteus[22] L. Milchweißer[22] Fadenwurm[20].
*19. **Anguillula**[23] acēti L. Essigälchen (acētum Essig).
  * A. glutīnis. Kleisterälchen (gluten Kleister).
†* 20a. **Echinorhynchus**[24] gigas[11] Müll. Riesenkratzer (Fig. 330.).
‡* 20b. **Trichina**[25] spiralis[26]. Spiralige[26] oder schraubig[26] gewundene Trichine[25], Darm = oder Muskel[27]=Trichine (Fig. 331 A.).

§. 183. VII. Fam. **Tremàtōda**[28]. Saugwürmer oder Gabeldärmer (§. 217,21.).

‡* 21. **Distoma**[29] hepaticum[30] L. Leberegel[29] (Fig. 329. u. 331B.).
*22. **Diplostōmum**[31] volvens[32]. Doppelmund[31].

§. 184. VIII. Fam. **Cestoīdēa**[33]. Bandwürmer[33] (§. 217, VIII.).

a. Unentwickelte Bandwürmer.

‡* **Echinocóccus**[34] homīnis[35] R. Menschen[35]-Blasenwurm, Igelkorn[34].
‡* E. veterinōrum[36] R. Blasenwurm der Haustthiere[36].

---

1) Planus flach, platt. **2)** milchweiß (lac Milch). **3)** ἕλμινς Wurm, Eingeweidewurm. **4)** ἐντός; innerhalb und ζῶον Thier, also inneres Thier, Eingeweidewurm. **5)** νῆμα Faden und εἶδος Gestalt. **6)** filum Faden. **7)** Medina, eine Stadt in Guinea, auf Afrika's Westküste. **8)** sind im Fleische zusammengerollt, wie ein Haarnest. **9)** vorzüglich in Raupen (erūca) lebend. **10)** στρογγύλος gewunden. **11)** Gigant, Riese; die Giganten stürmten den Himmel, wurden aber von Jupiter mit dem Blitze erschlagen und unter dem Aetna begraben. **12)** bewaffnet (Mund mit Häkchen). **13)** ἀσκός Schlauch, ἀσκαρίς Eingeweidewurm. **14)** einem Regenwurme (lumbricus) ähnlich (- είδής). **15)** drehrund wie eine Spule (Federspule). **16)** wurmförmig (vermis Wurm). **17)** Kindern häufig abgehend. **18)** nach Gordius benannt, König von Gordium, dessen unlöslichen Knoten Alexander der Große mit dem Schwerte zerhieb; daher die Bedeutung verschlungen (verschlingen und entschlingen sich auf die zierlichste Weise im Wasser). **19)** lebt im Wasser (aqua). **20)** einem Bindfaden ähnlich. **21)** weil er den Kälbern schädlich sein soll, wenn er von denselben mit dem Wasser hineingeschluckt wird. **22)** schnee = oder milchweiß (lacteus, von lac Milch). **23)** ein kleiner Aal (anguilla). **24)** ἐχῖνος Igel (S. 4) und ῥύγχος Rüssel. **25)** θρίξ Haar. **26)** schneckenförmig, wie eine Uhrfeder. **27)** leben in den Fasern der Muskeln. **28)** τρῆμα-ωτή; durchlöchert (τρῆμα Loch und εἶδος Gestalt). **29)** δί-στομος doppelmündig. **30)** in der Leber (hepar) lebend. **31)** διπλόος doppelt und στόμα Mund. **32)** wälzend. **33)** κεστός Gürtel (Band) und εἶδος Gestalt; also gürtelförmige Thiere, Bandwürmer. **34)** ἐχῖνος Igel und κόκκος Korn; also Igelkorn; von Größe eines Sandkorns und mit Stacheln wie ein Igel. **35)** des Menschen (homo). **36)** veterina, veterinōrum, Zugvieh, Hausvieh, wahrscheinlich zusammengezogen aus vehiterinus, von vehere, ziehen. Veterinär = Arzt oder Thierarzt.

‡* **Coenurus**[1] cerebralis[2] R. Drehwurm[3], Blasenwurm des Schaf-
gehirns[2] oder Schafsquese (Fig. 332. u. 333.).
‡* **Cysticercus**[4] cellulosae[5] R. Gemeine Wasserblase[6], Blasen-
schwanz, Hydatide[6], Finne (Fig. 334.).
†* C. pisiformis[7]. Erbsenförmige[7] Wasserblase.

b. Entwickelte Bandwürmer.

‡* 23. **Bothriocephalus**[8] latus[9] L. Breitgliedriger[9] Bandwurm,
Grubenkopf[8] (Fig. 335.).
‡* 24. **Taenia**[10] solium[11] L. Langgliedriger[11] oder Kürbis[12]-Band-
wurm (Fig. 336.).

IV. Ord. **Rotatoria**[13]. **Räderthierchen**[13] (4 Fam. §. 218.). §. 185.

IX. Fam. **Monotrŏcha**[14]. Ring-Räderthierchen (§. 218,25.).

* 25. **Ichthydium**[15] podūra[16] Müll. Gelbliches Wimperfischchen[15].
* 26. **Chaetonŏtus**[17] larus[17] Müll. Langes Borstenthierchen[17] (F. 337.).

X. Fam. **Schizotrŏcha**[18]. Kerb-Räderthierchen[18] (§. 218,27.).

* 27. **Melicĕrta**[20] ringens[21] L. Gem. Großräderthierchen (Fig. 338.).

XI. Fam. **Zygotrŏcha**[22]. Doppel-Räderthierchen[22] (§. 218,28.).

* 28. **Rotifer**[13] vulgāris[24] Schk. Gem.[27] Wirbelthierchen (Fig. 339.).
* 29. **Brachiŏnus**[25] urceolaris[26] Müll. Becher-Wappenthierchen
(Fig. 340.).

XII. Fam. **Poiytrŏcha**[27]. Viel-Räderthierchen[27] (§. 218,30.).

* 30. **Hydatina**[28] senta[29] Müll. Gewöhnliches Krystallthierchen[28]
(Fig. 341.).

---

1) Κοινός gemeinschaftlich und οὐρά Schwanz (mehre Würmer hängen an
gemeinschaftlicher Blase). **2)** im Gehirne (cerebrum) lebend. **3)** Ursache der
Drehkrankheit der Schafe. **4)** κύστις Blase und κέρκος Schwanz; also Blasen-
schwanz. **5)** tela cellulōsa oder Zellgewebe. **6)** ὕδατις Wasserblase. **7)** von
Gestalt oder Form (forma) einer Erbse (pisum). **8)** βοθρίον Grübchen und
κεφαλή Kopf; also Grubenkopf. **9)** mit breiten (latus) Gliedern. **10)** taenia
Bandwurm. **11)** solus allein, einzeln, weil man fälschlich glaubte, es finde sich
immer nur ein einziger im Menschen. **12)** die Glieder sind lang und ähneln
Kürbiskernen. **13)** rotātor Herumdreher, Räderer (rota Rad und rotāre rad-
förmig drehen). **14)** μονό-τροχος einräderiger Karn (nur mit einem Räder-
organe). **15)** ἰχθύδιον Fischchen. **16)** πούς Fuß und οὐρά Schwanz ☞ S. 72,
N. 8. **17)** χαίτη Mähne und νῶτος Rücken (mit langen Rückenborsten). **18)** ein
gefräßiger Seevogel, unsere Möve. **19)** σχίζω spalten und τρογός Kreis, Rad;
daher Kerbrad. **20)** ein Meergott, Sohn der Juno. **21)** den Rachen aufsper-
rend. **22)** ζυγός Joch und τρογός Rad; daher Doppelrad. **23)** Rad (rota)
tragend (ferre tragen). **24)** gemein, häufig. **25)** βραγίων, ονος Arm, Schulter.
26) einem kleinen Kruge, Becher (urceŏlus) ähnlich. **27)** πολύς viel und
τρογός Rad. **28)** ὑδάτινος wasserhell (ὕδωρ Wasser); daher Krystallthierchen.
29) sentus rauh, dornig; wegen der Wimpern der Räderorgane.

§. 186.   Dritter Kreis (S. 1).

Malacozōa. Weich= oder Schleimthiere (§. 219.).

IX. Klasse. **Mollūsca.** Weichthiere (7 Ord. §. 220.).

§. 187.   Uebersicht der VII Ordnungen der Weichthiere (§. 221.).
1. Cephalopŏda. Kopffüßer (Fig. 358.).
2. Pteropŏda. Flossenfüßer (Fig. 359.).
3. Gasteropŏda. Bauchfüßer (Fig. 360. u. 361.).
4. Heteropŏda. Kielfüßer (Fig. 362. u. 363.).
5. Brachiopŏda. Armfüßer (Fig. 364.).
6. Conchifera. Muschelthiere (Fig. 420.).
7. Tunicāta. Mantelthiere (Fig. 366.).

§. 188.   *A. Cephalophŏra.* Kopf=Weichthiere (§. 222.).

I. Ord. **Cephalopŏda.** Kopffüßer (2 Fam. §. 222.).

I. Fam. Einkammerige Kopffüßer (§. 222, 1.).
3* 1. **Loligo** vulgāris. Gemeiner Kalmar.
♃ * 2. **Sepia** officinalis L. Gemeiner Dintenfisch (Fig. 358.).
* 3. **Octōpus** vulgāris Lam. Gemeine Meerspinne.
4. **Argonauta** argo L. Papierboot.

§. 189.   II. Fam. Vielkammerige Kopffüßer (§. 222, 5.).
5. **Nautīlus** pompilius L. Gemeines Schiffsboot (Fig. 367.).
♆* N. bidorsatus v. Schl. Doppelrückiges Schiffsboot.
6. **Numulīna** levigata Lam. Glatter Nnumulit (Fig. 485.).
♆* 7. **Ammonites** (Goniatites) costulātus. Gekielter Goniatit (Fig. 368.).
♆* A. (Ceratites) nodōsus Brug. Knotiges Ammonshorn (Fig. 369.).

---

1) Μαλακός oder mollis, molluscus, weich und ζῶον Thier; also Weichthiere. 2) κεφαλή Kopf und πούς Fuß; also Kopffüßer, indem die Arme (Füße) am Kopfe im Kreise um den Mund stehen. 3) πτερόν Flügel, Flosse und πούς Fuß; also Flossenfüßer. 4) γαστήρ Bauch und πούς Fuß; also Bauchfüßer. 5) ἕτερος verschieden, abweichend und πούς Fuß, mit verschiedenem, abweichendem Fuße (mit beil- oder kielförmiger Sohle). 6) βραχίων Arm und πούς Fuß; also Armfüßer. 7) concha Muschelschale und -ferus tragend; also Muschelträger, Muschelthiere. 8) mit einer tunica, Unterkleide, Bekleidung (Mantel); also Mantelthiere. 9) κεφαλή Kopf und φορός tragend; also Kopfträger. 10) Gehäuse ohne Fächer im Innern. 11) Dintenfisch. 12) gemein, häufig. 13) theca calamaria Dintenfaß. 14) Dintenfisch. 15) in der Apotheke (officina) gebräuchlich. 16) ὀκτώ acht und πούς Fuß (hat 8 Arme um den Mund). 17) wegen der langen Arme einer Spinne ähnlich. 18) Argusschiffer. 19) das Schiff, auf welchem die Griechen das goldene Vließ (Widderfell) von Colchis holten. 20) einem papierdünnen Boote ähnlich. 21) Gehäuse mit vielen Fächern im Innern. 22) Schiffsboot, unser Argonauta. 23) πομπίλος Lootsenfisch. ☞ S. 35, N. 39. 24) mit doppeltem (bis) Rücken (dorsum), mit ausgefurchtem, zweispaltigem Rücken. 25) numulus kleines Geldstück (numus); wegen der Aehnlichkeit. 26) glatt. 27) wegen der Aehnlichkeit mit den Widderhörnern, mit welchen der ägyptische Jupiter (Jupiter Ammon) dargestellt wurde. 28) γωνία Winkel und die Endsilbe ites, welche eine ausgestorbene Gattung bezeichnet. 29) fein gekielt. 30) κέρας Horn und ites. 31) knotig (nodus Knoten).

♃* Ammonites⁷⁾ capricōrnus⁷⁾ v. Schl. Steinbodshorn⁷⁾ (Fig. 370.).
♃* A. amalthēus⁷⁾ v. Schl. Amaltheenhorn⁷⁾ (Fig. 371.).
♃* A. biplex⁷⁾ Sow. Gabelrippiges⁷⁾ Ammonshorn⁷⁾ (Fig. 372.).
♃* A. varïans⁷⁾ Sow. Veränderliches⁷⁾ Ammonshorn⁷⁾ (Fig. 373.).
♃* 8. **Orthocēras**⁷⁾ annulatum⁷⁾. Geringeltes⁷⁾ Geradhorn⁷⁾ (Fig. 374.).
♃* 9. **Belemnites**⁷⁾ digitalis⁷⁾. Fingerförmiger⁷⁾ Donnerkeil¹⁰⁾, Teufelsfinger¹¹⁾, Alvesstein (Fig. 376 A.).
♃* B. mucronātus¹⁰⁾. Stachelspitziger Donnerkeil¹⁰⁾ (Fig. 376 B.).

II. Ord. **Pteropŏda**¹²⁾. **Floſſenfüſſer**¹²⁾ (1 Fam. §. 223.). §. 190.

III. Fam. **Floſſenfüſſer**¹²⁾ (§. 223, 10.).

10. **Clio**¹³⁾ borealis¹⁴⁾ L. Nordisches¹⁴⁾ Walfischaas¹⁵⁾ (Fig. 377.).
11a. **Hyalēa**¹⁶⁾ tridentāta¹⁷⁾ Lam. Dreizähnige¹⁷⁾ Glasschnecke¹⁶⁾.
11b. **Cleodōra**¹⁸⁾ pyramidata Lam. (pyramidenförmig). (Fig. 359.).

III. Ord. **Gasteropŏda**¹⁹⁾. **Bauchfüſſer**¹⁹⁾ oder §. 191.
Schnecken¹⁹⁾ (3 Familien. §. 224.).

IV. Fam. **Pulmonāta**²¹⁾. Lungenschnecken²¹⁾ (§. 224, 12.).

a. Landschnecken (leben auf dem Lande).

♊ *12. **Limax**²²⁾ empiricōrum²³⁾ Fer. Große Wegschnecke²⁴⁾ (Fig. 360.).
♊* L. agrēstis L. Ackerschnecke (ager Acker).
♈ *13. **Helix**²⁴⁾ pomatïa²⁵⁾ L. Große Weinbergsschnecke.
* H. arbustōrum L. Gefleckte Schnirkelschnecke (arbūstum Baumgarten).
* H. nemoralis L. Hain-Schnirkelschnecke (nemus Hain).
* H. hortēnsis Müll. Garten-Schnirkelschnecke (hortus Garten).
* H. ericetōrum²⁶⁾ Müll. Heide²⁶⁾-Schnirkelschnecke.
* H. obvolūta²⁷⁾ Müll. Aufgerollte²⁷⁾ Schnirkelschnecke.
* H. personāta²⁸⁾ Lam. Masken²⁸⁾-Schnirkelschnecke.

---

1) Wegen der Aehnlichkeit mit den Widderhörnern, mit welchen der ägyptische Jupiter (Jupiter Ammon) abgebildet wurde. 2) Ziegenhorn oder Steinbockshorn (capra Ziege und cornu Horn). 3) Amalthēa, eine Nymphe, welche den Jupiter mit der Milch einer Ziege säugte, nach Andern der Name dieser Ziege selbst. 4) zweifaltig, gablig. 5) veränderlich. 6) ὀρθός gerade und κέρας Horn; also Geradhorn. 7) geringelt. 8) βέλεμνον Geschoß. 9) fingerförmig. 10) weil die Alten glaubten, daß der donnernde Jupiter sie auf die Erde schleudere. 11) weil einige fingerförmig sind und man sich ihren Ursprung nicht erklären konnte, sie daher mit dem Teufel in Verbindung brachte. 12) πτερόν Flügel, Floſſe und πούς Fuß. 13) Κλειώ Muse der Geschichte. 14) nordisch. 15) gewöhnlichste Walfischnahrung. 16) ὑάλεος glasartig. 17) mit 3 (tres) Zähnen (dentes). 18) Κλειώ, Muse Klio und δῶρον Geschenk. 19) γαστήρ Bauch und πούς Fuß. 20) Schnecke, Schnake, holländisch snog, engl. snake kriechen, daher Schnecke, Schlange, mittelhochdeutsch snecke, ein geschnäbeltes Schiff, so daß auch Schnake oder Stechmücke daher vielleicht wegen seines stechenden Rüssels den Namen hat. Die Schafe der Lüneburger Heide heißen auch Schnaken, Heidschnaken, Heidschnucken. 21) athmen durch Lungen (pulmones). 22) limax Wegschnecke, liebt Schlamm (limus). 23) empirïcus Empiriker, Erfahrungsgelehrter, ein Arzt, welcher nach vermeintlichen Erfahrungen (ἐμπειρία) heilt. Wurde früher gegen Brustkrankheiten gebraucht. 24) ἕλιξ Windung, Schnecke, Epheu. 25) pometum Obstgarten. 26) ericētum Heideplatz, wo vorzüglich Heide (erica) wächst. 27) obvolūtus eingewickelt, aufgerollt. 28) persōna Maske, Larve, Person. 29) mit einer aufgesetzten Stachelspitze (mucro).

*14. **Carocólla**[1] lapicida[2] L. Gemeine Lampenschnecke[2], Steinpicker[2].
*15. **Bulimus**[2] obscūrus[5] Müll. Dunkelfarbige[5] Vielfraßschnecke[5].
*16. **Clausília**[2] bidens[2]. Zweizähnige[7] Schließmundschnecke[6] (F.350.).
*17. **Pupa**[2] muscōrum L. Moosschraube (muscus Moos). (Fig. 378.)
    P. ova[2] L. Bienenkörbchen (einem Bienenkorbe ähnlich). (Fig. 351.)
*18. **Achatina**[10] lubrĭca[11] Brug. Glatte Achatschnecke.
  † A. zebra Lam. (ähnlich wie das Zebra — equus zebra — gezeichnet).
  ‡ A. mauritiana L. (auf der Insel Moritz lebend).
*19. **Succinēa**[12] amphibĭa[13]. Gemeine Bernsteinschnecke[12] (Fig. 355).
*20. **Vitrīna**[14] pellucĭda[15]. Durchsichtige[15] Glasschnecke[14].
*21. **Cyclostōma**[16] elegans[17] Müll. Zierliche Kreismundschnecke[16] (Fig. 379.).

b. Süßwasserschnecken (leben im Süßwasser).

*22. **Planórbis**[18] cornéus[19] L. Große Tellerschnecke[20], Posthörnchen[20].
*   P. carinatus[21]. Gekielte[21] Tellerschnecke (Fig. 349, A. u. C.).
*   P. marginatus[22]. Gerandete[22] Tellerschnecke (Fig. 349, B.).
*23. **Physa**[23] fontinalis[24] L. Quellen[24]-Blasenschnecke[23].
*   Ph. hypnorum. Gemeine Blasenschnecke (hypnum Baummoos).
*24. **Limnaeus**[25] auricularĭus[26]. Ohr-Schlammschnecke[25] (Fig. 382.).
*   L. stagnalis[27] Müll. Sumpf[27]-Schlammschnecke[25] (Fig. 380.).

§. 192.   **V.** Fam. Kammkiemer[29] (§. 224, 25.).

*25. **Valváta**[29] piscinalis[30] Müll. Gemeine Kammschnecke[29] (Fig. 354.).
*26. **Paludína**[31] impura[32] Lam. Schmutzige[32] Sumpfschnecke[31] (Fig. 353.).
♫*27. **Melania**[33] striata[34] Sow. Gestreifte Kronschnecke (Fig. 386.).
  28. **Solarium**[35] perspectivum[36] L. Perspectivschnecke (Fig. 387.).
  29. **Trochus**[37] nilotĭcus[38] L. Nil[38]-Edmund[37] (Fig. 388.).
*   T. cinerarius L. Aschgrauer Edmund (cinereus aschgrau).
      T. agglutinans[40] L. Trödelweib[40].
  30. **Delphinúla**[41] laciniata[42] Lam. Gemeine Lappenschnecke[42].

---

1) Portugiesischer Name für Schnecke. **2)** Steinhauer (lapis-caeda), weil Linné irrthümlich glaubte, diese Schnecken könnten durch anhaltendes Saugen Kalksteine auflösen. **3)** wegen der Aehnlichkeit mit einer römischen Lampe. **4)** βοῦς-λιμός (βοῦς Ochs und λιμός Hunger; Ochsenhunger) Heißhunger, Freßgier. **5)** dunkel (ist dunkel gefärbt und deshalb an ihrem Aufenthaltsorte leicht zu übersehen). **6)** clausus geschlossen, weil das Gehäuse durch ein besonderes Kalkstückchen geschlossen wird. **7)** mit 2 (bis) Zähnen (dens Zahn). **8)** Puppe, Wickelkind. **9)** Weintraube. **10)** achates Achatstein (oft ähnlich gezeichnet). **11)** lubricus schlüpfrig, glatt. **12)** succinum Bernstein, wegen Farbe und Durchsichtigkeit. **13)** ἀμφίβιον Amphibie, Beidleber ☞ S. 28, N. 11. **14)** vitrum Glas, wegen ihrer Durchsichtigkeit und geringen Dicke. **15)** pellucidus durchsichtig. **16)** κύκλος Kreis und στόμα Mund, Mündung. **17)** zierlich. **18)** planus eben und orbis Kreis (in einer Ebene kreisförmig aufgewickelt). **19)** hornfarbig (cornu Horn). **20)** wegen der ähnlichen, flachen und gewundenen Form. **21)** carinatus gekielt. **22)** marginatus gerandet. **23)** φῦσα Blase. **24)** an Quellen (fontes) lebend. **25)** λίμνη Sumpf, λιμναῖος zum Sumpfe gehörig. **26)** ohrförmig (auris Ohr). **27)** stagnum Sumpf. **28)** athmen mit kammförmigen Kiemen. **29)** valva Flügelthür; ob wegen des weiten Nabels. **30)** piscina Fischteich. **31)** in Sümpfen (palus) lebend. **32)** unrein (ist meist mit Schlamm überzogen). **33)** μελανία die Schwärze; weil die Gehäuse der lebenden Arten meist einen schwärzlichen Ueberzug haben. **34)** striatus gestreift. **35)** Sonnenuhr (sol Sonne). **36)** perspectivisch, von perspicere durchsehen. **37)** Kreisel, Rad. **38)** im Nile lebend. **39)** Mündung eckig. **40)** agglutinare anleimen, ankleben, weil dem Gehäuse nach außen allerlei Steinchen und Conchylien-Bruchstücke eingeklebt sind. **41)** Verkleinerungswort von delphinus, Delphin. **42)** geschlitzt (lappig); das Gehäuse mit lappigen Anhängen.

31. **Turbo**[1] pica L. Gemeine Kreiselschnecke[1], Elster (pica Elster). §. 192.
    T. chrysostŏmus L. Goldmund (χρυσό-στομος mit goldener Mündung).
    T. argyrostŏmus L. Silbermund (ἄργυρος Silber u. στόμα Mündung).
* 32. **Litorina**[2] litorĕa[2] L. Gemeine Uferschnecke[2] (Fig. 352.).
    L. muricāta[4] L. Stachlige Uferschnecke.
33. **Monodŏnta**[5] modŭlus[6] L. Gemeiner Einzahn[5].
🕱*   M. purpurĕa. Purpurner Einzahn (purpurĕus purpurfarbig). (F.389.).
34. **Scalaria**[6] pretiōsa[8] Lam. Echte Wendeltreppe[7] (Fig. 390.).
    S. commūnis Lam. Unechte Wendeltreppe (communis gemein).
35. **Turritĕlla**[9] duplicāta[10] Lam. Doppellinige[10] Schraubenschnecke[11].
    T. imbricāta[10] L. Ziegeldachige[10] Schraubenschnecke[11] (Fig. 391.).
36. **Natica**[12] canrēna[12] L. Gemeine Nabelschnecke[12] ob. Schwimm-
    schnecke[12].
    N. mamillaL. Weiße Nabelschnecke (weiß wie eine kleine Brust, mamilla).
    N. lineata[15] Lam. Liniirte[15] Nabelschnecke (Fig. 342.).
*   N. glaucĭna[16] L. Bläulichgraue Nabelschnecke.
37. **Nerita**[17] tesselata[18] l. Gewürfelte Mondschnecke[17].
    N. pelorŏnta[20] L. Blutzahn (Spindel mit 2 blutrothen Zähnen).
* 38. **Neritina**[17] fluviatilis[21] L. Fluß = Schwimmschnecke.
39. **Fasciolaria**[22] tulĭpa[23] L. Gemeines Bandhorn[22] (Fig. 392.).
🕱* 40. **Nerinĕa**[24] Visūrgis[25] Br. Weser[25] Nereusschnecke[24] (Fig. 393.).
41. **Cerithium**[26] vulgatum[27] Brug. Gemeine Hornschnecke[26].
    C. vertăgus L. Windhund (vertagus Windhund).
🕱*   C. margaritacĕum[28] Brong. Beperlte[28] Hornschnecke[26] (Fig. 394.).
42. **Fusus**[29] morio[30] L. Mohrenbinde[30], schwarze Spindelschnecke[29].
    F. colus L. Lange Spindel (colus Spinnrocken).
43. **Pirŭla**[29] ficus[31] L. Feige[31] oder gemeine Feigenschnecke.
44. **Murex**[33] brandāris[34] l. Brandhorn[35] = Stachelschnecke[33].
    M. haustellum[37] F. Schnepfenkopf[37].
    M. tenuispĭna[41] Lam. Doppelter Spinenkopf[37] (Fig. 395.).

---

1) Kreisel. 2) litus, litŏris Ufer. 3) am Ufer (litus) lebend. 4) muricatus stachlig, eigentlich einer Purpurschnecke (murex) ähnlich. 5) mit einem (μόνος) Zahne (ὀδούς) auf der Spindel. 6) modŭlus, ein kleines Maß. 7) scala Treppe (Wendeltreppe). 8) pretiōsus kostbar. 9) ein kleiner Thurm (turris). 10) duplicare verdoppeln; wegen der 2 scharfen Kiele auf den Windungen. 11) schraubenförmig gewunden. 12) no, navi, natum schwimmen; also Schwimmschnecke. 13) vielleicht indische Benennung, von Rumph zuerst eingeführt. 14) wegen des weiten Nabels. 15) mit gedrängten Linien (linea) umzogen. 16) glaucus bläulich-grau (blauäugig); wegen des schönen, bläulichen Wirbels. 17) νηρίτης; Schwimm-schnecke, eine bunte Meerschnecke der Alten; Neretina, eine kleine Nerita. 18) tesselatus gewürfelt. 19) wegen der halbmondförmigen Mündung. 20) nach Agassiz von πέλωρος riesenhaft; vielleicht nach Pŏloront, einer der 10 Banda-Inseln im moluckischen Meere, wo sie lebt. 21) in Flüssen (fluvii) lebend. 22) fasciŏla Bändchen. 23) tulĭpa Tulpe. 24) Nerine oder Nerinēis. Tochter des Nereus, eine Meernymphe oder Nereide. 25) findet sich in den Gebirgslagen des Weserthals. 26) cerithium, κεράτιον, kleines Horn (κέρας). 27) vulgatus gemein. 28) mit perlförmigen Umgängen (margarita Perle). 29) fusus Spindel. 30) maurus Mohr, entweder wegen der Zeichnung oder wegen des Vaterlandes (Afrika). 31) eine kleine Birne (pirum), wegen der Form. 32) ficus Feige. 33) Name der Purpurschnecke bei Plinius. 34) Brandhorn, latinisirt in brandaris. 35) Brandhorn nannte man die schwarzen, gleichsam angebrannten Stachelschnecken, namentlich Murex saxatilis L. Ist jedoch von Linné irrthümlich auf diese Art übertragen. 36) wegen der Sta-cheln auf den Wülsten der Umgänge. 37) Schöpfer, kleine Schöpfmaschine (haustrum). 38) wegen entfernter Aehnlichkeit. 39) mit dünnen (tenŭis) Dornen (spina). 40) imbricātus, wie Dachziegel aneinander liegend. 41) mit doppelten Dornen (spina).

§. 192.

45. **Tritonium**[1] variegātum[2] Lam. Tritonshorn[1], gemeine Trompetenschnecke[2] (Fig. 396.).
46. **Rostellaria**[3] pes pelecāni[4] L. Pelekansfuß[4].
47. **Strombus**[5] gigas[5] L. Große[5] ob. rothmünbige[5] Flügelschnecke[5].
St. auris[10] Diänae[10] L. Dianenohr[10] (Fig. 343.).
48. **Pterocĕras**[11] lambis[12] L. Teufelsklaue, gemeine Flügelhornschnecke[11].
☠* Pt. oceäni[13] Brong. Meer[13]-Flügelschnecke (Fig. 397.).
49. **Cassis**[14] cornūta L. Echte Sturmhaube[14] (gehörnt – cornu Horn).
C. rufa L. Feueriger Ofen (rufus roth, feuerroth in der Mündung).
☠* C. cancellata[15] Desh. Gitter-Sturmhaube (Fig. 398.).
C. testicŭlus L. Polnische Mütze (testiculus Hode).
50. **Ovŭla**[16] oviförmis[17] Lam. Das Hühnerei (Fig. 399.).
O. longiröstris[18]. Langschnäbliges[18] Weberschiffchen[19] (Fig. 400.).
♈ 51. **Cypraea**[20] tigris L. Tiger[21]-Porzellanschnecke[22], Tigermuschel[21].
C. caput serpēntis[23] L. Kleiner Schlangenkopf (Fig. 401.).
C. arabīca[24] L. Buchstaben-Porzellane.
C. lynx L. Katerlak (lynx Luchs).
♈ C. caurica L. Kauri ob. Pocken-Porzellane (Kauri in Guinea genannt).
C. erösa[25] L. Brandfleck[25].
♈ C. monēta L. Otternköpfchen, Kauri (monēta Münze).
C. annŭlus L. Ring-Porzellane (wegen des gelben Ringes — annŭlus).
52. **Conus**[26] marmoreus[27] L. Marmorkegel[26], Marmortute[26] (Fig. 402.).
C. hebraeus L. Bauern-Musik (hebräischer Schrift ähnlich).
C. miles L. Der Soldat (miles Soldat).
C. virgo L. Die Kerze (virgo Jungfrau).
C. arausiäcus[28] L. Orange[28]-Admiral.
C. cedo nulli L. (ich weiche, cedo, Niemandem, nulli).
53. **Terĕbra**[29] maculata[35] L. Gefleckte Schraube.
54. **Purpŭra**[30] patula[31] L. Weitmund[31], Purpurschnecke.
55. **Harpa**[32] ventricösa[33] Lam. Davidsharfe (Fig. 361.).
56. **Dolium**[34] maculātum[35] Lam. Gefleckte Tonne.

---

1) Tritonshorn, Τρίτων, ein Meergott. ☞ S. 33, N. 36. **2)** buntscheckig.
3) wird zum Blasen auf der Jagd benutzt. **4)** rostēllum Schnäbelchen; wegen der langen, nicht zurückziehbaren Schnauze des Thiers; daher Schnauzenschnecke. **5)** pes Fuß und pelecanus Pelekan (S. 27). **6)** στρομβός eine Art gewundener Schnecken. **7)** ☞ S. 82, Note 11. **8)** wegen der rosenrothen Mündung. **9)** wegen der flügelartig ausgebreiteten Außenlippe der Schale. **10)** auris Ohr und Diana, Göttin der Jagd. **11)** πτερόν Flügel und κέρας Horn, wegen des hornförmig (fingerförmig) getheilten Flügels. **12)** nach dem französischen lambeau Lappen. **13)** oceänus Weltmeer. **14)** cassis Helm, Sturmhaube. **15)** cancellātus gegittert. **16)** ovŭlum kleines Ei (ovum). **17)** von obgestalt (forma) eines Eies (ovum). **18)** mit langem (longus) Schnabel (rostrum). **19)** wegen der Aehnlichkeit mit einem Weberschiffchen. **20)** Κύπρις die cyprische (auf der Insel Cypern verehrte) Göttin Venus, nach welcher die Alten diese Muscheln conchae venerĕae nannten. **21)** wegen der Färbung. **22)** porcellāna, Porzellanmuschel im Italienischen (von porcēllus, χοῖρος, junges Schwein, wollen es Einige ableiten); von der Aehnlichkeit hinsichtlich der Glätte und des Glanzes mit diesen Schnecken erhielt das Porzellan seinen Namen. **23)** dem Kopfe (caput) einer Schlange (serpēntis) ähnlich. **24)** die Zeichnungen ähneln arabischen Buchstaben. **25)** erosus ausgebeizt, weil der Rand 2 gleichsam gebeizte Flecken hat. **26)** Kegel, Tute. **27)** marmorirt. **28)** arausiacus, aurisiäcus orangeroth, von aurantium, Orange. **29)** Bohrer, Schraube. **30)** Purpurschnecke. **31)** patulus, weit offen stehend. **32)** Harfe. **33)** ventricösus, bauchig. **34)** Tonne, Faß. **35)** maculātus gefleckt.

*57. **Buccīnum**[1] undatum[2] L. Das Wellhorn (Fig. 403.).
58. **Volvaria**[3] monilis[?] Lam. Halsband[?]-Wickelschnecke[?].
59. **Marginélla**[?] lineata[?] Lam. Gemeine Randschnecke[?] (Fig. 404.).
60. **Columbélla**' mercatoria[?] L. Das brütende Täubchen.
61. **Mitra**[?] papalis L. Pabstkrone (päbstlich — papa Pabst). (Fig. 344.)
    M. episcopalis L. Bischofsmütze (bischöflich — episcopus Bischof).
62. **Volūta**[?] vespertilio[?] L. Fledermans[?]-Rollschnecke[?].
    V. zebra[?] Leach. Zebra-Rollschnecke (Fig. 405.).
    V. musīca[?] L. Notenschnecke[?].
63. **Cymbium**[?] Neptuni[?] Lam. Neptunswagen[?].
    C. armātum[?] Lam. Bewaffnete[?] Kahnschnecke[?] (Fig. 406.).
64. **Oliva**[?] utricūlus Lam. Schlauchdattel (utricūlus Schlauch).
    O. ispidūla[?] Lam. Das Glimmerchen.
🐚*   O. Dufresnéi[?]. Dufresne's Dattel (Fig. 407.).

VI. Fam. **Heterobranchïa**[?]. Verschiedenkiemer[?] §. 193.
(§. 224, 65.).

‡ 65. **Aplysia**[?] depilans[?] L. Gem. Seehase[?], Giftkuttel[?] (Fig. 408.).
66. **Bulla**[?] striāta Brug. Gestreifte Blasenschnecke[?] (striatus gestreift).
    B. ampūlla[?] Brug. Bauchige Blasenschnecke[?] (Fig. 409.).
67. **Haliötis**[?] tuberculata[?] L. Gemeines Seeohr[?] (Fig. 410.).
68. **Fissurélla**[?] barbadénsis[?] L. Gemeine Schlitzschnecke[?].
    F. graeca L. Griechische Schlitzschnecke (graecus griechisch).
69. **Emarginūla**" fissūra[?] L. Gemeine Ritzschnecke.
70. **Patélla**[?] vulgāta L. Gemeine Napfschnecke (vulgātus gemein).
    P. ocūlus. Augen-Napfschnecke (ocūlus Auge). (Fig. 411.).
*71. **Ancÿlus**[?] fluviatilis[?] L. Fluß[?]-Napfschnecke.
*   A. lacüstris L. Teich-Napfschnecke (in Teichen, lacus, lebend).
72. **Dentalium**[?] elephantīnum[?] L. Elephanten-Meerzahn.
🐚*   D. entālis[?] L. Glatte Zahnschnecke, Wolfszahn[?] (Fig. 362.).

---

1) Buccīna oder buccīna, von buccino blasen; war bei den Alten das Signalhorn und auch unser Tritonīum nodiferum (S. 88), Meertrompete. **2)** undatus wellig (unda Welle). **3)** volvēre wickeln; volva Hülle, Wulst. **4)** monile Halsband. **5)** mit verdicktem Mundrande (margo Rand). **6)** lineatus liniirt. **7)** kleine Taube (columba), womit Martini das Gehäuse verglich. **8)** wird als Handelswaare zu Verzierungen häufig gekauft (mercatoria kaufmännisch). **9)** Bischofsmütze. **10)** voluta, die Schnecke, als Verzierung an einer Säule; hier die Rolle, Rollschnecke, Walzenschnecke. **11)** vespertilio Fledermans. **12)** mit der Zeichnung eines Zebra (S. 11). **13)** musikalisch; mit Noten ähnlichen Zeichnungen). **14)** κυμβίον Kahn, Gondel. **15)** Neptun, Gott des Meeres. **16)** armatus bewaffnet (mit Stacheln oder Dornen auf dem Gewinde). **17)** Olive. **18)** hispidus, ital. ispido spießig, stachlig, hispidula etwas spitzig; daher Spitzdattel. ☞ S. 17, N. 20. **19)** Dufresne, ein französischer Naturforscher. **20)** ἕτερος verschieden und βράγχια Kieme. **21)** Seehase (Lepus marinus) der Alten, wegen der Aehnlichkeit mit einem niedergekauerten Hasen, indem die 2 ohrenförmigen Nackenfühler den Ohren eines Säugethiers ähneln. **22)** enthaarend, weil ihr Fleisch (Kuttel) das Ausfallen der Haare bewirken sollte. **23)** Blase (Blasenschnecke). **24)** eine mit Leder überzogene Flasche. **25)** ἅλ; Meer und οὖς, ὠτός Ohr; also Seeohr. **26)** tuberculatus mit Höckern oder Buckeln (tubercūla). **27)** mit kleiner Spalte oder Schlitze (fissūra). **28)** an der Küste von Barbados, einer Antillen-Insel, lebend. **29)** am Rande (margo) etwas eingeschnitten (emarginātus). **30)** Napf. **31)** ἀγκύλος krumm; wegen der etwas seitlich gebogenen Spitze. **32)** in Flüssen (fluvii) lebend. **33)** dens Zahn. **34)** einem Elephantenzahne ähnlich (elephas Elephant). **35)** entālis, l'entale im Französischen der Hunds- oder Wolfszahn.

73. **Chiton**[1] squamòsus[2] L. Schuppige[2] Käferschnecke, Käfer-
muschel[1] (Fig. 412.).

§. 194. IV. Orb. **Heteropŏda**[4]. **Kielfüßer**[5] (1 Familie).

VII. Fam. **Kielfüßer**[5] (§. 224.).

Carinaria[6] mediterranèa[7] L. Mittelmeer-Kielschnecke[6] (Fig. 363).

§. 195. *B. Acephăla*[8]. **Kopflose**[8] **Weichthiere** (§. 225.).

V. Orb. **Brachiopŏda**[9]. **Armfüßer**[9] (1 Fam. §. 225.).

VIII. Fam. **Brachiopŏda**[9]. **Armfüßer**[9] (§. 225, 74.).

♀* 74. **Terebrátŭla**[10] vulgāris[11] v. Schl. Gemeine[11] Lochmuschel[12]
oder Terebratel[10] (Fig. 413.).

♀* T. biplicàta[13] Sow. Zweifaltige[13] Terebratel[10] (Fig. 414.).

♀* T. oblönga Sow. Längliche Terebratel (oblòngus länglich). (Fig. 415.)

♀* T. concinna[14] Sow. (pingüis[15] Ilr.). Fette[15] Terebratel.

♀* T. lacunòsa[16] v. Schl. Vielfaltige Terebratel.

♀* 1. **Pentamérus**[17] Knightii Sow. (Knight, engl. Geognost). (F. 416.)

♀* 2. **Spirifer**[18] speciòsus[19] v. Schl. SchönerWindungsträger"(F. 417).

♀* 3. **Stringocephǎlus**[20] Burtini[21] (Terebratulites[16] rostràtus
v. Schl.). Burtin's Eulenkopf[20] ob. geschnäbelte Terebratel (F. 418.).

75. **Crania**[22] personàta[23] Lam. Todtenkopfmuschel[22].

♀* Cr. numulus[24] Lam. Brattenburgische Pfennige[24].

♀* 76. **Calceòla**[25] sandalina[26]. Pantoffelmuschel[26] (Fig. 419.).

§. 196. VI. Orb. **Conchifèra**[28] oder **Testacèa**[29]. **Mu-
scheln**[28], **Muschelthiere**[28] ob. **Beilfüßer**[30] (2 F. §. 226.).

IX. Fam. Einmuskelige[31] Muscheln (§. 226, 77.).

♀ #77. **Ostrèa**[32] edūlis L. Gemeine Auster[32] (edūlis eßbar).

♀* Ost. Marshii[33] Sow. Marsh's Auster oder Hahnenkammmuschel[34]
(Fig. 421.).

---

1) Χιτών Unterkleid, Schale. **2)** mit Schuppen (squamae). **3)** wegen ent-
fernter Aehnlichkeit. **4)** ἕτερος verschieden, abweichend und πούς, ποδός Fuß;
also Verschiedenfüßer. **5)** Fuß eine kielförmige Flosse bildend. **6)** carìna Kiel. **7)** im
Mittelmeere (mare mediterranèum) lebend. **8)** ά-κέφαλος kopflos. **9)** βραχίων
Arm und πούς Fuß; also Armfüßer. **10)** terebratus durchbohrt. **11)** gemein.
12) Schnabel der größern Klappe mit einer runden Oeffnung (Lochmuschel).
13) bis mit plica, zweifaltig. **14)** concìnnus zierlich. **15)** pingüis fett.
16) mit Falten (lacùna Graben, rinnenartige Vertiefung, Falte). **17)** πεντα-
μερής: fünftheilig ☞ S. 44, N. 26. **18)** Windungsträger (spira Windung und
ferre tragen). **19)** speciòsus schön. **20)** στρίγξ, στριγγός Eule und κεφαλή
Kopf; also Eulenkopf. **21)** Franz Xaver Burtin, starb in Brüssel als
berühmter Arzt und Geognost. **22)** cranium Schädel; weil die untere Klappe
einem Todtengesichte ähnelt. **23)** maskirt, einer (todten) Maske (persòna)
ähnlich. **24)** kleine Geldmünze (numus Münze). **25)** findet sich bei Brat-
tenburg in Schonen. **26)** calceòlus ein kleiner Schuh (calceus). **27)** san-
dalium Pantoffel. **28)** concha Muschel und -ferus tragend; also Muschel-
tragend, Muschelthiere. **29)** testa harte Schale der Schalthiere, eigentlich Ziegel-
oder Backstein. **30)** wegen des beilförmigen Fußes. **31)** mit 1 Muskelein-
drucke in jeder Klappe. **32)** Ostrèa oder ostreum, ὄστρεον oder ὄστρειον Auster,
Name dieses Thiers bei den Alten. **33)** Thomas Marsham starb als be-
rühmter Naturforscher zu London. **34)** einem Hahnenkamme etwas ähnlich.

78. Gryphaea[1] arcuâta[2] Lam. Gekrümmte[3] Habichtsmuschel[1] (F.423). §. 196.

G. dilatata[4] Sow. oder controversa[5] Rr. Breite[4] oder streitige[5] Habichtsmuschel.

79. Exogyra[6] spiralis[6]. Schraubige[6] Schnirkelmuschel[6].

Ex. angustata[7] Lam. Schmale Schnirkelmuschel (Fig. 422.).

80. **Malleus**[8] vulgaris[9] Lam. Polnischer[10] Hammer[8] (Fig. 356.).

81. **Perna**[11] isogonum[12] L. Winkelhaken[13] oder gleichwinklige[12] Schinkenmuschel[11].

P. ephippium[14] L. Husarentasche (Fig. 424.).

82. **Anomia**[15] ephippium[14] L. Weiße Zwiebelmuschel[16].

A. (Placuna[17]) sella[18] L. Polnischer[10] Sattel[18].

83. Inoceramus[19] Lamarcki[20] L. Lamard's Fasermuschel[19] (Fig. 425 A.).

84. **Spondylus**[21] gaederopus[22] L. Lazarus[23] = Klappmuschel[21].

Sp. (Plagiostoma[24]) spinosum[25] Sow. Stachlige Klappmuschel[21] (Fig. 426.).

85. **Pecten**[26] maximus[27] L. Größte[27] Kamm= ob. Pilgermuschel[26].

P. Jacobaeus[28] L. Jacobsmuschel, Jacobsmantel.

P. opercularis L. Deckel=Kammmuschel (operculum Deckel).

P. varius. Bunte Kammmuschel (varius bunt gefärbt).

P. Münsteri[30] Gldf. Münster's Kammmuschel.

P. levigatus v. Schl. Glatte Kammmuschel (levigātus glatt).

P. quinque-rostatus[31] Sow. Fünfrippige[31] Kammmuschel (Fig. 427.).

P. fibrosus[32] Sow. Feinstreifige Kammmuschel (Fig. 428.).

86. Monotis[33] substriata[34] v. Mst. Feinstreifiges Einohr[33].

87. **Lima**[35] squamosa Lam. Schuppige Feile (squamōsus schuppig).

L. striata[36] v. Schl. Gestreifte Feile (Fig. 429.).

---

1) Gryphus Greif, weil man diese Muscheln für Schnäbel des fabelhaften Vogel Greif hielt. 2) bogig (gekrümmt), arcus Bogen. 3) wegen des abwärts gebogenen Wirbels (ähnlich dem Schnabel eines Habichts). 4) ausgebreitet (dilatatus). 5) streitig (controversa), ob es eigene Art sei? 6) ἕλω außen und γῦρος Kreis; Wirbel seitwärts schraubig (spiralis) eingerollt. 7) angustātus verengt, schmal. 8) Hammer. 9) vulgaris gemein. 10) bedeutet hier, wie oft, nur etwas Ungewöhnliches, in der Gestalt Abweichendes, nicht aber gerade aus Polen Stammendes. 11) perna Hüftknochen, Schinken, auch eine Seemuschel; auf diese Gattung übertragen. 12) ἰσο-γώνιος gleichwinklig. 13) ein Ohr verlängert, ähnlich einem Winkelhaken. 14) ephippium Pferdedecke. 15) ἀνομία Gesetzlosigkeit (wegen der unregelmäßigen Bildung der Schale). 16) wegen ihrer dünnen Schale. 17) πλακοῦς Kuchen. 18) Sessel, Reitsattel. 19) ἴς, ἰνός Faser und κέραμος Schale, Muschel; also Fasermuschel. 20) Lamard starb 1829 zu Paris als der berühmteste Conchyliolog Frankreichs. 21) σπόνδυλος Rückenwirbel, Charnier, weil die Klappen sich öffnen und schließen lassen, ohne auseinander zu fallen; daher Klappmuschel; Plinius nennt so eine Art Muschel (Stachelmuschel). 22) Eselsfuß (pied d'an oder gaederon der Franzosen), von γάδος (sonst ὄνος) Esel, d. h. Meeresel der Alten, unser gadus merlucĭus (S. 41) und πούς Fuß. 23) weil die 2 Schalenstücke klappern; in Bezug darauf, daß die Aussätzigen durch eine Klapper die Vorübergehenden warnten. 24) πλάγιος schief, quer und στόμα Maul. 25) spinōsus stachlig. 26) Kamm und Kammmuschel. 27) größte (Art). 28) weil sie von Pilgern am Hute befestigt zum Abzeichen auf Walfahrer aus dem heiligen Lande oft mitgebracht wurde. 29) durch Pilger aus Spanien von Sanct Jacob (San Jago di Compostella) oft mitgebracht. 30) nach Graf v. Münster, bayrischer Finanzdirector und einer der berühmtesten Petrefactologen, benannt; starb 1844. 31) mit fünf (quinque) Rippen (costae). 32) fibrosus faserig, feinstreifig. 33) μόνος allein und οὖς, ὠτός Ohr; also Einohr; nur an einer Seite geöhrte Klappe. 34) substriatus etwas oder fein gestreift. 35) lima Feile; wegen der stachligen Rippen. 36) striatus gestreift.

§. 197. X. Fam. **Zweimuskelige** [1] **Muſcheln** (§. 226, ⁴⁴.).

88. **Tridäcna** [2] gigas [3] Lam. Rieſenmuſchel [2], Hohlziegelmuſchel [3].

89. **Hippöpus** [3] maculātus [7] Lam. Geſleckter Pferdefuß [3] (Fig. 430.).

♈ 90. **Pinna** [3] squamosa [3] Gm. Schuppige Steckmuſchel [3].

♈ P. nobīlis L. Edle Steckmuſchel (nobilis edel).

♋* P. Hartmänni [10]. Hartmann's [10] Steckmuſchel (Fig. 431.).

♈ * 91. **Mytilus** [11] edūlis L. Eßbare Miesmuſchel (edūlis eßbar).

 * M. polymörphus [11] Pall. Vielſtaltige [12] Miesmuſchel.

♋* M. eduliförmis [11] v. Schl. (Fig. 432.).

92. **Modiöla** [14] tulīpa Lam. Die Tulpe (einem Tulpenblatte ähnlich).

93. **Lithodömus** [16] (lithophägus [16] L.) dactÿlus [17] Sow. Meer-
battel [17], Steinbohrer [16] (Fig. 365.).

94. **Avicūla** [18] Tarentina [19] Lam. Gemeine Schwalbenmuſchel [18].

♋* A. sociālis [19] Bronn. Geſellige Schwalbenmuſchel (Fig. 434.).

♈ 95. **Meleagrina** [21] margaritiféra [22] L. Meer-Perlmuſchel (Fig. 435.).

96. **Chama** [23] Lazärus [24] L. Lazarusklappe [24] oder Gienmuſchel [23].

97. **Arca** [25] Noae [26] L. Noa's Arche (Fig. 436.).

98. **Pectuncūlus** [27] angulātus [28] Lam. Eckige Sammetmuſchel [27].

♋* P. pulvinātus [30] Lam. Kiſſenförmige [30] Archen-Kammmuſchel (F. 437.).

99. **Solen** [31] silīqua [32] L. Hülſenförmige Meſſerſcheide [31].

S. vagina [33] L. Gerade Meſſerſcheide [33] (Fig. 438.).

S. (Psammosölen [34]) strigilatus [35] L. Striegelmuſchel (Fig. 439.).

* 100. **Mya** [36] arenarīa [37] L. Gemeine Klaff- oder Sandmuſchel [36].

 * M. truncāta [39] L. Abgeſtutzte Klaffmuſchel [39] (Fig. 440.).

♈ * 101. **Unio** [40] margaritifera [40]. Perl [40]-Flußmuſchel [41] oder Fluß-Perl-
muſchel [40].

♈ * U. pictōrum [42] Lam. Malermuſchel.

---

1) Mit 2 Muskeleindrücken in jeder Klappe. **2)** τρίδαχνα, tridacna, eine
Art Auſter bei Plinius. **3)** ☞ S. 82, Note 11. **4)** größtes Schalthier.
5) die Rippen der Klappen haben wie Hohlziegel übereinander liegende Schuppen.
6) ἵππος Pferd und πούς Fuß; alſo Pferdefuß, wegen der entfernten Aehnlich-
keit. **7)** maculatus gefleckt. **8)** Steckmuſchel; ſtecken mit der Spitze im Meer-
ſchlamme. **9)** ſchuppig (squamosus). **10)** Fr. Hartmann, Oberarzt in
Göppingen, ſchrieb über Würtemberg's Verſteinerungen. **11)** μυτίλος, mytilus,
eine eßbare Muſchel; auf dieſe Gattung übertragen. **12)** πολύ-μορφος viel-
geſtaltig (ändert ſehr ab). **13)** von Geſtalt (forma) der eßbaren (edūlis).
14) modiolus kleines Maß, Trinkgefäß. **15)** λίθο-δόμος, von Steinen bauend.
16) λίθος Stein und φαγεῖν freſſen; daher Steinbohrer. **17)** δάκτυλος Finger, auch
Dattel und auch eine dieſer ähnliche Muſchelart. **18)** kleiner Vogel (avis); daher
Vogelmuſchel, wegen entfernter Aehnlichkeit, wenn die Klappen auseinander geſchlagen
werden. **19)** im Golf von Tarent. **20)** geſellig lebend. **21)** meleägris Perl-
huhn ☞ S. 23, N. 7. **22)** Perlen (margaritae) enthaltend (ferre). **23)** χήμη
das Gähnen, Maulaufſperren; daher Gienmuſchel. **24)** Lazärus, der Name
eines aus der Bibel bekannten Ausſätzigen ☞ S. 91, Note 23; auch Bettler
(Lazaroni); weil die Schalen klappern, wie die Klappern, mit welchen ſich
Bettler in den Lazarethen Almoſen erbitten (lacerus zerſetzt, zerriſſen). **25)** ein
Kaſten, Arche. **26)** des Noa. **27)** pectuncūlus kleine Kammmuſchel (pecten Kamm).
28) angulatus eckig. **29)** einige haben einen ſammetartigen Ueberzug auf der
Schale. **30)** kiſſen- oder polſterförmig (pulvinar Polſter). **31)** σωλήν Meſſer-
ſcheiden-Muſchel (eigentlich Rinne oder Röhre). **32)** siliqua Schote der Hülſen-
früchte. **33)** Scheide. **34)** ψάμμος Sand und σωλήν Scheidenmuſchel. **35)** strieg-
lig, einer Striegel ähnlich. **36)** μῦς oder μύα Maus, Bartenwal, Muskel und
auch eine Muſchelart bei Dioscorides (Miesmuſchel). **37)** im Meerſande
(arēna) lebend. **38)** die Schalen klaffen, d. h. die Klappen ſchließen nicht
überall feſt aufeinander, berühren ſich nicht überall. **39)** truncātus abgeſtutzt.
40) unio Perle, auch Perlmuſchel. **41)** leben in Flüſſen. **42)** pictor Maler;
werden zu Malerkäſtchen benutzt. **43)** wegen Aehnlichkeit damit.

* Unio¹⁾ batavus²⁾ Lam. Batavische⁴⁾ Flußmuschel¹⁾.   §. 197.
♀* U. Waldensis³⁾. Wälderthon-Flußmuschel (Fig. 441.).
* 102. **Anodonta**⁵⁾ cygnea⁶⁾ L. Schwanen⁷⁾-Teichmuschel⁷⁾ (Fig. 420.).
♀* 103. **Trigonia**⁸⁾(Lyrodon⁹⁾)navis¹⁰⁾Lam. Schiffs Dreieckmuschel(F.442)
♀* T. (Myophoria¹¹⁾) vulgaris¹⁰⁾ v. Schl. Gem. Dreieckmuschel (F. 443.).
* 104. **Mactra**¹⁰⁾ solida L. Gem. Trogmuschel¹²⁾ (solidus dick, starkschalig).
M. lactea¹⁰⁾ Lam. Milchweiße Trogmuschel (Fig. 357.).
* 105. **Tellina**¹⁰⁾ baltica¹⁴⁾ Gm. (T. solidula¹⁶⁾ Lam.). Gemeine Tell¹⁰⁾-
oder Plattmuschel¹⁰⁾.
* T. balt. var. carnaria¹⁸⁾. Fleischfarbige¹⁰⁾ Tellmuschel.
T. radiata¹⁰⁾ Lam. Gestrahlte¹⁹⁾ Tell- oder Plattmuschel (Fig. 346.).
☩ T. gari Gm. Tunken-Muschel (garum Tunke, Sauce).
* 106. **Cardium**¹⁰⁾ edule L. Eßbare Herzmuschel¹⁰⁾ (edulis eßbar).
C. costatum¹⁰⁾ L. Gekielte oder gerippte Herzmuschel (Fig. 444 A.).
107. **Isocardia**¹⁰⁾ cor Gm. Ochsenherz (cor Herz). (Fig. 444 B.)
♀* I. excentrica²³⁾ I. Excentrisches Ochsenherz.
108. **Lucina**²⁴⁾ carnaria¹⁰⁾ L. Rothe Sonne¹⁰⁾.
L. edentula²⁵⁾ I. Zahnlose Sonnenmuschel.
* 109. **Cyclas**²⁶⁾ cornea¹⁰⁾ Lam. Gemeine Kugelmuschel¹⁰⁾.
* C. lacustris. Teich-Kugelmuschel (in Teichen, lacus, lebend).
* 110. **Pisidium**¹⁰⁾ obliquum²⁹⁾ Lam. Schiefe Erbsenmuschel¹⁰⁾.
111. **Donax**¹⁰⁾ trunculus³¹⁾ I. Gemeine Stumpfmuschel¹⁰⁾.
D. anatina Lam. Entenmuschel (anas Ente).
D. denticulata³²⁾ L. Gezähnelte³²⁾ Stumpfmuschel (Fig. 445.).
♀* 112. **Cyprina**¹⁰⁾ islandica¹⁴⁾ L. Isländ. Venusmuschel¹⁰⁾ (Fig. 416.).
113. **Venus**³⁵⁾ cancellata³⁶⁾ L. Gegitterte¹⁰⁾ Venusmuschel¹⁰⁾.
V. verrucosa L. Warzige Venusmuschel (mit Warzen, veruca).
V. mercenaria¹⁰⁾ L. Geld¹⁰⁾-Venusmuschel.
114. **Cytherea**¹⁰⁾ Dione¹⁰⁾ L. Echte Venusmuschel (Fig. 345.)

---

1) Unio Perle, auch Perlmuschel. **2)** in Holland oder Batavien; auch in Deutschland. **3)** leben in Flüssen. **4)** versteinert im Wälderthone. **5)** ἀνόδοντος; zahnlos (Schloß ohne Zähne). **6)** cygneus, Eigenschaftswort von cygnus, Schwan; vielleicht als größte Art so benannt. **7)** in Teichen lebend. **8)** trigonium Dreieck, τρί-γωνος dreieckig; wegen der Form. **9)** λύρα Leier und ὀδούς Zahn; weil die Zahnstreifen entfernt an die Saiten einer Leier erinnern sollen. **10)** Schiff. **11)** myophoria, von μῦς Muskel und φόρος tragend. **12)** gemein. **13)** mactra, μάκτρα, Backtrog; daher Trogmuschel. **14)** βελλίνη eine Muschelart im Meere wie in Flüssen. **15)** in den Welten des baltischen Meeres (Ostsee) lebend. **16)** ziemlich dick, fest (solidus). **17)** der Form wegen. **18)** fleischroth (caro Fleisch). **19)** mit Strahlen (radii). **20)** καρδία, cor, Herz (wegen der Form). **21)** mit Rippen oder Kielen (costa). **22)** ἴσος gleich und καρδία Herz. **23)** außerhalb (ex) des Mittelpunkts (centrum) eines Kreises gelegen; die Streifen haben verschiedene Mittelpunkte. **24)** Lucina Lichtgöttin (lux Licht), Beiname der Juno und Diana; Lichtmuschel, Sonne. **25)** edentulus zahnlos (e ohne und dens Zahn); hat weder Schloß noch Seitenzähne. **26)** κύκλος Kreis; wegen ihrer kugelrunden Form. **27)** hornfarbig (cornu Horn). **28)** eine kleine Erbse (pisum, πίσος). **29)** obliquus schief. **30)** donax, δόναξ, eine Rohrart, auch ein Seefisch, auch das Männchen der Scheidenmuschel (solen). **31)** truncus, ein abgehauener Theil, ein Stumpf, ein der Aeste und Zweige beraubter Baum; daher Stumpfmuschel (ist an einem Ende abgestumpft). **32)** mit gezähnelten (denticulatus) Rändern des Schildchens. **33)** Κύπρις, Cypris, die cyprische Göttin (Venus), Beiname der Venus, welche auf Cypern vorzüglich verehrt wurde. **34)** islandicus isländisch. **35)** Venus, Göttin der Liebe. **36)** gegittert (cancelli Gitter). **37)** merces Lohn, Bezahlung; weil die Klappen als Geld benutzt wurden. **38)** Κυθέρεια, Cytherea, Beiname der Venus, nach der Insel Kythera im ägäischen Meere. **39)** Dione, Tochter des Dädalion, wegen ihrer Schönheit berühmt. **40)** lacteus milchweiß (lac Milch).

115. **Pholas**[1] dactȳlus[2] L. Steinbohrer[3], Bohrmuschel[3] oder
Pholade[1] (Fig. 447.).

✝ 116. **Teredo**[4] navälis[5] L. Gemeine Pfahlmuschel[5], Bohrmuschel[3],
Schiffsbohrer[5].

117. **Aspergillum**[6] javānum[7] Lam. Javanische[7] Siebmuschel[7]
oder Gießkanne[8] (Fig. 448.).

§. 198. VII. Ord. **Tunicāta**[9]. **Mantelthiere**[9] oder **kopf-
u. schalenlose Weichthiere, Acephälen**[10] (1 F. §. 227.).

XI. Fam. **Mantelthiere**[9] (§. 227, 118.).

118. **Ascidia**[11] (Boltenȳa[12]) ovifēra[13]. Eier[13]-Seescheide[11] (Fig. 449.).
119. **Diazōna**[14] violacěa. Violette Seescheide (violacēus violett).
120. **Pyrosōma**[15] gigantēum[16]. Große Feuerscheide[15] (Fig. 450.).
121. **Salpa**[17] pinnata[19]. Flossen-Salpe oder Walzenscheide[17].

---

§. 199. Vierter Kreis.

Actinozōa[20] (Radiāta[21]). Strahlthiere[20] (§. 228.).

X. Klasse. **Echinodermäta**[22]. **Stachelhäuter**[22]
(2 Ordnungen. §. 228. Fig. 451., 452. u. 457.).

I. Ord. u. Fam. **Holothuridēa**[23]. **Sternwürmer**
oder **Seewalzen**[23] (§. 230. Fig. 451.).

1. **Holothuria**[23] tubulosa[24] Lam. Röhriger[24] Spritzwurm[25]
oder Seegurke[26].

✝ H. edūlis[26] Lesson. Eßbare[26] Seegurke[26] ob. Trepang[27] (Fig. 451.).
2. **Pentacta**[28] frondosa[29] L. Seegurke[26].

1) Φωλάς; eine in Höhlen liegende Muschelart. 2) δάκτυλος, dactȳlus, Finger,
Dattel; wegen der Aehnlichkeit. 3) bohrt sich Höhlen in Holz und Felsen.
4) τερήδων Schiffsbohrwurm. 5) bohrt sich Löcher in Schiffe (naves) oder
in Pfähle der Häfen. 6) Sprengwedel; wegen der Aehnlichkeit. 7) im Meere um
Java lebend. 8) das dicke Ende der Röhre hat eine siebartig durchlöcherte
Platte, wie eine Gießkanne. 9) tunica Unterkleid, Bekleidung (Mantel). 10) mit
lederartiger oder knorpelig-gallertartiger Hülle. 11) ἀσκίδιον kleiner Schlauch
(Scheide). 12) nach dem Hamburger Naturforscher Joh. Fr. Bolten benannt.
13) Eier (ova) tragend (ferre). 14) διά durch und ζώνη Gürtel (die Thiere
bilden nur 1 System). 15) πῦρ Feuer und σῶμα Körper, Feuerkörper (phos-
phoresciren im Meere). 16) sehr groß, gigantisch (gigas Riese ☞ S. 82,
N. 11). 17) salpa, σάλπη, eigentlich ein Meerfisch, Stockfisch; auf dies Thier
übertragener Name; weshalb? 18) mit Flossen (pinnae). 19) wegen der
Körperform. 20) ἀκτίς Strahl und ζῶον Thier; also Strahlthiere. 21) ra-
diatus mit Strahlen (radius). 22) ἐχῖνος Igel, Seeigel und δέρμα Haut;
also Igelhäuter oder Stachelhäuter. 23) ὁλο-θούριον eine Art Thierpflanze
(Polyp) und εἶδος Gestalt. 24) tubulosus röhrig (tubus Röhre). 25) spritzt
das mit dem After aufgenommene Wasser bei Berührung mit Gewalt wieder
aus. 26) edūlis eßbar. 27) chinesischer Name des Thieres. 28) πεντά-
Fünfzahl und ἀκτίς Strahl (mit 5 Reihen Füßchen). 29) frons Laub; wegen
der baumartig verzweigten Fühler. 30) ☞ S. 90, N. 8.

II. Ord. **Echinodermäta**[1]. **Stachelhäuter**[1] §. 200.
(3 Familien. §. 231.).

I. Fam. **Seeigel** (Körper kuglig bis flach, ohne Lappen). (§. 231,a.)
* 3. **Echinus**[2] esculēntus[3] L.. Gemeiner oder eßbarer See-
igel[2] (Fig. 452.).
4. **Cidäris**[4] hystrix[5] Lam. Stachliger Meerturban[4].
☿* C. crenularis[6] Lam. Kerbmündiger[6] Meerturban[4] (Fig. 453.).
☿* C. Blumenbachi[7] (elongalus[8] Llr.). Blumenbach's Meerturban[4]
(Fig. 454.).
☿* 5. **Galerites**[9] albo[10]-galērus[9] Lam. und vulgāris Lam. Bi-
schofsknöpfe[10] (vulgāris häufig).
☿* 6. **Ananchytes**[11] ovatus[13] L. Eirunder Ananchyt[12] (Fig. 455.).
☿* 7. **Spatängus**[14] (Echinolampas[15]) Kleini[16] Ag. Klein's Blatt-
igel[14] (Fig. 456.).

II. Fam. **Seesterne** (Körper flach, meist 5 strahlig). (§. 231,b.)
* 8. **Asterias**[17] rubens L. Gemeiner Seestern[18] (rubens röthlich).
A. aurantiāca L.. Hochgelber Seestern (aurantiācus orangegelb).
A. polyacānthus[19]. Vielstachliger[19] Seestern (Fig. 457.).
9. **Ophiūra**[20] lacertōsa[21] Lam. Gemeiner Schlangenstern[20].
10. **Euryäle**[22] verrucōsum[23] Lam. Warziges Medusenhaupt[22].

III. Fam. **Crinoidēa**[24]. **Haarsterne**[25], **Stylastriten**[26]
(§. 231,u. Fig. 459.).
11. **Comatüla**[27] mediterranéa[28] Lam. Mittelmeerischer Schopf-
stern[27] (Fig. 458.).
☿* 12. **Apiocrinus**[29] rotundātus[30] und incrassātus[31].
☿* 13. **Pentacrinus**[32] subangularis (Säule schwach kantig – 5kantig).
☿* 14. **Encrinus**[33] liliiformis[34] v. Schl. Lilienstein[33], gemeine See-
oder Meerlilie[34] (Fig. 459.).

---

1) Ἐχῖνος Igel, Seeigel und δέρμα Haut; also Igelhäuter oder Stachelhäuter.
2) ἐχῖνος Igel, Seeigel. **3)** eßbar. **4)** κίδαρις Turban. **5)** hystrix Stachel-
schwein. **6)** mit gekerbtem (crenulatus) Munde (crena Kerbe). **7)** nach Blu-
menbach, welcher 1840 als Professor der Naturgeschichte in Göttingen starb.
8) verlängert, langgezogen. **9)** galerītus mit einer Fallkappe oder helmartigen
Kopfbedeckung (galērus) versehen. **10)** albus weiß. **11)** wegen der entfernt
ähnlichen Form. **12)** ἀναγχόντος von ἀ privat. und ἄγχω Kehle zuschnüren; viel-
leicht wegen der zusammengedrückten Mundöffnung. **13)** ovatus eirund. **14)** σπά-
ταγγος bei Aristoteles eine Art Meerigel; welcher? **15)** ἐχῖνος Igel und
λαμπάς Leuchte, Fackel, Strahl. **16)** Jac. Theod. Klein, welcher 1759
in Danzig starb, hat über diese Thiere 1778 ein Kupferwerk herausgegeben.
17) wegen der blattförmigen Stellung der Fühlergänge. **18)** ἀστήρ Stern,
ἀστερίας gestirnt; Seestern (wegen der Form). **19)** πολύς viel und ἄκανθα
Stachel. **20)** ὄφις Schlange und οὐρά Schwanz; also Schlangenschwanz,
Schlangenstern. **21)** lacertōsus eidechsenartig. **22)** Euryäle und Medūsa,
Töchter des Phorkys und der Keto, waren geflügelte Jungfrauen der Unter-
welt, welche statt der Haare Schlangen trugen. **23)** mit Warzen (verrūca).
24) κρίνον Lilie und εἶδος Gestalt. **25)** wegen der haarförmigen Gliederfäden
an den gegliederten Armen. **26)** στῦλος Säule (Stiel) und ἀστήρ Stern; weil
der Kelch mit den Armen auf einem Stiele befestigt ist. **27)** comatulus zierlich
frisirt (coma Haupthaar); weil die Gliederfäden mit den Strahlen einen Schopf
bilden. **28)** im Mittelmeere (mare mediterraneum) lebend. **29)** ἄπιον Birn
und κρίνον Lilie; wegen des birnförmigen Kelches. **30)** rotundātus gerundet.
31) incrassātus verdickt. **32)** πέντε fünf und κρίνον Lilie; ist einer 5blätt-
rigen Blütrone ähnlich. **33)** ἐν in und κρίνον Lilie, d. h. eine in Stein verwan-
delte Lilie (ἐν oder in wurden früher häufig versteinerten Naturkörpern vorgesetzt,
z. B. Entrochiten, Entaliten etc.). **34)** von Form (forma) einer Lilie (lilium).

§. 201. **XI. Klasse. Acalĕpha** [1]. **Quallen** [2] oder **Medusen** [2]
(3 Ordnungen. §. 232.).

I. Ord. **Rippenquallen** [2] (§. 232,1.).

  1. **Cestum** [3] Venéris. Venusgürtel (Venus, Göttin der Liebe).
  2. **Berö̈** [4] (Cydippe [4]) pileus [5] Gm. Glatte Melonenqualle [4].

II. Ord. **Scheiben- oder Schirmquallen, Medusen** [2]
(haben eine scheiben- oder glockenförmige Gestalt). (§. 232,2.)

  * 3. **Medusa** [3] aurita [10] L. Gemeine Ohrenqualle [10] (Fig. 460. u. 461.).
  4. **Cyanĕa** [11] capilláta [12] L. Gemeine Haarqualle [11].
  5. **Oceania** [13] pileata [14] L. Hutförmige [14] Beutelqualle, Hutqualle [14].
  Pelagia [15] noctilūca [16]. Leuchtende Knollenqualle.

III. Ord. **Röhrenquallen** [17] (§. 232,6.).

  6. **Physalia** [18] Arethūsa [19]. Gemeine Seeblase [19] oder Kammblase,
    Meernessel (nesseln stark).
  7. **Velĕlla** [20] spirans [21]. Gemeine Segelqualle [22].

§. 202. **XII. Klasse. Polypi** [23]. **Polypen** [23] (Korallen [24], Pflanzen-
thiere [25], Zoophyten [26]) (3 Ordnungen. §. 233.).

I. Ord. **Zoocorallia** [26]. **Thierkorallen** [26] (§. 236,1.).

  1. **Actinia** [27] rubra [28] Lam. Rothe [28] Seeanemone [29], Meernessel [30].
  2. **Fungia** [31] limacina [32] Lam. Schnecken [32]-Pilzkoralle [31].
  F. agariciformis [33] Lam. Blätterschwammförmige [33] Pilzkoralle.
  ⚥* 3. **Turbinolia** [34] sulcata [35] Lam. Gefurchter [35] Kreiselstern [34]
    (Fig. 462.).

1) Ἀκαλήφη Brennnessel, auch eine nesselnde Meerqualle. 2) Qualle, weißer Schleimauswurf der See, auch ein Meerthier, welches einem Klumpen zähen Schleims ähnelt. 3) Medūsa und Euryāle, Töchter des Phorkys und der Keto, waren geflügelte Jungfrauen der Unterwelt, welche statt der Haare Schlangen trugen. 4) mit aus kammförmigen Schwimmblättchen gebildeten Rippen. 5) κεστός Gürtel, besonders der Gürtel der Venus. 6) Βερόη, Tochter des Adonis und der Aphrodite (Venus). 7) Κυδίππη, eine Nereïde ☞ S. 81, N. 4. 8) pileus Hut; wegen der Form. 9) wegen der Aehnlichkeit damit. 10) aurītus geöhrt (auris Ohr). 11) κυάνεος meer- oder dunkelblau, eigentlich kornblumenblau. 12) behaart (capillus Haupthaar, auch Haare von Thieren und Pflanzen). 13) oceanus Weltmeer, Ocean. 14) pileāta, mit einer Filzkappe (pileus Filz, Filzkappe) bedeckt, hutförmig. 15) πελάγιος zum Meere (πέλαγος) gehörig, darin lebend. 16) Nachts leuchtend (nox Nacht und luceo ich leuchte). 17) mit vielen Saugröhren statt der Magenhöhle. 18) φυσαλίς Blase. 19) Ἀρέθουσα, eine Nereïde, Nymphe einer der Artemis heiligen Quelle. 20) velum Segel; wegen des segelförmigen Knorpels. 21) blasend, athmend. 22) segeln auf dem Meere vom Winde getrieben umher. 23) unter Polypen (πολύς viel und πούς Fuß) verstanden die Alten unsere Sepien (☞ S. 84), auch den Kellerwurm (S. 79), später unsere Süßwasserpolypen, welche jetzt zu den Polypenquallen gerechnet werden. Unsere jetzigen Polypen hielten die Alten für Meerpflanzen. 24) κοράλλιον Koralle, besonders die rothe Koralle. 25) ζωό-φυτον Pflanzen-thier. 26) ζῶον Thier und κοράλλιον Koralle. 27) ἀκτίς Strahl. 28) roth. 29) ähneln einem Windröschen (Anemone), einer Pflanze. 30) weil sie nesseln. 31) fungus Pilz, Erdschwamm. 32) limax, Wegschnecke ☞ S. 85, N. 22. 33) von Gestalt (forma) eines Hutpilzes oder Blätterschwamms (agaricus). 34) turbo Kreisel; wegen der Form. 35) mit Furchen (sulci).

4. **Tubipŏra**[1] Chamissōnis[2] E. (musĭca[2] L.). Gemeine Orgel-
koralle[1] (Fig. 463.).

5. **Pennatŭla**[4] rubra[5] L. Rothe Seefeder[4] (Fig. 464.).

* 6. **Hydra**[6] virĭdis[7] L. Grüner[7] Armpolyp (wegen der Fangarme).

* H. fusca[8] L. Brauner oder langarmiger Armpolyp (Fig. 24.).

7a. **Campanularia**[9] dichotŏma[10] L. Gabliger[10] Glocken-
polyp[9] (Fig. 465.).

7b. **Sertularia**[11] abietĭna[12] L. Gem. Blasenpolyp[11], Meertanne[12].

II. Ord. **Phytocorallĭa**[14]. **Pflanzenkorallen**[14] §. 203.

(wurden früher für Meerpflanzen gehalten). (§. 237.)

8. **Oculĭna**[15] virginĕa[16] L. Gemeine Augen[15]= ob. Jungfernkoralle[16].

* O. prolifĕra[17] L. Sprossende[17] Augen= ob. Blumenkoralle[17] (F. 466.).

9. **Caryophyllĭa**[19] calycularis[20] L. Gemeine Nelkenkoralle[19].

10. **Astraea**[21] cavernōsa[22] Esp. Große Sternkoralle[22].

☠* A. helianthoïdes[23]. Sonnenblumenartige[23] Sternkoralle (Fig. 467.).

11. **Maeandrĭna**[24] labyrinthĭca[25] L. Gemeine Labyrinthkoralle[25]
(Fig. 468.).

12. **Pocillopŏra**[26] damicŏrnis[27] Lam. Gemeine Poren[26]= oder
Dammhirschkoralle[27].

13. **Millepŏra**[28] alcicŏrnis[29] L. Gem. Punktkoralle[28], Elensgeweihe[29].

14. **Heteropŏra**[30] abrotanoïdes[31] Lam. Eberrauten[31]=Dorn-
koralle[32] (Fig. 469.).

---

1) Mit röhrigen (tubus Röhre) Polypenzellen (porus). **2)** Chamisso starb
in Berlin 1838, berühmt als Dichter, Weltumsegler und Naturforscher. **3)** mu-
sikalisch; wegen der Aehnlichkeit mit Orgelpfeifen. **4)** pennatŭlus Verkleine-
rungswort von pennatus, befiedert, geflügelt (penna Feder); wegen der Aehn-
lichkeit mit einer Feder; daher Seefeder. **5)** ruber, rubra, rubrum roth. **6)** ὕδρα
Süßwasserpolyp, eigentlich Wasserschlange, namentlich die vielköpfige lernäische
Wasserschlange, welcher statt jedes, von Herkules abgeschlagenen Kopfes 2 Köpfe
wieder wuchsen — wegen der großen Reproduktionskraft auf diese Thiere übertragen.
7) virĭdis grün. **8)** fuscus braun. **9)** campanula eine kleine Glocke; wegen d. Form.
10) wiederholt gabelästig. **11)** sertula od. sertum Krone, Kranz; sertula campana
nannten die Alten eine Art Steinklee (Melilotus), von sero verschließen, säen,
hervorbringen, aneinander reihen, daher gegliedert (mit gegliedertem Körper).
12) tannenartig (abĭes Tanne) (die Polypenstöcke ähneln kleinen Tannen).
13) die Zellen sind becher= oder blasenförmig. **14)** φυτόν Pflanze und κοράλλιον
Koralle, eigentlich die rothe Koralle; daher corallinus korallenroth. **15)** oculus
Auge, wegen der Aehnlichkeit der Polypenzellen mit Augen. **16)** jungfräulich
(virgo Jungfrau); wegen der weißen Farbe. **17)** sprossend (prolifer Brut —
tragend, von proles Brut); weil die Sterne am Rande sprossen. **18)** wegen
der entfernten Aehnlichkeit. **19)** καρυό-φυλλον Gewürznelke (κάρυον jede Nuß, Kern
und φύλλον Blatt, weil das innere Knöpfchen von übereinander liegenden Blütblättern
einer Nuß ähnelt), auch Nelke überhaupt, wegen der Aehnlichkeit. **20)** kelch=
artig (calyx Kelch). **21)** Astraea Göttin der Gerechtigkeit, von ἀστραῖος gestirnt
(ἄστρον Gestirn, ἀστήρ, aster, Stern und Sternblume), wegen Aehnlichkeit mit
einer Sternblume. **22)** löcherig. **23)** ἥλιος Sonne, ἄνθος Blume und εἶδος
Gestalt. **24)** Maeander, ein durch seine Krümmungen sprichwörtlich gewordener
Fluß Kleinasiens; daher Irrgang. **25)** labyrinthisch oder mit Irrgängen wie
die berühmten Labyrinthe in Aegypten und auf der Insel Kreta. **26)** pocil-
lum Becherchen (poculum Becher) und porus Durchgang (Polypenzelle); daher
Poren= oder Becherkoralle. **27)** mit Zweigen, welche dem Gehörne (cornu)
eines Dammhirsches (dama S. 12) ähnlich sind. **28)** mit 1000 (mille) Löchern
(porus); daher Punktkoralle. **29)** mit Zweigen, welche dem Geweihe (cornu)
des Elenthiers (alces S. 12) ähneln. **30)** ἕτερος verschieden und πόρος Oeff-
nung, Zelle; weil die Endzelle größer. **31)** ὀβρότανον, abrotănum, Eberraute
und εἶδος Gestalt. **32)** wegen der zackig oder dornartig vorragenden Zellen.

15. **Madrepŏra**[1] (Porītes[2]) digitāta[3] Pall. Fingerförmige[3] Schwammkoralle[4].

† 16. **Corallium**[5] rubrum[6] Lam. (Isis[7] nobīlis L.). Rothe oder Edelkoralle[5] (Fig. 470.).

† 17. **Isis**[7] hippūris[8] L. Weiße ob. Königskoralle (wegen der Schönheit).

18. **Gorgonia**[9] flabēllum[10] L. Venusfächel[10] (Fig. 471.).

19. **Antipäthes** Pall. Dornkoralle (wegen der spitzen Zweige).

† **Gorgonia**[9] antipäthes[12] L. Schwarze[13] Koralle.

§. 204. III. Ord. **Bryozōa**[14]. **Mooskorallen, Moosthierchen** (§. 238, 20.).

*20. **Plumatélla**[14] cristata[16] Lam. Kammförmiger[16] Federbuschpolyp[15].

*21. **Flustra**[17] foliacéa[18] L. Blattartige[18] Rindenkoralle[19], Blätter[18]=Seerinde (Fig. 472.).

*   F. pilosa[20] L. Haarige[20] Seerinde[20].

22. **Retepŏra**[22] cellulōsa[23] L. Zellige[22] Netzkoralle[22], Neptuns-Manschette[24].

23. **Cellepŏra**[25]spongites[26]L. Gem. Zellenkoralle[25], Schwammstein[26].

§. 205. *Fünfter Kreis.*

Protozōa[27] (**Amorphozōa**[28]). **Urthierchen**[27] (§. 209.).

XIII. Klasse. **Infusoria**[29]. **Aufguß**[29]= oder **Infusionsthierchen**[29] (§. 210.).

---

1) Madrepŏra (d. h. Mutter der Sterne) nannte man Korallen mit sternförmigen Poren, von mater Mutter und pŏrus Pore, Loch, weshalb Bauhin auch matripŏra schreibt; man nannte sie auch porus matronalis; nach Agassiz von μαδαρός glatt und πόρος Loch. **2)** πόρος Loch (Polypenzelle). **3)** fingerförmig (digitus Finger). **4)** einem Meerschwamme ähnlich. **5)** oder κοράλλιον Koralle, eigentlich die rothe oder theuerste Koralle; daher Edelkoralle (nobīlis edel). **6)** ruber roth. **7)** Isis, eine ägyptische Göttin. **8)** ἱππ-ουρις Roßschweif. **9)** nach dem Schlangen-tragenden Haupte der Gorgo oder Medūsa (S. 96, N. 3) benannt. **10)** hat die Form eines Fächels (flabellum). **11)** der Schönheit wegen. **12)** ἀντιπαθής gegenwirkend, weil die schwarze Koralle in Südasien als Schutzmittel gegen Bezauberungen getragen wurde. **13)** ist von kohlschwarzer Farbe. **14)** βρύον Moos und ζῶον Thier; also Moos-ähnliche Thiere. **15)** einer kleinen Flaumfeder (pluma) ähnlich. **16)** in Form eines Kammes (crista). **17)** flustra, orum, Meeresstille, bei welcher sie vorzüglich gedeihen, während Sturm sie in großer Menge an die Küste wirft. **18)** solium Blatt. **19)** weil sie andere Seekörper rindenartig überziehen. **20)** jede Zellenmündung hat ein borstenförmiges Haar (pilōsus behaart). **21)** überrindet andere Körper, besonders Carragheen=Moos. **22)** die Polypenzellen (pori) bilden ein Netz (rete). **23)** voll Zellen (cellūla). **24)** hat mit einer feinen Manschette einige Aehnlichkeit (Neptun, Gott des Meeres). **25)** die Mündungen der Polypen (pori) bilden Zellen (cella Zelle, Kammer). **26)** spongites Schwammstein, soll nach Plinius eine Edelsteinart sein, von spongia Schwamm und die das Versteinerte andeutende Endsylbe ites, wie Ammonites; also versteinerter Schwamm; wegen der Aehnlichkeit mit einem Schwamme. **27)** πρῶτος der Erste und ζῶον Thier; daher die uranfänglichen oder ersten Thiere, Urthiere. **28)** ἄμορφος, aus dem verneinenden α und μορφή Gestalt; also gestalt= oder formlose Thiere. **29)** infundere aufgießen; wegen ihres häufigen Vorkommens in künstlichen Aufgüssen.

I. Flagelláta[1]. **Mundlose**[2] oder ***Geißel***[2]-Infusorien (§. 242,1.).

* 1. **Monas**[2] termo[4] Müll. Kleinstes Punktthierchen[4].
*   M. prodigiösa[5] E. Wundermonade[5].
* 2. **Uvélla**[6] Bodo[7] E. Gemeine Traubenmonade[6].
* 3. **Vibrio**[8] lineóla[9] E. Fadenförmiges[9] Zitterthierchen[8].
*   V. cyanogénus[10]. Blaufärbendes[10] Zitterthierchen.
* 4. **Volvox**[11] globator[12] L. Gemeines Kugelthierchen[12] (Fig. 473.).
* 5. **Euglena**[13] virídis[14] Schk. Grünes[14] Schönauge[15] (Fig. 474.).
* 6. **Ceratium**[16] tripus[17] Müll. Dreihörniges[17] Kranzthierchen[16].

II. Ciliáta[18]. **Mund**[19]- oder ***Wimper***[19]-Infusorien (§. 242,7.).   §. 206.

* 7. **Pantotrichum**[20] enchelys[21] E. Längliches Muffthierchen[22].
* 8. **Enchélys**[21] pupa[23] Müll. Puppenförmiges[23] Walzenthierchen[24].
* 9. **Colpoda**[25] cucullus[26] Müll. Kappenförmiges[26] Busen[25]- oder Pantoffelthierchen[27] (Fig. 475.).
* 10. **Stylonichia**[27] mytilus[28] Müll. Muschelthierchen[28].
* 11. **Stentor**[29] Mülleri[30] L. Müller's[30] Trompetenthierchen[29].
* 12. **Vorticélla**[31] convallaria[32] Müll. Maiblumen[32]-Glockenthierchen[33].

XIV. Klasse. **Rhizopoda**[34] (Polythalamia[35] oder Foraminifera[36]). **Wurzelfüßer**[34] oder ***Kreidethierchen***[37], früher Schnörkelkorallen[38] (§. 244.).   §. 207.

1) Flagellum Peitsche, Geißel: wegen der langen Schwingborsten. 2) haben keinen Mund. 3) μονάς Einheit, das Untheilbare, die Monade. 4) termo oder terminus Grenzlinie, Ziel, Ende; weil das Thierchen eins der kleinsten, bis jetzt entdeckten Thierchen ist, einem Punkte ähnlich; daher Punktthierchen. 5) wunderbar (prodigium Wunder); weil durch sie in einem Eßschranke in Berlin mancherlei Eßwaaren blutroth gefärbt waren. 6) kleine Traube (uva); wegen der Traubenform. 7) Nomen proprium sagt Ehrenberg, der den Namen gegeben. 8) vibrio Zitterthierchen (vibrare zittern). 9) einer kleinen Linie (linea) ähnlich, fadenförmig. 10) bewirkt das Blauwerden der Milch — κύανος blau und γίγνομαι werden. 11) volvere wälzen. 12) globator einer der sich kugelt: wegen der Kugelform. 13) εὔγληνος mit schönen Augen(punkten). 14) viridis grün. 15) κεράτιον kleines Horn. 16) τρί-πους dreifüßig (mit 3 Fortsätzen). 17) ist von einem Wimperkranze umgeben. 18) mit Wimpern (cilium Wimper). 19) mit Mund- und Flimmerhaaren. 20) πᾶς, παντός ganz und θρίξ Haar; wegen des überall bewimperten Körpers. 21) ἔγχελυς kleiner Aal; wegen der Gestalt. 22) Muff, ein Kleidungsstück von Pelzwerk, in welches man die Hände steckt, um sie warm zu halten; wegen des von Wimpern rauhen Körpers. 23) pupa Puppe. 24) wegen der Gestalt. 25) κολπώδης busenartig (κόλπος Busen). 26) cucullus Kopfbedeckung, Kappe. 27) στύλος Stiel, Griffel und ὄνυχιον kleine Kralle, Nagel; weil der Körper Griffe, Haken und Wimpern hat. 28) mytilus, eine eßbare Muschel (S. 92, Note 11). 29) Stentor, der bekannte Schreier im Heere vor Troja (S. 3, Note 19). 30) nach dem berühmten dänischen Naturforscher Otto Fr. Müller benannt. 31) vortex Wirbel; wegen des spiralförmig zusammenschnellenden Stiels. 32) convallaria Maiblume; wegen der Gestalt. 33) wegen der becher- oder glockenförmigen Gestalt. 34) ῥίζα Wurzel und πούς Fuß; also Wurzelfüßer; wegen der hervortretenden, wurzelähnlichen Fortsätze, welche als Füße dienen. 35) mit vielen (πολύς) Kammern (θάλαμος). 36) die Schalen haben viele Oeffnungen (foramen Oeffnung und ferre tragen). 37) finden sich häufig versteinert im Kreidegebirge. 38) Schnörkel oder Schneckenlinie; wegen der gewundenen Form und weil sie früher für Korallen gehalten wurden.

100

I. Ord. **Athalamia**[1]. **Nackte**[2] **Wurzelfüßer**[3].

1. **Amoeba**[4] porrēcta (porrēctus ausgestreckt). (Fig. 479.)

II. Ord. **Monostegia**[5]. **Einfächerige**[6] W.

2. **Orbulina**[6] univērsa (univērsus weit verbreitet). (Fig. 480,1.).

III. Ord. **Stichostegia**[7]. **Einreihfächerige**[7] W.

3. **Glandulina**[8] levigāta (levigātus geglättet, glatt). (Fig. 480,2.).
⚫* 4. **Dentalina**[9] sulcata (mit Furchen, sulcus). (Fig. 481.)
⚫* 5. **Frondicularia**[10] annuláris (ringig, annŭlus Ring). (F. 482.)

IV. Ord. **Enallostegia**[11]. **Wechselreihkamme: rige**[11] W.

6. **Guttulina**[12] problēma[13] (Fig. 480,9.).
⚫* 7. **Textilaria**[14] levigāta (levigatus geglättet, glatt). (Fig. 480,10.)
⚫* T. Meyeriana (nach Herm. v. Meyer in Frankfurt a. M.). (Fig. 483.)

§. 208. V. Ord. **Helicostegia**[15]. **Schneckenhäusige**[15] W.

⚫* 8. **Flabellina**[16] rugōsa (mit Runzeln, ruga). (Fig. 484.)
⚫* 9. **Cristellaria**[17] cassis (cassis Helm). (Fig. 480,3.).
⚫* 10. **Robulina**[18] calcar (calcar Sporn). (Fig. 480,4.)
⚫* R. echinata (echinātus igelstachlig). (Fig. 486.)
⚫* 11. **Nonionina**[19] granosa (gekörnelt, granum Korn). (Fig. 480,5.)
⚫* 12. **Polystomělla**[20] crispa (crispus kraus). (Fig. 480,6.)
⚫* 13. **Numulina**[21] levigata (levigātus glatt). (Fig. 485.)
14. **Rotalia**[22] Veneta (bei Venedig lebend). (Fig. 487.)

§. 209. VI. Ord. **Entomostegia**[23]. **Schnittkamme: rige**[23] W.

⚫* 15. **Uvigerina**[24] pygmaea (πυγμαῖος Zwerg). (Fig. 480,8.)

VII. Ord. **Agathistegia**[25]. **Knäulkammerige**[25] W.

⚫* 16. **Triloculina**[26] Josephina[27] (Fig. 488.).
⚫* 17. **Quinqueloculina**[28] longirōstris[29] (Fig. 480,11.).
⚫* 18. **Adelosina**[30] levigata (levigatus glatt). (Fig. 480,12.)

---

1) Vom verneinenden α und θάλαμος Kammer; also ohne Kammern. 2) nackt d. h. ohne Schale. 3) ☞ S. 99, Note 34. 4) ἀμοιβή Wechsel; weil sie ihre Form sehr verändern können. 5) μονό-στεγος mit einem Fache oder Stockwerke. 6) orbis Kreis; wegen der kugligen Form. 7) στίχος Reihe und στέγος Kammer. 8) glandŭla kleine Eichel. 9) dens Zahn. 10) frons belandter Zweig (Fächel). 11) ἔναλλος umgekehrt (wechselnd). 12) guttŭla kleiner Tropfen. 13) problēma ungelöfete Aufgabe; findet sich lebend und foffil. 14) textĭlis zusammengewebt, geflochten. 15) ἕλιξ Schnecke und στέγος Dach oder Fach. 16) flabellum Fächel. 17) crista Kamm. 18) robula, Verkleinerungswort von robus oder robur, hartes Holz, Härte, Kern. 19) ob von Nonĭus, einem Werkzeuge, um die Grade des Bogens in sehr kleine Theile zu theilen? 20) mit vielen (πολύς) Mündungen (στόμα). 21) numŭlus kleines Geldstück (numus). 22) rotŭlus berädert (rota Rad). 23) ἔντομος eingeschnitten und στέγος Kammer. 24) Trauben (uva) tragend (gerĕre tragen). 25) ἀγαθίς Knäul und στέγος Kammer. 26) mit 3 (tres) Fächern (locŭlus). 27) ob nach Kaiser Joseph benannt? 28) mit 5 (quinque) Fächern (locŭlus). 29) mit langem (longus) Schnabel (rostrum). 30) ἄδηλος unsichtbar, verstedt, verborgen ☞ S. 65, Note 29.

XV. Klaſſe. **Polycistīna**[)]. **Gitter**[)]= oder **Zellen**= §. 210.
thierchen[)] (§. 245.).

Anhang. §. 211.

1) **Amorphozōa**[)]. Seeſchwämme (§. 246., Fig. 489.).

☦ 1. **Spongia**[)] commūnis[)] Lam. Gemeiner[)] oder levantiſcher[)] Waſchſchwamm.
☦ S. usitatissȳma[)] Lam. Gemeiner Badeſchwamm.
☦ 2. **Spongilla**[)] fluviatīlis[)] Blainv. Flußſchwamm[)].

2) **Gregarīnen**[)].

---

1) Mit vielen (πολύς) Blaſen (κύστις) oder Zellen, einem netzartigen Gitter ähnlich. **2**) ἄ-μορφος geſtalt= oder formlos und ζῶον Thier; wegen der viel= artigen Geſtalt. **3**) Schwamm. **4**) gemein. **5**) kommt aus der Levante oder aus dem Morgenlande in Handel. **6**) ſehr gebräuchlich (usitātus). **7**) kleiner Schwamm (spongīa). **8**) in Flüſſen (fluvius) lebend. **9**) gregarīus zur Heerde (grex) gehörig; heerdenweiſe oder haufenweiſe lebende Thiere.

Alphabetisches Register.

Die Umlaute ä, ö und ü folgen immer nach a, o und u.

15

Schreib= und Setzfehler.

Seite	Zeile von oben	Zeile von unten	statt	lies
1	25	—	Policystina	Polycystina.
4	8	—	Specmaus.	Speckfledermaus.
10	1	—	Chlamydophorus	Chlamydophorus.
31	13	—	Thyplops	Typhlops.
65	9	—	C. dupläna	*C. dupläna.
85	—	9	seines	ihres.

Hofbuchdruckerei der Gebr. Jänecke in Hannover.